KB274462

조동성 교수의
e-비즈니스 e-전략

조동성(서울대 교수) 지음

한국경제신문

Copyright © 2002, 조동성

머리말

　　20세기 후반에 시작된 도구혁명으로서의 디지털 혁명과 환경혁명으로서의 인터넷 혁명은 생활혁명으로서의 e-비즈니스 혁명을 제시함으로써 현대인의 일상에 엄청난 변화를 가져왔다. 예전에는 상상도 하지 못했던 엄청난 양의 정보를 디지털 기술을 통하여 손쉽게 복사 및 저장할 수 있게 되었고, 전세계 어디에서나 PC와 인터넷만으로 그 누구와도 실시간 대화와 사업이 가능해졌다.

　　이 같은 디지털 혁명과 인터넷 혁명은 혁명의 마지막 단계인 생활혁명, 즉 「e-비즈니스 혁명」을 일으킴으로써, 전세계 경제구조와 각 기업의 경영방식에 막대한 변화를 가져왔다. 변화의 속도와 그 파급 효과의 측면에서 볼 때 우리 후손들은 우리가 살고 있는 오늘날을 산업혁명에 버금가는 변화의 시대로 평가할 것이다.

　　현대와 같은 「e-비즈니스 혁명」 시대에 기업의 생존과 발전에 필수적인 것은 뛰어난 「전략」이다. 마찬가지로 변화의 시대에는 「관리 경영」이 아닌 「전략 경영」이 바로 기업의 사활을 결정한다. 따라서 이 책은 「e-비즈니스」에 가장 효과적인 전략은 어떤 것인가 라는 질문에 답변을 하는 입장에서 만들었다.

이 책을 만드는 과정에 여러 분들이 도움을 주었다. 그 중에서도 서울대학교 경영대학 박사과정에 있는 허용석 군은 이 책의 기획에서 출판에 이르는 모든 과정에 참여하여 가장 큰 역할을 하였고, 서울대학교 경영대학 석사과정의 김홍필, 정성은 조교는 교정 작업을 도맡아서 진행했다. 이 책의 내용에 조금이라도 잘못이 있다면 그것은 오로지 저자의 책임이다.

앞으로 독자들이 이 책의 내용에 대해서 제시해줄 따끔한 충고와 질책을 거울로 삼아 우리 기업과 사회에 도움이 될 수 있는 내용으로 개정판을 내겠다는 약속을 드린다.

2002년 3월

조 동 성

제1부 e-비즈니스

제1장 e-비즈니스의 개념과 특성   15

제2부　e-전략

E·business

제1부 e-비즈니스

『넷(net) 경제의 가치에 대해서는 아직도 해답보다 질문이 더 많지만 여러 가지 증거들이 나와 있다. 즉 넷을 기준으로 사업을 재창조하지 않는 회사들은 무시당하고 실패하게 될 것이다. 2020년이 되면 우리는 회사들을 「그렇게 한」 회사와 「그렇게 하지 않은」 회사로 분류하게 될 것이다.』

던 탭스콧(Don Tapscott)

제1부 e-비즈니스

e-비즈니스의 개념과 특성

1. e-비즈니스의 개념

e-비즈니스는 21세기의 새로운 메가트렌드로서 전세계 경제환경에 엄청난 영향을 주고 있다. 그러나 e-비즈니스에 대해서는 아직 통일된 개념이 정립되어 있지 않으며, 학자들마다 다양한 정의를 내리고 있는 실정이다. 이는 e-비즈니스의 막대한 영향에 비해 그 역사가 상대적으로 매우 짧아, e-비즈니스에 대해 충분한 연구가 이루어지지 못했기 때문이다.

흔히 「전자상거래(e-commerce)」와 「인터넷 비즈니스(Internet-business)」의 개념을 「e-비즈니스」와 혼동해, 세 가지 모두 동일한 개념으로 사용하는 실수를 자주 볼 수 있다. 이런 문제는 「e-비즈니스」에 대해 명확한 이해가 부족하다는 점에 기인한다고 볼 수 있다. 그리

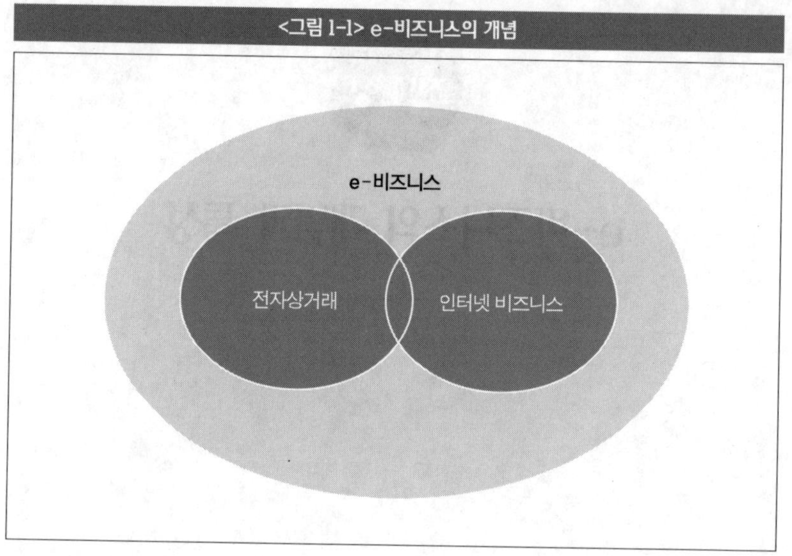

고 또 다른 이유로는 e-비즈니스와 전자상거래 및 인터넷 비즈니스의 상호관계를 잘 파악하고 있지 못하기 때문이다. 그러므로 이 절에서는 e-비즈니스의 정확한 개념을 「e-비즈니스」와 「전자상거래」 및 「인터넷 비즈니스」와의 상호관계 속에서 살펴보도록 하겠다.

〈그림 1-1〉[1]에서 볼 수 있듯이 e-비즈니스는 전자상거래와 인터넷 비즈니스를 포괄하는 개념이다. 여기에서 인터넷 비즈니스는 인터넷 혁명으로 인해 급속도로 발전된 네트워크 기술을 비즈니스에 활용해 업무의 효율성과 효과성을 증폭시킨 비즈니스를 총칭하는 개념으로 볼 수 있다. 반면에 전자상거래는 기존의 아날로그 방식과 물리적인 방법을 따라 이루어지던 모든 상거래 가운데 디지털 혁명(digital rev-

---

1 박용찬, 《e-비즈니스 파워》, (주)시그마인사이트컴, 2000, p. 28.

olution)과 인터넷 혁명(Internet revolution), 디지털 네트워크 시스템을 이용해 이루어지는 상거래로서, 기존에 비해 상대적으로 고도의 효율성과 효과성을 창출한 모든 상거래를 가리킨다.

좀더 명확한 이해를 위해 e-비즈니스를 중심으로 전자상거래와 인터넷 비즈니스의 상호관계를 살펴보면 다음과 같다.

(1) e-비즈니스와 전자상거래

「e-비즈니스」라는 말은 「전자적」이라는 뜻의 「electronic」과 「사업」이라는 의미를 가진 「business」의 합성어다. 따라서 단어 자체의 본원적인 의미를 통해서 봤을 때 「e-비즈니스」는 「전자적으로 수행되는 사업」을 의미한다. 즉 기존의 아날로그 방식으로 수행하던 제조 사업방식을 전자화된 사업방식으로 혁신한다면, 이는 전자 제조

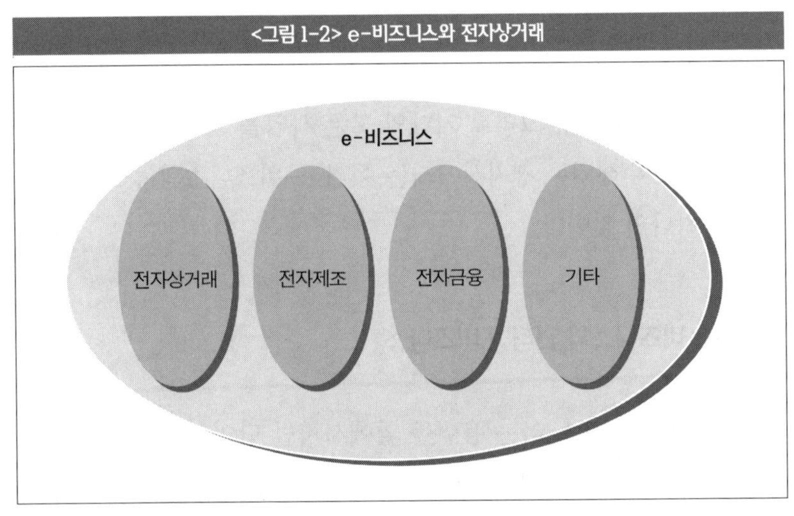

<그림 1-2> e-비즈니스와 전자상거래

로서 e-비즈니스의 일종인 것이다.

최근 각광을 받고 있는 「전자경매(e-auction)」는 전자화된 사업방식으로 혁신해 비즈니스를 수행하는 대표적인 e-비즈니스의 예라고 할 수 있다. 전통적인 경매사업의 기본적인 사업방식은, 우선 경매에 물품을 선정해 경매장소와 시간을 공고한 후, 정해진 경매시간과 경매장소에 모인 사람들만을 대상으로 최고 가격을 부른 사람에게 물건을 낙찰시키고, 경매대금을 받고 물건을 인도하는 방식으로 이루어졌다. 따라서 이런 전통적인 경매에서는 제한된 시간과 공간에서만 경매가 이루어질 수밖에 없고, 경매 과정이 매우 비효율적으로 수행될 수밖에 없는 근본적인 문제가 있었다. 그러나 오늘날의 전자경매에서는 이런 한계가 더 이상 문제점으로 작용하지 않는다. 왜냐하면 전자경매에서는 누구든 자신이 원하는 시간에 디지털화된 사이버 공간에서 경매에 직접 참가할 수 있으며, 경매의 거의 모든 과정이 전자화되어 있기 때문에 고도의 효율적인 방법으로 경매를 할 수 있기 때문이다.

결론적으로 e-비즈니스는 〈그림 1-2〉에서처럼 전자적으로 수행되는 제조업과 금융업, 그리고 기타의 모든 사업을 의미하며, 상거래가 전자적으로 수행되는 전자상거래는 이런 e-비즈니스의 중요한 범주 가운데 하나인 것이다.

(2) e-비즈니스와 인터넷 비즈니스

「인터넷 비즈니스」라는 용어를 앞에서처럼 단어 자체의 본원적인 의미를 통해 분석해보면, 「인터넷을 통해 수행되는 사업」을 뜻한다.

이런 인터넷 비즈니스와 e-비즈니스의 상호관계는 〈그림 1-3〉을 통해 쉽게 이해할 수 있다. 즉 전자적으로 수행되는 사업 가운데 특히 인터넷이라는 네트워크를 활용하는 사업이 곧 인터넷 비즈니스인 것이다.

최근 급속히 성장하고 있는 「인터넷 뱅킹(Internet banking)」은 인터넷 비즈니스의 대표적인 예다. 1980년대 중반까지만 해도 금융업무를 보기 위해서는 거래은행에 직접 가야만 했다. 그리고 은행창구 앞에서 일일이 입출금 신청서를 작성하고, 거래마다 담당직원의 확인도장을 받아야만 했다. 또 다른 은행의 다른 사람 계좌에 바로 예금을 이체하는 것은 상상 속에서만 가능한 일이었다. 그러나 현재 우리는 인터넷 혁명의 후광 아래 인터넷에 연결되는 PC 하나만 있으면 전세계 어디에서라도 손쉽게 일반적인 은행업무뿐만 아니라, 신용 카드 관련 업무는 물론 심지어 대출도 받을 수 있게 되었다. 즉 인터넷이라는 강력한 네트워크가 비즈니스에 활용되면서 비즈니스의 효율과 효과는 증폭되었다. 이것이 바로 인터넷 비즈니스인 것이다.

따라서 인터넷 비즈니스는 넓게 보면 〈그림 1-3〉처럼 e-비즈니스라는 전체 집합에 포함되는 개념으로, 좁게 보면 〈그림 1-1〉과 〈그림 1-3〉에서처럼 전자상거래와 상호 교집합을 갖는 관계인 것이다.

e-비즈니스와 전자상거래 및 인터넷 비즈니스의 상호관계는 〈그림 1-4〉와 같은 매트릭스를 통해 종합적으로 정리할 수 있다.

사업의 제품이 얼마나 전자화되었는가, 그리고 얼마나 사업방식이 네트워크화되었는가의 두 가지 기준으로 모든 비즈니스를 나누어보면, 〈그림 1-4〉처럼 네 개의 사분면으로 분류할 수 있다. 1사분면은 전자화는 강하나 네트워크화는 상대적으로 약한 비즈니스를 말하며, 반대로 3사분면은 전자화는 약하나 네트워크화는 강한 비즈니스를 나

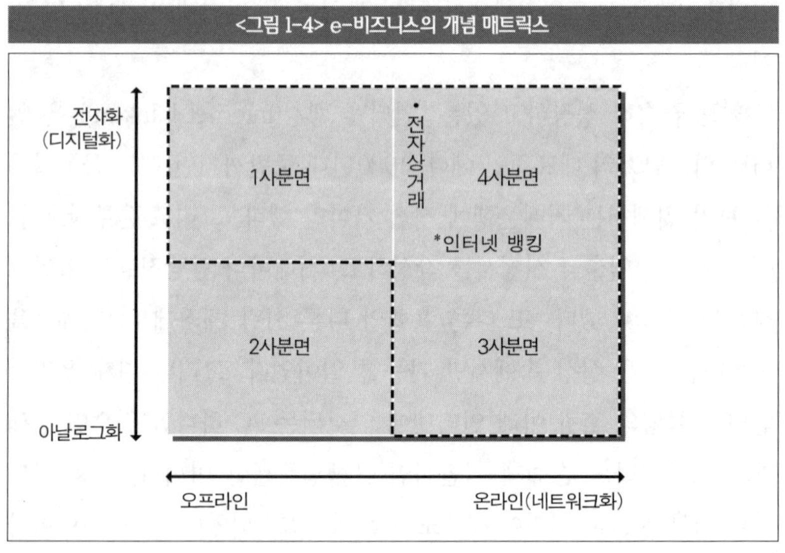

〈그림 1-4〉 e-비즈니스의 개념 매트릭스

타낸다. 마찬가지로 2사분면은 전자화와 네트워크화가 모두 상대적으로 약한 비즈니스를 말하며, 4사분면은 전자화와 네트워크화가 모두 강한 비즈니스를 말한다. e-비즈니스는 앞에서 설명한 것처럼 전자적으로 사업을 수행하는 비즈니스와 인터넷을 사업에 활용하는 인터넷 비즈니스를 모두 포함하는 개념이므로, 1사분면과 3사분면, 그리고 이들의 교집합인 4사분면이 모두 e-비즈니스의 개념인 것이다. 따라서 e-비즈니스화되지 않은 기존의 전통적인 비즈니스는 2사분면으로 볼 수 있다. 그리고 비즈니스를 수행하는 데 전자화와 네트워크화가 모두 높은 수준일 때 상호 시너지(synergy) 효과가 증폭되어 고도의 효율과 효과를 낳을 수 있기 때문에, 현재 급성장하고 있는 e-비즈니스의 유형은 4사분면에 위치하는 것이 대부분이다.[2]

그런데 지금까지의 설명에 비추어봤을 때, e-비즈니스를 「전자적으로 수행되는」 비즈니스 또는 「인터넷을 활용하는」 비즈니스라고 여기는 것은 e-비즈니스의 개념을 이해하는 데 충분한 것인가?

그렇지는 않다. 앞에서 우리가 e-비즈니스의 개념을 이해하기 위해 접근한 방법은 「전자적」 또는 「인터넷의 이용」으로 대변되는 e-비즈니스의 가장 큰 특징인 「IT(information technology)의 활용」 측면에만 초점을 맞춘 것이다. 따라서 이것은 e-비즈니스의 개념을 50% 정도밖에 이해하지 못한 것이다. 그렇다면 e-비즈니스의 개념을 100% 이해하기 위해서는 이 밖에 어떤 접근방법이 더 필요한가?

해답은 의외로 간단하고 명료하다. e-비즈니스도 일종의 「비즈니스」, 즉 「사업」이라는 점을 이해하는 접근방법이 필요하다. 즉 e-비즈

---

2 Dong-Sung Cho, Yong-Sauk Hau & Jae-Chan Park, "The DN grid Model for e-positioning in e-business environment," *The E-business Review*, 2002.

니스를 포함해 모든 비즈니스의 핵심은 비즈니스의 성공을 위한 「훌륭한 경영」이다. 여기에서 경영이란 계획(plan)-실행(do)-평가(see)의 세 가지 기본 활동으로 이루어지며, 훌륭한 경영활동이란 이 같은 기본 활동이 각 비즈니스의 특성과 환경에 맞게 상호 조화를 이루어 비즈니스의 성공확률을 높일 수 있도록 하는 경영활동을 말한다. 따라서 e-비즈니스의 핵심개념을 이해한다는 것은, 바로 e-비즈니스의 특성과 환경에 맞는 훌륭한 경영활동이 무엇인지 이해하는 것과 같다.

앞으로 이 책의 주요 내용으로 논의될 e-비즈니스의 특성과 환경을 개략적으로 먼저 설명해보자. e-비즈니스의 대표적인 특성은 바로 고도의 IT를 전략적으로 활용해 기존의 비즈니스 모델을 재정의하거나, 새로운 비즈니스 모델의 창출을 통해 고객의 가치를 극대화한다는 점이다. 그리고 비즈니스의 환경은 유례를 찾아볼 수 없는 치열한 초경쟁(hyper-competition) 구도로 치닫고 있으며, 변화의 속도 역시 그 어느 때보다도 빠르다. 따라서 이는 결국 세 가지 기본적인 경영활동 가운데 변화의 시대에 절실히 필요한 훌륭한 계획, 즉 「전략」의 중요성을 증폭시키고 있으며, 이것은 결과적으로 e-비즈니스를 「전략 지향적인 비즈니스」로 이끌어가고 있다.

지금까지의 논의를 바탕으로 e-비즈니스의 개념을 종합해보면 다음과 같다.

「e-비즈니스란 디지털 기술과 네트워크 기술을 기반으로 한 고도의 IT를 전략적으로 활용함으로써, 기존의 비즈니스 모델을 재정의하거나 새로운 비즈니스 모델의 창출을 통해 고객의 가치를 극대화하는 비즈니스를 총칭하는 개념이다. 이는 고객의 가치창출을 위해 첨단기술의 전략적 활

용뿐만 아니라 기업의 조직 및 경영방식 또한 급변하는 시장환경의 변화
에 따라 유연하게 전략적으로 변화해야 하는 「전략 지향적(strate-
gy-oriented)」 비즈니스를 의미한다.」

2. e-비즈니스의 특성

e-비즈니스는 전통적인 경제환경과는 근본적으로 다른, IT 중심의
디지털 네트워크 경제환경을 바탕으로 창출된 비즈니스이므로, 기존
의 비즈니스와는 다른 여러 가지 특징을 갖고 있다. 그리고 이런 특
징은 e-비즈니스를 효과적으로 수행하는 데 비즈니스의 모든 영역
에 걸쳐 중요한 영향 요소로 작용한다. 따라서 e-전략을 수립하고 실
행하려면 다음과 같은 e-비즈니스의 특징을 이해하는 것이 매우 중요
하다.

e-Business 특성 *1*

『e-비즈니스의 경우, IT는 사업전략을 수립하는 데 2차적인 고려요소가
아니며, 오히려 전략수립의 핵심적인 고려요소이자 전략실행의 추진 동
인이다.』

e-전략에서 기술은 마치 해안의 모래를 침식시키는 파도에 비유할
수 있다. 대양(大洋)으로부터 밀려오는 파도는 지속적으로 해안을 침
식시켜, 결국에는 해안의 전체 지형을 변화시킨다. 이처럼 기술은 e-

비즈니스 사업의 전범위에서 뿐만 아니라, 사업의 처음부터 끝까지 지속적인 영향을 미친다. 그리고 특히 신기술 혁신(new technology innovation)은 어떤 형태의 파도로, 그리고 얼마나 큰 물결로 e-비즈니스에 밀어닥칠지 예측하기가 매우 어려우며, 그 파급효과 또한 실로 엄청나다. 따라서 e-전략의 수립과 실행에서 우선적으로 고려되어야 할 핵심요소는 기술이라고 할 수 있다.

실제로 국내 e-기업의 IT 부문에 대한 막대한 투자는 IT의 중요성을 잘 나타내주고 있다. 1,000억 원 이상을 정보기술에 투자하는 기업수가 계속해서 증가하고 있는 것이다.

국내 매출액 기준 700대 기업들의 IT 예산을 조사한 결과에 따르면 2000년 한 해 동안 1,000억 원 이상을 투자한 기업은 주택은행, 한빛은행, 조흥은행, 국민은행, 한국통신, 삼성전자, LG전자 등 모두 일곱 개 기업들로 늘었다. 조사대상자에서 빠지기는 했으나 SK텔레콤도 1999년에 이어 2000년도 1,000억 원이 넘는 규모를 IT에 투자하고 있다.

이 같은 IT 예산의 대규모화는 특히 은행권에서 두드러지게 나타나고 있다. 은행권은 IT 투자 열기가 다른 업종에 비해 상대적으로 높다는 사실을 입증하고 있다. 2000년에 이르러 IT에 1,000억 원 이상을 투자한 기업이 증가한 이유는 차세대 정보 시스템이나 공급사슬관리(supply chain management : SCM), 고객관계관리(customer relationship management : CRM) 등의 새로운 시스템을 도입하는 데 따른 것으로 보인다. 여기에 2000년에 불어닥친 e-비즈니스의 열풍도 기업들이 IT 투자

규모를 늘리는 데 한 몫한 것으로 풀이된다.

　2000년의 특징은 1999년 한국통신에 1위 자리를 내준 삼성전자가 2,500억 원 규모의 IT 예산을 집행하면서 국내 IT 예산 1위 기업의 자리를 차지했다는 것이다. 삼성전자는 2000년 IT 예산의 대부분을 eCRM과 글로벌 SCM 등의 구축에 사용하고 있다. 삼성전자가 추진하는 글로벌 SCM의 경우 전세계에 진출한 지사망과 공급사들을 하나의 망으로 묶는 대단위 작업이다.

　삼성전자에 자리를 내주기는 했으나 한국통신은 여전히 2,000억 원 정도를 IT에 쏟아붓고 있다. 이는 국내 최대 프로젝트 가운데 하나인 통합고객정보시스템(Intergrated Customers Information System : ICIS) 구축이 아직도 진행 중에 있기 때문인 것으로 보인다. ICIS가 2001년 상반기 말쯤 완료될 것을 감안할 때 한국통신의 IT 투자행렬은 당분간 지속될 것으로 전망된다.

　전자업계 쌍두마차의 한 축을 담당하고 있는 LG전자는 2000년 1,700억 원가량을 IT에 투자해 이 부문에서 세번째 자리를 점했다. 1,700억 원이란 규모가 비록 총액규모로는 3위지만, 이는 매출총액 대비 1%가 넘는 수치로 정보기술에 대한 LG전자의 관심을 입증하는 것이다.

—〈아이티 비즈니스〉, 제49호, 2000, p. 42.

e-Business 특성 2

『e-비즈니스에서 정보의 흐름을 효율적으로 구조화하고 통제해 정보를 전략적으로 활용하는 능력은 물리적인 제품의 유통과 생산능력보다 더 중요하며, 이는 경쟁우위(competitive advantage)의 확보와 직결된다.』

기존의 전통적인 산업사회에서는 노동·토지·자본이 경제적인 부(富)를 창출하는 주요 원천이었다. 그러나 오늘날과 같은 초고속 지식·정보화 산업사회에서는 바로 정보·지식·기술이 경제적인 부와 가치를 창출하는 주요 원천이다. 따라서 e-비즈니스에서는 정보를 전략적으로 활용할 수 있는 능력이 무엇보다 중요하며, 이런 정보의 전략적 활용능력은 갈수록 치열해지는 초고속 정보화 산업사회에서 지속적인 경쟁우위를 확보할 수 있도록 하는 가장 중요한 경쟁력의 원천 가운데 하나다.

현재 많은 e-기업들이 e-비즈니스 골격으로 불리는 전사적 자원관리 시스템(enterprise resource planning : ERP)와 최고정보책임자(chief information officer : CIO) 직제를 앞다투어 도입하고 있는 것은 e-비즈니스에서 정보흐름의 효율적인 구조화와 통제, 그리고 정보의 전략적 활용능력이 얼마나 중요한지를 잘 시사해주고 있다.[3] 특히 우리가 흔히 알고 있는 초우량 기업인 마이크로소프트(Microsoft), 코카콜라(Coca-Cola), 허시 푸드(Hershey Foods), 콜게이트(Colgate), 엘리 릴리(Eli Lilly), 알코(Alcoa), 컴팩(Compaq)뿐만 아니라 〈포천(Fortune)〉 1,000대 기업 가운데 70% 이상이 ERP를 이미 실행하고 있거나 1년 안에 실행할 계획이라는 점은 이를 잘 뒷받침해주고 있다.

---

3 Kalakota & Robinson, *e-Business : Roadmap for Success*, Addison Wesley Longman Inc., 1999, p. 166.

국내의 e-기업들 사이에서도 ERP가 전 업종으로 확산되고 있다. 주로 대기업을 중심으로 급속하게 확산되고 있으며, 업종도 제조업에서 제약 · 정유 · 중공업 · 무역 · 철강 · 유통 등 전 산업 분야로 퍼져가고 있다.

전기 · 전자 부문에서 ERP에 주로 관심을 보이는 업체들은 2,000억~1조 원에 이르는 중 · 소형 전자업체들이다. 전체 업종에서 대형업체들은 구축된 ERP를 안정화시키는 작업에 열중하면서, 확장 ERP로 전향해가고 있다. 최근 본격적인 가동에 들어간 현대전자의 ERP 시스템은 본사와 해외 현지법인을 SAP R/3로 연결해 활용하고 있다. 국내 병원들 가운데서는 서울 중앙병원이 ERP를 도입키로 결정하고 솔루션 검토 작업을 진행하고 있다.

그 밖에 방송사들도 ERP와 지식경영관리 시스템(knowledge management system : KMS)을 통한 시스템 통합을 계획하고 있다. 그 동안 보류했던 SK글로벌도 2000년부터 본격적인 구축작업에 박차를 가하고 있으며, SK주식회사의 ERP 도입으로 정유업계에서의 ERP 도입 확산도 주목 받고 있다. 패션 업계에서는 코오롱상사가 2000년 5월부터 120억 원을 투자해 2001년 말까지 완료할 방침이며, 건설업계에서는 대우건설 · 삼성물산 · 현대건설 · 현대산업개발 등이 SAP의 솔루션을 도입해 구축작업이 한창이다.

또한 증권업계에서는 굿모닝증권이 오라클(Oracle)의 솔루션으로 2000년 4월 구축작업을 완료했고, 식음료 업계에서는 샤니 · 진로 · 파리크라상이 구축에 박차를 가하고 있다.

그리고 통신업계에서는 SAP의 솔루션으로 한국통신프리텔과 LG텔레콤에서 ERP 구축을 서두르고 있으며, 제약업계에서도 자체 구축을 통한 통합 시스템 마련에 안간힘을 쓰고 있다.

—〈아이티 비즈니스〉, 제49호, 2000, p. 46.

이렇게 주요 기업들이 ERP를 적극적으로 도입하고 있는 것은 ERP를 통해 정보의 흐름을 효율적으로 구조화하고 통제할 수 있으며, 정보를 전략적으로 활용함으로써 재고를 줄이고 기업의 업무 사이클을 단축시키며, 비용절감 및 전반적인 기업 운영의 향상을 기할 수 있기 때문이다. 즉 ERP의 도입이 e-기업의 경쟁우위 확보와 직결되기 때문에 e-기업들은 ERP를 활발히 도입하고 있는 것이다.

CIO 직제도 ERP 도입의 경우처럼 기업 내 정보의 흐름을 효율적으로 구조화하고 통제하기 위해 활발히 도입되고 있으며, 실제로 CIO의 의견이 기업경영 현장에 많이 반영되고 있다.

> **CASE**
>
> 국내 700대 기업의 절반 이상이 CIO 직제를 도입한 것으로 나타났다. CIO 직제 도입에 대한 설문 조사에 응답한 기업 135개 가운데 약 65%에 이르는 기업들이 CIO 직제를 도입해 운영하고 있다.
>
> 조사 결과 은행·증권·보험 등 금융권에서는 100% CIO 직제를 운영하고 있으며, 이들의 의견이 의사결정 과정에도 많이 반영되고 있는 것으로 드러났다.
>
> 통신과 중공업의 두 분야는 75%의 기업들이 CIO 직제를 두고 있고, 자동차·무역·전기전자·유통 등의 업종에서도 60%가 CIO를 두고 있는 것으로 나타났다.
>
> —〈아이티 비즈니스〉, 제49호, 2000, p. 22.

『e-비즈니스에서 협력 전략을 바탕으로 한 기업들 사이의 전략적 제휴 또는 전략적 아웃소싱의 중요성은 아무리 강조해도 지나치지 않다.』

협력(cooperation)과 경쟁(competition)의 합성어인 「코피티션(co-opetition)」으로 대표되는 전략적 제휴(strategic alliance)와 전략적 아웃소싱(strategic outsourcing)은 e-비즈니스에서 매우 중요하다.

e-비즈니스의 성공을 위해서는, 기업의 모든 부분을 최고로 만들기 위해 시간과 자원을 각 부분에 투자하기보다는 자사의 부족한 자원이나 부분을 전략적 제휴 또는 전략적 아웃소싱으로 보완하고, 제휴나 아웃소싱 파트너와 시너지 효과를 창출하기 위해 노력하는 것이 훨씬 효과적인 경우가 많다. 최근 공생을 위한 필수기반으로 인식되어 e-기업들 사이에서 확산되고 있는 SCM은 전략적 제휴의 측면에서 그 중요성을 음미해볼 수 있다.

즉 SCM에 대한 관심이 점점 높아지고 있는 이유는, 특히 제조 및 유통업계의 경우 『e-비즈니스는 업계 단독으로 앞서가서는 실현될 수 없는 과제』라는 인식이 확대되고 있기 때문이다. 다시 말해서, 결국 제품의 생산과 유통에 관여하는 협력 및 공급자들이 유기적인 관계를 맺고 있어야 진정한 「e 환경」이 실현된다는 것이다.

이런 환경은 구체적으로 웹-EDI(electronic data interchange)를 통해 구체화된다. 따라서 2000년 주요 제조업 및 유통업에서는 협력사와 함께 인프라 연동 작업과 만남의 공간을 사이버로 옮기는 작업에 주력했으며, 특히 자동차 업계는 국내 완성차 3사가 웹-EDI를 구현해냈다.

여기에 2001년부터 실현되어온 자동차 CALS는 「글로벌 네트워크」의 시발점이 될 것으로 보인다. 이 사업이 완성되면 자동차 업계는 자재구매에서부터 부품조달, 그리고 고객 서비스에 이르기까지 그 동안 중복해서 운영되던 협력업체 사이의 업무 교류가 네트워크화되는 것이다.

LG전자는 정보기술(information technology : IT) 마스터플랜인 「MeRIT(Millennium e-business-Ready Information Technology)」를 추진하면서 ERP 구축을 완료하고 이를 SCM과 연동해 운영해가고 있다. 이를 사용해 LG전자는 1,500여 개에 달하는 국내의 부품 협력업체와 주문 부문에 대한 네트워크를 구성하고 있다. 또한 SCM을 다섯 개의 e-비즈니스 지향 영역에 포함시켜 시스템의 강화 의지를 내비치고 있다.

삼성전자도 2000년 4월부터 모니터 부문에 대한 판매 · 생산 · 수송 · 배송 계획 등 네 개 부분에 대한 SCM을 운영하고 있다. 연말부터는 반도체 부문에 이를 적용해나갈 방침이다.

또 반도체 부분에 대한 SCM이 완료되면 이를 전사업장, 전세계로 확대 운영할 계획이다. 제약업계도 의약분업이 개시되면서 SCM에 대해 적극적인 자세를 취하고 있다. 이들 업계의 SCM은 생산과 공급부문의 단순한 관리뿐만 아니라 병원 · 약국 · 제약회사 사이의 시스템 연계로 이어지는 방대한 유통 · 물류 협력을 의미한다.

제약업체들도 이 같은 환경을 통해 재고파악과 수급 및 주문처리 등의 문제가 원활히 해결됨에 따라 유통 부분의 합리화와 시간 절감 효과를 보고 있다

—〈아이티 비즈니스〉, 제49호, 2000, p. 48.

최근 e-기업 사이의 끝없는 논란에도 불구하고 현재 국내 은행권을 중심으로 공공기관과 민간기업들에서 줄을 이을 것으로 예상되고 있는 IT 부문 아웃소싱의 현황은, e-기업들 사이의 전략적 제휴 또는 아웃소싱을 통한 시너지 효과 창출이 얼마나 중요한 것인지 잘 대변해주고 있다.

산업은행은 1999년 말부터 신정보 시스템 구축 프로젝트에 몰두하면서 기존 정보 시스템 유지·보수·관리 일체를 삼성SDS에 아웃소싱하고 있다.

또 평화은행은 삼성SDS와 51 대 49의 비율로 공동 IT별도 자회사인 넥스비텍을 만들어 IT 업무 전체를 아웃소싱하고 있다.

평화은행은 2000년 초 SI 업체에 IT 부문을 모두 아웃소싱할 계획이었으나, 기존 IT 조직의 반발 때문에 무산됐다. 결국 평화은행은 차선책으로 평화은행과 SI 업체가 공동지분 형식으로 출자해 IT 자회사를 만들고, 기존 IT 인력을 고용승계해 별도의 IT 자회사에 IT 부문을 모두 아웃소싱하기로 결정했다.

넥스비텍은 평화은행의 IT 아웃소싱뿐만 아니라 자체 SI 사업까지 영역을 확대해 독자 생존을 모색하고 있어, 다른 은행들도 이처럼 IT 자회사를 설립해 전체 아웃소싱을 적극적으로 준비하고 있는 상태다. 국민은행과 신한은행은 IT 부문을 통합해 금융 그룹 IT 별도법인을 준비하고 있으며, 하나은행과 한미은행의 경우 다른 은행 사이의 IT 부문을 설립해 양사의 IT 부문을 전체 아웃소싱할 계획이다.

한빛은행과 주택은행은 네트워크 관리와 시스템 관리 등 IT 부문의 상당 부분을 아웃소싱하고 있으며, 앞으로 점차 확대할 방침을 세우고 있다.

최근 동부그룹도 정보통신 계열사인 동부DIS를 통해 금융 솔루션 공급과 전산망 유지·보수 등 전산 시스템 SM 일체를 아웃소싱하기로 결정했다. 이번 시티은행의 IT 부문 아웃소싱을 맡게 되는 동부DIS는 동부그룹 계열 금융 관련사인 동부화재와 동부증권 등을 10년 동안 아웃소싱해오고 있다.

또 영풍생명은 서린정보기술과 IT 부문 일괄 아웃소싱 계약을 체결하고, 정보 시스템 기획·선정·도입·구축·운영·기술지원 등 모든 IT 부문을 아웃소싱하고 있다.

—⟨아이티 비즈니스⟩, 제49호, 2000, p. 38.

e-Business 특성 4

『e-비즈니스 시장은 기존의 어떤 시장보다도 고객 위주의 시장을 지향하고 있다. 따라서 고객과 관련된 정보를 효율적으로 관리하고 이를 효과적으로 활용할 수 있는 능력은 e-기업이 갖추어야 할 가장 중요한 핵심역량(core competence) 가운데 하나다.』

아무리 훌륭한 정보를 보유하고 있는 기업이라고 하더라도, 오늘날처럼 정보의 유통이 초고속으로 이루어지는 e-비즈니스 환경에서는 고객의 입맛에 정확히 맞는 정보를 제품화해 제공하지 못한다면, 결국 경쟁자에게 뒤떨어져 경쟁에서 도태되게 마련이다. 따라서 e-비즈니스 시장에서는 고객이 원하는 정보를 신속히 제품화함으로써 고객에게 좀더 많은 편리(convenience)를 제공할 수 있도록 해야 한다.

최근 서비스·유통·제조·금융 등과 같은 산업의 e-기업들이 CRM에 집중하고 있는 것은 e-비즈니스 시장이 앞에서 언급한 것처럼 더욱더 고객 위주의 시장(customer-oriented market)을 지향하고 있는 데 따른 필연적인 결과라고 볼 수 있다.

현재 e-기업들은 단순히 CRM의 개념 찾기에만 급급하던 모습에서 벗어나 고객관계를 적극적으로 활용할 수 있는 IT 환경 마련으로 쾌속정을 타고 있다.

ERP를 구축했던 업체들은 확장 ERP 개념으로 단연 CRM을 도입하기 위해 기간 시스템을 안정화하면서 데이터 저장소(data warehouse : DW) 구축에 여념이 없다.

초기 기업 내부에 산재되어 있는 데이터를 통합하기 위해 마련된 DW는 데이터베이스 마케팅, 데이터 마이닝, 고객관계관리 등의 개념과 결합되면서 백엔드(back-end) 인프라로 확실하게 자리잡았다.

DW를 구축했거나 도입하고 있는 기업들은 이를 마케팅 전략 및 고객관리전략 마련에 활용하기 위해 프런트 엔드를 강화하면서 CRM 전략을 마련하고 있다. 즉 CRM 어플리케이션과 DW를 결합한 프로젝트가 활발하게 추진되고 있는 양상을 띠고 있다.

최근 이 분야에 대한 IT 투자가 활발한 유통업계에서는 자체 해결 또는 CRM 패키지 도입이 확산되고 있다. 롯데백화점 및 LG유통은 이미 DW 기반의 CRM 구축단계에서 활용단계로 돌입했으며, 현대백화점·LG

홈쇼핑·삼보컴퓨터 등도 2000년 들어 CRM 시스템을 구현하고 있다.

삼보컴퓨터는 2000년 9월 약 40억 원의 예산을 들여 DW를 구축한 상태이며, 다른 업체들도 DW 구축을 검토하고 있는 것으로 나타났다.

정유사들도 마찬가지 형태로 CRM을 향해 나아가고 있다. 개인 고객 데이터로 DW 통합작업에 한창인 이들은 ERP나 CRM 등의 기간 시스템과도 연동할 수 있도록 고심하고 있다.

SK는 개인고객과 법인고객으로 분류된 고객 데이터의 DW 구축작업에 몰두하고 있으며, 이 가운데 법인고객 중심의 DW에 시벨의 CRM 패키지를 연결시킬 예정이다. LG는 개인고객 데이터베이스에 e디앤아이의 솔루션을 도입해 CRM으로 확장시켰다.

통신의 경우 한국통신엠닷컴, 한국통신, SK텔레콤, 데이콤 등 거의 모든 사업자가 이미 DW를 도입한 상태다. LG텔레콤은 올 상반기 DW 구축을 완료하고 CRM과 데이터 빌링 시스템(data billing system)을 구축하고 있다.

또 인터넷을 통한 e-케어(e-Care) 프로젝트도 진행하고 있다. 은행계에서도 CRM 구축을 위한 사전 컨설팅 작업으로 분주한 상태다. 제일은행은 10억 원을 투자해 이 작업을 진행하고 있는데, 한국 NCR를 DW구축 부문의 사업자로 선정했다. 은행계에서는 심지어 복잡한 외부의 솔루션을 도입하기보다는 자체에서 개발해 이를 구현하려는 기업들이 주를 이루고 있다.

—〈아이티 비즈니스〉, 제49호, 2000, p. 34.

『e-비즈니스에서는 e-비즈니스 시장의 급속한 변화에 수반하는 주요 문제에 대한 신속하고 정확한 의사결정이 기업의 생존과 직결된다.』

e-비즈니스가 수행되는 환경은 e-비즈니스를 수행하는 기업에게 급속한 변화를 통해 많은 위협요인을 제공하며, 이런 위협요인은 기업의 생존을 위협할 수 있을 정도의 중요 요인으로 작용한다. 따라서 e-비즈니스 기업의 의사결정은 신속하고 정확하게 이루어져 급변하는 환경 속에서 기업이 나아갈 방향을 제시할 수 있어야만 한다.

최근 삼성카드와 삼성전자 등이 e-비즈니스 관련 IT 시스템을 새로운 개념의 개발방법론인 RBMS(rulebase management system)로 구축한 것은, 급변하는 e-비즈니스 환경에서 e-기업의 생존 여부는 신속하고 정확한 사내 의사결정에 달려 있다는 것을 인식하고, 이에 유연하게 대처하기 위해 노력하는 좋은 예라 볼 수 있다.

CASE

RBMS는 e-비즈니스 시대의 기업경영전략과 업무담당자의 경험을 시스템에 즉각 반영해 급변하는 e-비즈니스 환경에 효율적으로 대처하기 위한 새로운 시스템이다. 이 시스템은 인터넷을 통한 금융 및 전자상거래, 물류 시스템, 콜센터, 웹을 통한 헬프데스크(HelpDesk), CRM 등 최근 IT 업계의 쟁점이 되고 있는 다양한 분야에서 시스템 개발비용 및 유지·보수비용을 절반 이상 절감시켜줄 뿐만 아니라, 시스템의 유연성과 확장성을 제공함으로써 다양한 프로젝트 수행에 획기적인 개선방안으로 적용될 수 있다.

인터넷 기반의 금융 서비스 전문업체인 오원(www.Deal Composer.com)은 1999년 12월부터 2000년 4월까지 우리나라·태국·타이완·영국의 외환관리 시스템을 RBMS로 구축했다.

통상적으로 나라 사이의 금융거래는 각 나라의 외국환관리법 등 다양한 투자관련 법률을 숙지하거나 변호사의 검토를 통해 처리해야만 적법성 여부 등 시간낭비를 줄일 수 있다. 또 개인이든 법인이든 나라 사이에 자금의 출입이 있는 상품거래는 반드시 변호사를 통해 금융상품에 대한 적법성 여부를 확인해야 한다.

법과 관행은 계속 수정·보완되고 생성·폐기된다. 이런 변화무쌍한 절차와 관행을 일반화하고 규칙화해 시스템의 유연성과 확장성을 보장할 수 있는 것이 RBMS다.

오원은 짧은 기간에 가장 적은 비용으로 금융시장 분석가의 전문지식과 나라 사이의 금융거래에 따른 외환관리법을 규칙화함으로써 시스템의 유연성과 확장성을 겸비한 외국환관리 시스템 개발에 성공했다. 그리고 오원의 외국환관리 시스템 개발에 이어 하나은행도 RBMS로 인트라넷(intranet) 기반의 여신심사 및 관리 시스템을 구축하고 있다.

—〈아이티 비즈니스〉, 제49호, 2000, p. 32.

최초 벤처 경영자, 유일한 박사

벤처는 우리 국민의 가장 큰 관심사 가운데 하나지만, 막상 그 뜻이 무엇이냐고 물으면 선뜻 대답하는 사람은 많지 않다. 교과서에는 『위험이 큰 반면, 성공할 경우에는 높은 수익이 기대되는 신생기업』이라고 되어 있지만, 이것만으로는 벤처의 모든 것을 설명한다고 볼 수 없다. 그래서 요즈음 여러 사람들이 벤처기업에 대해 기대하고 있는 내용을 모아서 다음처럼 정의해보았다. 『벤처란 남이 해보지 않은 방식으로 사업을 시작해서, 온몸을 불살라가며 일에 매진하고, 그 결실을 사회에 환원하는 과정이다.』 벤처를 이렇게 정의할 때, 이에 가장 부합되는 우리나라의 벤처 경영자 1호는 누구일까?

얼마 전 어느 신문에 유한양행의 창립자인 유일한 박사가 한국에서 가장 「훌륭한 경영자」로 선정되었다는 기사가 보도되었다. 유일한 박사는 30년 전인 1971년에 타계하신 분으로서, 「훌륭한 경영자」 선정에 참여했던 응답자 가운데 이 분의 경영을 직접 관찰한 사람은 별로 없을 것이다. 그럼에도 불구하고 유일한 박사가 훌

룽한 경영자로 우리 뇌리에 각인되어 있는 이유는 무엇인가.

유일한 박사는 미국 유학 시절에 창업을 했다. 미국에 거주하는 중국인을 비롯해 수많은 동양사람들이 숙주나물을 좋아하면서도 쉽게 상하는 까닭에 제대로 소비를 못 하는 것을 보고 숙주나물을 오랫동안 보관할 수 있는 깡통으로 된 상품을 만들었다. 미국 슈퍼마켓의 음식재료 코너에서 지금도 흔하게 볼 수 있는 「라초이」라는 상표가 바로 유일한 박사가 미국에서 시작한 회사의 이름이다. 유 박사는 이 사업으로 당시로서는 큰 돈인 100만 달러를 번 후 귀국했다. 그러고는 한국인으로서는 창업을 엄두도 못내던 일제시대인 1926년 유한양행을 설립해 우리나라 유수의 제약회사로 발전시켰다. 이와 함께 국민의 대부분이 가난과 질병에서 고생하던 시대에 『좋은 약을 만들어 국민건강을 향상』시킴으로써, 『건강한 민족을 만들어 나라를 찾고, 나라를 지키며, 나라를 번영케 하겠다』는 약속을 하고 이를 지켰다.

유일한 박사는 한때 외아들인 유일선씨에게 경영권을 계승시키려는 마음을 먹기도 했으나, 아들이 이를 포기하고 미국으로 돌아가는 바람에 크게 낙담했다고 한다. 그러나 곧 마음을 추스른 그는 『기업의 소유주는 사회이고, 기업은 사회이익을 증진시키기 위해 존재하는 기구』라는 철학을 실천에 옮겼다.

그가 죽은 후 소유재산의 대부분은 재단법인에 기증되었고, 회사는 우리나라 최초로 전문경영체제로 바뀌었다. 고인이 된 따님 유재라씨도 본인의 재산을 모두 사회에 기증함으로써 유일한 박사 재산의 사회환원은 2대에 걸쳐 완수되었다.

유일한 박사는 일생을 통해 남이 해보지 않은 사업, 즉 숙주나물을 이용한 식품산업과 제약산업을 선택해서 구성원들과 함께 열정을 바쳐 미국과 우리나라에서 큰 성공을 거두었다. 그리고 막대한 재산을 모두 사회에 환원함으로써 국민으로부터 사랑받는, 훌륭한 경영자로 자리매김한 것이다.

이처럼 유일한 박사는 벤처 경영자로서의 조건을 완벽하게 갖춘 우리나라 최초의 벤처 경영자였다. 물론 모든 경영자가 유일한 박사처럼 훌륭할 수는 없다. 그러나 최근 우리나라 경제의 신데렐라가 된 수많은 벤처 창업가들 가운데 유일한 박사의 발자취를 밟으며 경영자의 길을 가는 사례가 나타나고 있다. 누구도 시도하지 않은 새로운 분야에 사업의 승부를 거는 것이 벤처기업의 기본 속성이지만, 아직 창업 수준을 벗어나지도 않은 상태에서 전문경영자를 영입해 권한과 책임을 분리하는 회사들이 생겨나고 있는 것이다.

이익의 사회환원에서도 벤처 경영자들은 새로운 모델을 만들어나가고 있다. 한 가지 예로 최근 25개 벤처기업이 100억여 원을 쾌척해 「아이들과 미래」라는 자선단체를 만들었다. 물론 기존의 대기업들도 큰 돈을 내어 재단을 만들고 여기에서 나오는 수익금으로 자선사업을 벌인다. 그러나 벤처 경영자들은 출연한 기부금 전액을 직접 자선사업에 사용하고 있다는 점이 다르다. 이 돈을 다 쓰면 또 걷으면 된다는 논리다. 그리고 이들은 기금 출연자와 기금 운영자를 분리해 자신들이 행하는 자선사업이 출연자를 홍보하는 수단으로 사용되는 것을 철저히 배제하고 있다. 이렇듯 벤처기업들은 사회 기여에 관한 기업문화를, 지금까지는 시도되지 않았던 새로운 방향으로 이끌어나가고 있다.

앞으로 더 많은 벤처 경영자들이 자신의 능력을 살려 새로운 분야에서 성공하고, 전문경영체제를 정착시킴으로써 모든 기업구성원들이 자부심을 가지고 경영에 임하게 하며, 더 나아가 소외 받고 있는 사회 구석구석의 불우이웃에게 따뜻한 손길을 뻗쳐, 국민으로부터 사랑받는 훌륭한 경영자로서 제2, 제3의 유일한 박사라는 평가를 받기 바란다.

—〈한국일보〉 2000년 6월 20일

e-비즈니스의 발전배경

1980년 앨빈 토플러(Alvin Toffler)가 갈파한 정보사회의 도래는 이제 현실이 되었다. 1970년대 컴퓨터의 도입을 계기로 시작된 디지털 혁명은 1990년대 들어와 컴퓨터를 매체로 한 인터넷 혁명으로 연결되었고, 2000년대에는 인터넷이라는 가상공간에서 진행되고 있는 e-비즈니스 혁명을 유발함으로써 우리 삶을 송두리째 바꿔놓고 있다. 디지털 혁명으로 막을 올린 정보혁명은 인터넷 혁명이라는 절정을 거쳐, e-비즈니스 혁명으로 완결되고 있는 것이다.

지난날 인류의 역사를 돌아볼 때 거의 모든 혁명은 피를 불렀다. 오늘날 진행되고 있는 정보혁명도 예외는 아니다. 정보혁명을 감지하지 못하는 수많은 사람들이 직장을 잃고 자신감을 상실한 채, 때로는 삶 그 자체를 잃어버리고 있다. 정보사회에서 소외된 사람들이 입는 물질적 손실과 정신적 피해는 그들 자신은 물론 가족과 친지들의 삶을 파괴하고 있다. 앞으로도 정보사회에 참여할 준비를 하지 못한 사람들에게는 더 많은 희생이 강요될 것이다.

호랑이에게 물려가도 정신만 차리면 살고, 호랑이 굴에 가야 호랑이 새끼를 잡는다는 속담이 있다. 피비린내 나는 혁명의 와중에 있더라도 변화의 원인과 방향, 그리고 변화가 가져오는 현상을 올바로 파악하고 있으면 안정된 사회에서 좀처럼 가질 수 없는 기회를 자신의 것으로 만들 수 있다.

따라서 오늘날과 같은 초고속 정보사회에 e-기업이 생존하고 발전을 거듭하기 위해서는 e-비즈니스의 중요한 발생요인이자 정보사회로의 변화라는 미증유한 혁명의 단초가 된 디지털 혁명과 정보사회가 나아가고 있는 방향이라 할 수 있는, 인터넷 사회가 만들어내는 인터넷 혁명에 대한 이해가 선행되어야만 한다.

오늘날처럼 e-비즈니스가 발전하게 된 가장 주요한 배경에는 〈그림 2-1〉에서 볼 수 있는 것처럼 바로 디지털 혁명과 인터넷 혁명이 자리하고 있다.

디지털 혁명을 통해 정보가 디지털화되면서 정보의 압축 · 재생 · 반복 및 복사 기능이 발전하게 되었으며, 인터넷 혁명을 통해 이 같이 디지털화된 정보가 네트워크를 통해 효율적으로 유통되게 되었다. 따라서 이는 곧 e-비즈니스의 주요 분야인 인터넷 비즈니스가 발전하는 근간이 되었으며, e-비즈니스의 핵심 분야인 전자상거래를 가히 혁명적으로 발생시키는 가장 중요한 원인으로 작용했다.

그리고 인터넷 비즈니스와 전자상거래의 급성장은 결과적으로 인터넷 비즈니스와 전자상거래 둘 다를 포함하는 e-비즈니스의 발전으로 직결되었다.

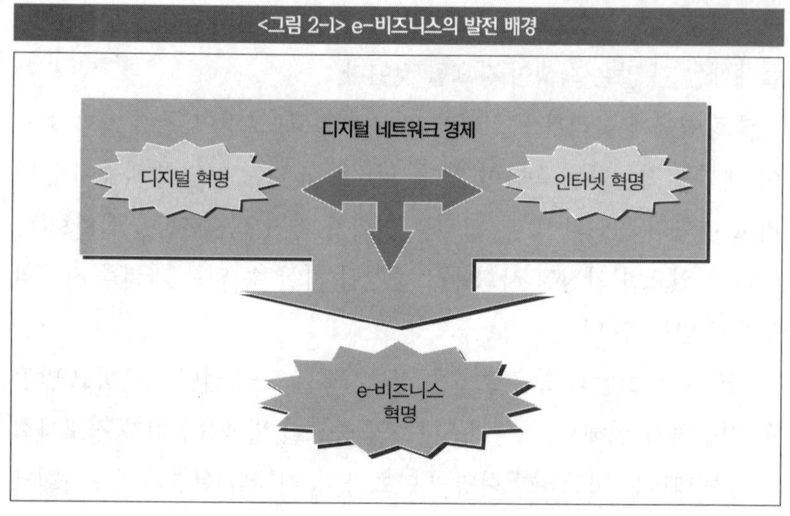

그러므로 e-비즈니스의 발전 배경을 폭넓게 이해하기 위해서는 무엇보다도 디지털 혁명과 인터넷 혁명에 대한 이해가 선행되어야 한다. 따라서 여기에서는 e-비즈니스 발전의 중요한 배경을 이루는 디지털 혁명과 인터넷 혁명에 대해 살펴보도록 하겠다.

1. 디지털 혁명

인류는 수많은 변화의 물결 속에서 엄청난 발전을 거듭해왔다. 인류가 그 동안 겪어왔던 변화 가운데는 그 파급효과가 매우 크고 속도가 매우 신속해서 가히 혁명이라고 부를 만한 세 가지 흐름이 있었다. 기원전 7000년경 신석기시대의 「농업혁명」, 18세기 중반 철기시대의 「산업혁명」, 그리고 20세기 후반 정보화시대의 「정보혁명」이 그것이다. 위의 세 가지 혁명 가운데에서도 「정보혁명」이 인류에 가져온 변화는 기존의 농업혁명이나 산업혁명에 비해 변화의 속도나 내용 면에서 매우 다른 양상을 보여주고 있다.

위의 세 가지 혁명에는 각각 그 계기가 된 발명이 있었다. 농업혁명에는 가래나 쟁기와 같은 농기구의 발명이, 산업혁명에는 제임스 와트(James Watt)의 증기기관 발명이 있었다. 이와 마찬가지로 정보혁명에는 반도체의 발명과 이를 이용해서 만들어진 컴퓨터가 있다. 그런 의미에서 반도체와 컴퓨터는 바로 정보혁명이 발생하게 된 계기라 할 수 있으며, 이 두 가지 원인을 디지털이라는 단어로 요약해서 이를 디지털 혁명이라 부르기로 하자.

(1) 디지털의 의미

디지털이 무엇인지 이해하기 위해서는 먼저 이와 대비되는 아날로그와의 차이점을 이해해야 한다.

먼저 기술적인 차원에서 디지털과 아날로그를 비교해보자.

〈표 2-1〉처럼 디지털과 아날로그의 공통점은 둘 다 전자기계장치 등에 자료를 인식하고 저장하는 방식을 가리킨다는 것이다. 그러나 이 두 가지 방식은 정보와 물리량의 표현 및 존재 가능 공간, 그리고 정보의 반복재생 가능성에서 상당한 차이점이 있다.

정신의학자나 심리학자들은 이런 디지털과 아날로그의 차이를 인간의 두뇌에 비유해 우뇌 기능을 아날로그, 좌뇌 기능을 디지털로 분류해 비교한다. 여기에서 아날로그란 인간의 감성을 지배하고 이미지를 통해 현상을 감지하는 능력을 뜻한다. 반면에 디지털은 인간의 이

<표 2-1> 디지털과 아날로그의 비교

구 분	디지털	아날로그
공통점	전자기계장치 등에서 자료를 인식하고 저장하는 방식	
차이점 1 (정보의 표현)	0, 1의 조합으로 모든 정보를 표현	+,−의 모든 값을 가짐
차이점 2 (물리량의 표현)	연속적인 신호나 현상을 0과 1에 대응시켜 개별적인 수량으로 취급	연속적인 신호나 현상을 그 자체의 물리량으로 표현
차이점 3 (존재 가능 공간)	오직 정보의 처리 및 전달과정에만 존재	인간이 보고 듣는 모든 신호에 존재
차이점 4 (정보의 반복재생 가능성)	정보의 무한 반복재생 가능	정보의 반복재생이 유한함

성을 지배하고 분석과 종합을 통해 사물을 객관적으로 판단하는 능력을 뜻한다.

흔히 예술가가 되기 위해서는 우뇌가, 수학자나 물리학자가 되기 위해서는 좌뇌가 발달해야 한다고 한다. 그러나 성공적인 인간의 능력을 아날로그나 디지털 가운데 한 가지를 선택해서 규정하는 방법은 잘못된 것이다. 아날로그와 디지털 가운데 한 가지만 가지고는 성공할 수 없기 때문이다. 레오나르도 다 빈치(Leonardo da Vinci) 같은 예술가는 아날로그 못지않은 디지털 능력의 소유자였고, 알베르트 아인슈타인(Albert Einstein) 같은 물리학의 대가도 디지털 능력 못지않게 발달한 아날로그 능력을 바이올린 연주를 통해 발휘했다.

바둑을 예로 들어 디지털과 아날로그 능력이 동시에 필요한 이유를 알아보자. 우리나라는 지금 세계 바둑계를 좌우하고 있고, 그 핵심에는 이른바 양창이라고 불리는 이창호와 유창혁이 있다. 유창혁은 감각이 좋고 형세판단에 능한 반면, 이창호는 탄탄한 바둑을 구사하며 철저한 수읽기와 끝내기로 승률을 높이는 바둑 천재로 알려져 있다. 형세판단은 아날로그적 능력이고 수읽기는 디지털적 능력이므로, 유창혁은 아날로그의 대가이고 이창호는 디지털의 대가라 할 만하다. 그러나 유창혁과 바둑을 두어본 아마추어라면 그가 수읽기와 끝내기에서도 대단한 능력을 가지고 있다는 것을 쉽게 알아낼 것이다. 마찬가지로 이창호는 어떤 아마추어, 아니 어떤 프로 못지않게 강한 형세판단 능력을 가지고 있다. 진정한 프로는 아날로그와 디지털 모두에서 프로 수준의 능력을 갖추고 있어야 하는 것이다.

따라서 디지털 혁명을, 디지털이 아날로그를 대체하는 개념으로 받아들이는 것에는 커다란 오류가 있다. 그보다는 인류가 그 동안 가지고 있었던 프로 수준의 아날로그 능력에 새로운 도구, 즉 컴퓨터라는 디지털 능력이 접목되어 폭발적인 힘을 나타내고 있다고 보는 편이 더 타당할 것이다. 사실 20세기 중반까지의 역사는 아날로그식 발전이었다. 그러나 20세기에 이루어진 컴퓨터라는 디지털 기기의 발전은 그 동안 축적한 아날로그 능력과 결합하면서 지난날 인류가 전혀 경험하지 못했던 새로운 세계를 만들어내고 있는 것이다.

(2) 디지털화의 이점[4]

그러면 과연 정보를 디지털화하는 것은 어떠한 이점이 있는가? 이에 대한 해답은 아래와 같은 두 가지 예를 통해 쉽게 얻을 수 있다.

오디오 콤팩트 디스크(compact disk : CD)의 경우 음향은 1초에 4

---

4 니콜라스 네그로폰테, 백욱인 옮김, 《디지털이다(Being Digital)》, 박영률출판사, 1995, p. 15.

만 4,100번 샘플링된다. 음향의 진동 형태(전압으로 측정된 음압 레벨)는 불연속적인 숫자(비트로 전환된)로 기록된다. 이런 비트 스트링(bit string)이 1초에 4만 4,100번 재생되면 오리지널 음악이 재생되는 것이다.

흑백 사진의 경우도 마찬가지다. 전자 카메라가 이미지를 섬세한 그리드(grid)로 나눈 뒤 이것을 일정한 면적에서 포착되는 회색의 농도로 기록한다고 생각해보자. 검정색은 농도 0으로, 흰색은 농도 255로 수치값을 준다면 비트는 00000000에서 시작해 11111111로 끝나는, 0과 1로 구성되는 256개의 순열을 갖는다. 이런 섬세한 농담(gradation)과 그리드를 이용해 인간의 눈이 포착할 수 있는 그림을 완벽하게 재구성할 수 있다. 이보다 거친 눈금을 사용하거나 회색 농담의 단계 폭을 넓혀주면 흑백 대비 현상이나 거친 윤곽선이 드러나는 디지털 작품을 볼 수 있다.

즉 위의 예를 통해 볼 수 있듯이 자료 신호를 디지털화하는 것은 완벽하게 복제된 샘플을 만드는 작업이라 할 수 있다. 따라서 이런 디지털화를 통해 우리는 원본과 한 치의 오차도 없이 똑같은 질과 양의 정보를 보유하고 이를 손쉽게 재구성할 수 있다. 이런 디지털화는 기존의 아날로그의 한계를 뛰어넘어 정보활용기술에 획기적인 발전의 계기를 마련했으며, 정보가 이용되는 정치 · 경제 · 사회 · 문화 전반에 정보기술 혁명을 가져오는 가장 중요한 요인으로 떠오르게 되었다.

(3) 디지털 경제에서의 변화

앞에서 이야기한 것처럼 디지털 혁명은 아날로그 능력을 통해 형성해놓은 기존의 정보활용기술에 획기적인 발전의 계기를 마련했으며, 정보가 이용되는 정치·경제·사회·문화 전반에 정보기술 혁명을 가져오는 가장 중요한 요인으로 부각되었다. 이 가운데 경제 분야에 일어난 변화 형태를 「디지털 경제」라고 부른다.

디지털 경제는 디지털 혁명이 몰고온 변화로 인해 지난날의 경제와 다른 모습을 보이고 있다. 따라서 디지털 경제환경 안에서 경영활동을 수행하고 있는 기업들이 디지털 경제구조로의 변화와 이로 인해 야기된 소비자·기업·정부 등 주요 경제주체의 변화를 파악하고 이해하는 것은, 환경변화에 능동적으로 대처하는 데 반드시 필요한 요소다. 디지털 경제에서 경제구조의 변화와 이로 인한 소비자·기업·정부 등 경제주체의 변화를 살펴보면 다음과 같다.

① 경제구조의 변화

디지털 경제에서의 경제구조 변화는 〈그림 2-2〉[5]를 통해 이해할 수 있다. 오늘날과 같은 초고속정보화 사회에서 디지털 혁명은 정보통신 네트워크를 통한 상호접속성 확대로 정보의 독립적 이동성을 증대시켰다. 이것은 결국 시장 측면에서 시장 메커니즘의 정보전달 기능을 강화시키고, 기업 및 산업구조 측면에서 기업과 산업가치사슬의 탈구조화를 초래함으로써 재화와 서비스 생산구조 및 거래구조의 네트워크화를 이루었다. 다시 말해 디지털 경제에서의 경제구조는 기존의 경제구조에서는 볼 수 없었던 네트워크 경제로 변모하게 된 것이다. 그리고 노동·토지·자본이 사회경제적 부(富)의 원천이었던 것과는

---

5 윤택, 「디지털 경제의 실체와 논점」, 디지털 경제정책토론회 발표자료, 1999.

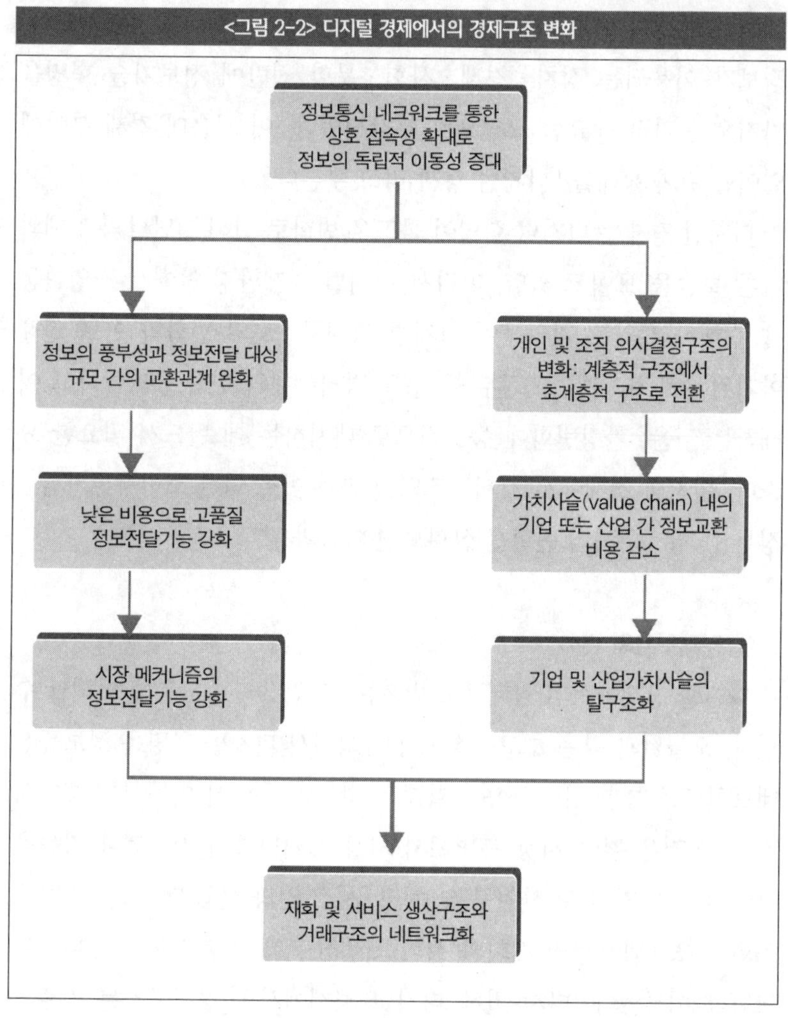

달리, 지식 · 정보 · 기술이 주요한 사회적 · 경제적 부의 원천으로 변화하게 되었다.

② 소비자 측면의 변화[6]

소비자 측면에서의 변화는 소비자 효용의 증대를 들 수 있다. 소비자 효용이 증대된 이유는 크게 세 가지로 볼 수 있다.

첫째, 선택의 폭이 확대되었다는 점이다. 기존의 경제시장과는 달리 디지털 경제시장의 소비자들은 지역시장에서 세계시장으로 구매범위가 확대됨으로써 공간의 제한을 극복할 수 있게 되었다. 그리고 디지털 경제에서는 시장이 작아 공급받지 못했던 재화를 공급받음으로써 소비자 효용이 증대된다.

둘째, 편리성이 확대되었다는 점이다. 디지털 경제에서 소비자의 쇼핑 시간은 전자상거래를 통해 단축되며, 재화와 관련된 더욱 풍부한 부가정보를 얻을 수 있다. 그 대표적인 예로, 인터넷에서 자동차를 구입할 경우 보험에 대한 정보를 연결시켜주거나 서적 · 시디롬 · 의복 등 기호품의 경우 1 대 1 판매기법의 확산으로 소비자의 취향에 따라 정보를 제공받는 것 등을 들 수 있다.

셋째, 가격이 저렴해졌다는 점이다. 디지털 경제시장에서는 시장진입장벽이 낮아지면서 신규 기업의 참여로 경쟁이 촉진된다. 그뿐만 아니라 기존 산업의 가치사슬 구조에서 단순 중개업무를 하는 브로커나 딜러 등이 사라지고 기업의 거래비용 및 생산비용이 절감되며, 이에 따라 판매가격도 인하된다. 또한 인터넷을 통해 재화에 대한 정보를 좀더 쉽게 입수할 수 있고, 인터넷 경매처럼 다수 공급자로부터 저렴한 가격으로 재화를 구매할 수 있다. 그리고 제품에 대한 정보의 비대칭성, 즉 생산자가 소비자보다 우월한 정보를 가지고 있던 현상이

---

6 홍동표, 「새로운 정책 패러다임」, 디지털 경제정책토론회 발표자료, 1999.

극복되면서 판매이윤이 감소해 소비자의 효용이 증대된다.

③ 기업 측면의 변화[7]

디지털 경제에서 기업 측면의 두드러진 변화는 기업의 효율적인 경영이 강화되고, IT 투자에 대한 기업의 인식이 변화되고 있다는 점을 들 수 있다. 기업의 경영효율이 강화되는 원인은 다음과 같은 다섯 가지를 들 수 있다.

첫째, 조달 및 물류비용의 절감이다. 기업들은 자동화된 조달체계를 구축하거나 조달전문 사이트를 활용해 조달과 관련된 인건비, 우편·인쇄비용을 절감할 수 있다. 그리고 세계를 대상으로 조달기업 탐색이 가능해질뿐더러 경쟁입찰을 통해 조달비용을 인하할 수 있다.

둘째, 재고비용의 절감이다. 주문 – 생산 – 유통이 연계된 시스템 구축으로 재고를 감축할 수 있다. 이런 재고 절감은 생산원가 절감을 통한 가격경쟁력 확보, 투자재원 조달, 생산설비의 효율적 운영 등의 효과를 실현할 수 있다.

셋째, 판매비용의 절감이다. 인터넷이 기존의 대리점, 영업사원, 판촉광고물 등을 대체함으로써 고정비용의 절감을 가져온다. 또 미리 인터넷을 통해 재화에 대한 정보를 알고 오는 고객의 비중이 증가하므로 판매사원의 교육비용이 절감된다.

넷째, 유통비용의 절감이다. 디지털 경제, 특히 서비스 등 무형재화의 거래에서 유통비용이 크게 절감될 전망이다. 이는 소프트웨어나 영상·음악·출판 등 콘텐츠는 물론 금융 서비스나 교육 서비스 등이

---

7 홍동표, 「새로운 정책 패러다임」, 디지털 경제정책토론회 발표자료, 1999.

인터넷을 통해 가능해지므로 기존의 물리적인 유통구조를 유지하는 데 소요되는 비용을 절감할 수 있기 때문이다.

다섯째, 애프터서비스 비용의 절감이다. 질의·응답 데이터베이스나 스마트 매뉴얼(smart manual) 등을 온라인으로 소비자에게 제공함으로써 기존의 고객방문 관리인력, 콜 센터 운영위원, 홍보자료 출판 등에 소요되는 비용이 절감되고 서비스의 질도 향상된다.

IT 투자에 대한 기업의 인식이 변화되고 있는 이유는 미국 기업들이 IT 중점투자전략을 통해 고성장·저물가의 신경제를 이끌어나가면서 경쟁우위를 구축했고, 이 과정을 통해 IT 투자는 디지털 경제에서 기업의 생존을 위한 전략적 필수재임을 절실히 깨달았기 때문이다.

④ 정부 측면의 변화[8]

디지털 경제에서 나타나는 정부 측면의 변화로는 무엇보다 정부의 정책 방향이 디지털 경제로 급변하는 점을 들 수 있다. 주요 선진국들은 디지털 경제로의 변화에 민첩하게 대응하기 위해 다음과 같은 세 가지 정책을 실시하고 있다.

첫째, 디지털 경제로의 이전에 따르는 충격흡수 정책이다. 정부는 디지털 혁명을 통한 디지털 경제로의 급속한 변화에 동반하는 충격을 신속히 흡수하기 위해, 올바른 정보를 제공할 수 있는 환경을 도모해 효율적인 자원배분을 유도하고, 디지털 경제에 대비한 법제도 정비를 꾀하는 등의 변화를 보이고 있다. 그리고 디지털 경제 관련 통계의 정비 및 규제 개혁을 통한 기업의 IT 투자를 적극적으로 장려하고 있다.

---

8 홍동표, 「새로운 정책 패러다임」, 디지털 경제정책토론회 발표자료, 1999.

둘째, 저렴하고 안전한 전자상거래 이용환경의 정비 정책이다. 디지털 경제에서는 불특정 다수와 거래를 하는 전자상거래의 특성상 신뢰도를 높이는 것이 무엇보다 중요하다. 따라서 주요 선진국들은 경제협력개발기구(Organization for Economic Cooperation and Development : OECD)를 중심으로 프라이버시 보호, 개인정보 보안, 인증, 소비자 보호 등에 관한 정책을 논의하고 있다.

셋째, 디지털 경제의 기반 확립을 위한 정보화 정책의 지속적인 추진이다. 디지털 경제의 가장 중요한 기반 가운데 하나는 각 나라의 정보화기술 기반시설이다. 따라서 세계 주요 나라들은 초고속정보화 사회에 유연하게 대처하며 디지털 경제의 초석을 잘 다지기 위해 국가 차원의 정보화 정책을 지속적으로 추진하고 있다.

2. 인터넷 혁명

우리는 흔히 인터넷을 「정보의 바다」라고 부른다. 이 정보의 바다라는 말은 인터넷이 갖고 있는 특징을 함축적으로 잘 설명해주고 있다. 즉 우리가 인터넷이라는 정보의 바다에 손을 담그는 순간, 시간과 공간의 제약 없이 그 바닷물에 손을 담그고 있는 모든 사람들과 서로 정보 네트워크가 형성되어 막대한 정보를 신속하게 교환할 수 있는 것이다.

오늘날과 같은 초고속 정보화 사회에서 시간과 공간의 제약이 없는 풍부한 정보의 신속한 교환은 사회의 변화와 발전에 가장 중요한 원동력 가운데 하나다. 따라서 인터넷이 몰고 온 혁명적인 변화의 배경

연도	주 요 변 화
1969	• 아르파넷(ARPAnet : Advanced Research Projects Agency Network) 탄생 : 넉 대의 호스트 컴퓨터 연결 • 벨 연구소 유닉스(UNIX) 개발
1970	• 컴퓨서브(CompuServe) 온라인 서비스
1972	• 아르파넷을 통한 첫번째 전자우편 전송
1975	• 컴퓨터 온라인 쇼핑 개시
1979	• 유즈넷(Usenet) • 아르파넷 네 군데 대학과 연결
1983	• TCP/IP(아르파넷의 NCP 프로토콜을 TCP/IP로 전환) • 국내 통신망 미국과 연결
1984	• 순수 연구용 아르파넷과 군사용 밀넷(MILNET)의 구분 • 프로디지(Prodigy) • 1,000대의 호스트 컴퓨터와 연결
1985	• 아메리카 온라인(AOL) • 데이콤 천리안 PC 통신 서비스 개시
1986	• 미국 국립과학재단의 NSFNet 구축
1987	• UUnet 구축 • 1만 대의 호스트 컴퓨터와 연결
1989	• 10만 대의 호스트 컴퓨터와 연결
1990	• T1급 : 백본 네트워크의 전송속도 1.5Mbps • T3급 : 백본 네트워크(ANSNET)의 전송속도 45Mbps • 하나망의 인터넷 연결
1991	• 미국 행정부 인터넷을 기업에 공개 • 월드 와이드 웹(world wide web : WWW) 개발
1992	• 100만 대의 호스트 컴퓨터 연결 • 고퍼(Gopher) 출시
1993	• 모자이크(Mosaic) 개발 : 일리노이 대학의 안드르센
1994	• 한국통신 KORnet 인터넷 상용 서비스 개시 • 데이콤 천리안 인터넷 상용 서비스 개시
1995	• 선 마이크로시스템즈 자바(Java) 언어 • 미국 국립과학재단 ANSNET을 아메리카 온라인에 매각 • 하이텔 인터넷 상용 서비스 개시
1996	• 마이크로소프트의 MSN

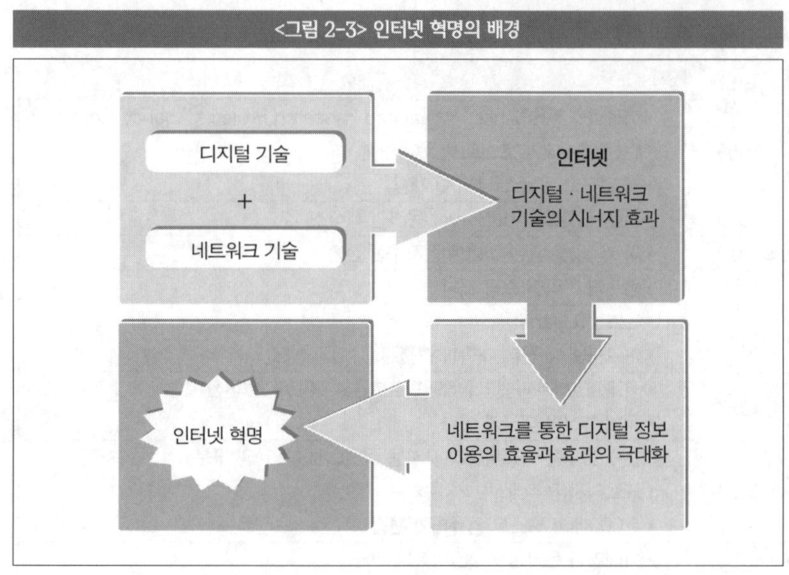

과 그 개념을 파악하는 것은 실로 중요하다.

인터넷은 동서의 냉전상태가 첨예하게 지속되던 1960년대 말, 미국과 소련 사이에 핵전쟁과 같은 대규모 전쟁이 일어날 경우 컴퓨터 시스템이 한 순간 사용 불능에 이르는 것을 막고 전쟁을 계속 수행할 수 있는 분산처리 시스템을 개발하려는 미국 국방부의 연구 프로젝트에서 시작되었다.[9] 이렇게 처음에는 군사적인 목적에서 시작되었던 인터넷이 불과 약 30년 동안 많은 발전을 거듭해 오늘날에 이르게 된 것이다. 인터넷 발전의 주요 과정을 정리하면 〈표 2-2〉[10]와 같다.

인터넷이 일련의 발전을 거쳐오는 과정에서, 인터넷을 통한 변화의 물결을 혁명적으로 일으킨 계기는 바로 디지털 기술과 네트워크 기술

---

9 도준호 · 장석준,《인터넷 이용현황》, 정보통신정책연구원, 1998.
10 주재훈,《인터넷 비즈니스 : 전자상거래》, 비봉출판사, 1998, p. 33.

<table>
<tr><td colspan="3" align="center"><표 2-2> 인트라넷과 엑스트라넷의 비교</td></tr>
<tr><td align="center">구 분</td><td align="center">인트라넷</td><td align="center">엑스트라넷</td></tr>
<tr><td align="center">공통점</td><td colspan="2" align="center">네트워크 기술의 활용</td></tr>
<tr><td>차이점 1 : 활용 영역</td><td align="center">기업 내부</td><td align="center">기업 외부</td></tr>
<tr><td>차이점 2 : 시스템의 개방성</td><td align="center">폐쇄적</td><td align="center">개방적</td></tr>
<tr><td>차이점 3 : 파급효과</td><td align="center">상대적으로 적음</td><td align="center">막대한 변화 초래</td></tr>
</table>

의 결합이다. 이를 도식화하면 〈그림 2-3〉과 같다. 정보기술에서 기존의 아날로그 기술이 디지털 기술로 바뀌면서, 정보의 저장·재구성·압축·전송이 획기적으로 편리하게 변했다. 이런 디지털 기술과, 정보의 확산과 교환을 편리하게 해주는 네트워크 기술의 인터넷을 통한 결합은 엄청난 시너지 효과를 가져오게 되었다.

IT 측면에서 인터넷을 통한 디지털 기술과 네트워크 기술의 시너지 효과는 네트워크를 통한 디지털 정보 이용의 효율성을 극대화하고, 결국 이것이 인터넷 혁명을 유발하는 가장 주요한 요인이 된 것이다.

인터넷이 가진 가장 기본적인 기능은 여러 컴퓨터 시스템을 연결시켜주는 네트워크 기능이다. 여기에서 인터넷에 대한 이해를 좀더 증진시키기 위해서는 현재 기업에서 활용하고 있는 네트워크 기술인 인트라넷(intranet)과 엑스트라넷(extranet)의 개념을 명확히 할 필요가 있다. 인트라넷과 엑스트라넷은 모두 인터넷을 이용한다는 점에서 공통점을 갖고 있으나, 활용되는 영역에 큰 차이가 있다.

우선 인트라넷[11]이란 기업 내 구성원 사이에 다양한 정보 및 문서를 공유하고 인터넷 표준 프로토콜(TCP/ IP와 HTTP)을 이용해 여러 컴

---

[11] 주재훈, 《인터넷 비즈니스 : 전자상거래》, 비봉출판사, 1998, p. 147.

퓨터 시스템을 연결하되 외부와의 접근은 방지하도록 설계된, 기업 내부에는 개방적이지만 외부에 대해서는 폐쇄적인 기업 내부 네트워크를 말한다.

반면에 엑스트라넷[12]은 인터넷을 이용해 기업 외부의 소비자·공급자·유통업자 등 외부 주체들과 기업 내부의 인트라넷을 연결한 개방 네트워크다. 따라서 두 개념을 비교하면 〈표 2-3〉과 같다.

인트라넷과 엑스트라넷 가운데 주목해야 할 것은 바로 엑스트라넷이다. 기존의 근거리 통신망(local area network : LAN)을 인터넷 기술로 대체한 인트라넷은 그 활용영역이 매우 협소하고 폐쇄적이어서 파급효과가 그다지 크지 않았다. 반면에 엑스트라넷은 양방향 정보전달을 가능하게 함으로써 인터넷 상거래에서 커다란 변화를 초래했다. 그리고 결국 이것이 e-비즈니스를 가능하게 하는 네트워크 기술의 초석이 되었다. 다시 말해 인트라넷은 기업 내에서 종이 없는 전자문서를 공유하거나 커뮤니케이션의 효율을 높이는 정도의 효과밖에 없었다. 그러나 엑스트라넷은 인터넷을 통해 기업의 외부 주체들과 기업을 직접 연결시켜줌으로써 기업 경영환경의 변화뿐 아니라 사회 전체의 변화를 가져오는 등 엄청난 파급효과를 낳았다.

(1) 인터넷 경제의 성장과 현황

「인터넷 경제」란 인터넷 혁명을 배경으로 발생한 새로운 네트워크 경제로서 디지털 경제에 포함되는 개념이다. 인터넷 경제는 현재 유

---

12 주재훈, 《인터넷 비즈니스 : 전자상거래》, 비봉출판사, 1998, p. 162.

레를 찾아볼 수 없는 급속한 성장을 거듭하고 있으며, 이는 e-비즈니스의 핵심 부분 가운데 하나인 인터넷 비즈니스의 배경을 이루고 있다. 따라서 인터넷 경제의 성장과 현황은 e-기업이 주시해야만 하는 가장 중요한 것 가운데 하나다. 여기에서는 인터넷 경제의 성장과 현황을 세계 및 국내의 두 가지 측면으로 나누어 살펴보도록 하겠다.

① 세계 인터넷 경제[13]

인터넷의 관점에서 관련사업을 분석한 최초의 보고서인 미국 텍사스 대학의 연구보고서에 나타난 인터넷 경제의 주요 현황과 전망 가운데 중요 부분을 요약하면 다음과 같다.

첫째, 인터넷 경제는 현재 놀라운 속도로 성장하고 있다. 1995~98년 세계경제는 연평균 3.8% 성장한 반면, 인터넷 경제는 연평균 174.5% 성장했다. 비록 인터넷 경제 매출지수와 세계의 국내총생산(gross domestic product : GDP)을 직접적으로 비교하는 것은 무리이지만, 인터넷 경제가 경이적인 속도로 성장하고 있다는 것을 암시하는 수치다. 미국 경제에서의 GDP 성장과 인터넷 경제의 성장을 비교하면, GDP는 1995년 6조 7,620억 달러에서 1998년 7조 5,520억 달러로 연평균 2.8% 성장한 반면, 인터넷 경제는 같은 기간 동안 연평균 174.5%씩 성장했다. 이는 초기 인터넷 시장이 인터넷과 관련 없는 산업을 인터넷과 정보제공자(information provider : IP) 기반 네트워크로 대체하면서 성장했음을 시사한다.

둘째, 인터넷 경제는 이미 지난 세기의 전통적인 산업과 대등한 규

---

13 신성문, 《인터넷 관련 시장규모》, 정보통신정책연구원, 1997, 재인용.

모로 부상했다. WWW가 도입된 후 지난 5년 동안 인터넷 경제는 이미 에너지 산업(2,230억 달러), 자동차 산업(3,500억 달러), 통신 산업(2,700억 달러) 등 20세기의 대표적인 산업과 규모 면에서 대등한 위치로 부상했다. 그리고 인터넷 산업에 근무하는 노동자 1명당 평균매출은 약 25만 달러로 전통적 산업에 비해 65%나 높다.

셋째, 인터넷 경제는 그 자체로도 세계 주요 나라의 경제규모와 대등한 수준이다. 1998년 미국 인터넷 산업 매출액은 3,000억 달러 이상으로 세계 20위 나라의 경제규모와 맞먹는다. 미국의 인터넷 기반 경제를 한 나라의 경제규모와 비교하면 스위스 다음, 그리고 아르헨티나보다 앞선 18위다.

넷째, 인터넷 경제는 고용에 이미 심각한 영향을 미치고 있다. 120만 명을 고용하고 있는 인터넷 경제는 고용시장 자체를 변화시키고 있다. 인터넷 관련 일자리의 대부분은 1994년 또는 1995년 이전에는 존재하지 않던 시장에서 새롭게 창출된 것일 뿐만 아니라, 인터넷 경제라는 기회와 도전에 대응하기 위해 이전의 작업구조를 계속 변화시키고 있다.

1998년 현재 590만 명 정도의 미국인이 광의의 하이테크 분야에 고용되어 있는데, 이 가운데 20% 정도가 인터넷 산업과 관련되어 있다. 인터넷 전문기업이 나날이 증가할 뿐만 아니라 전통적 비즈니스에서도 인터넷 기술에 대한 의존도가 높아짐에 따라, 인터넷과 관련한 새로운 일자리는 계속해서 창출될 것이며 기존 작업구조도 새로운 경제구조에 발맞추어 급속히 재편될 것이다.

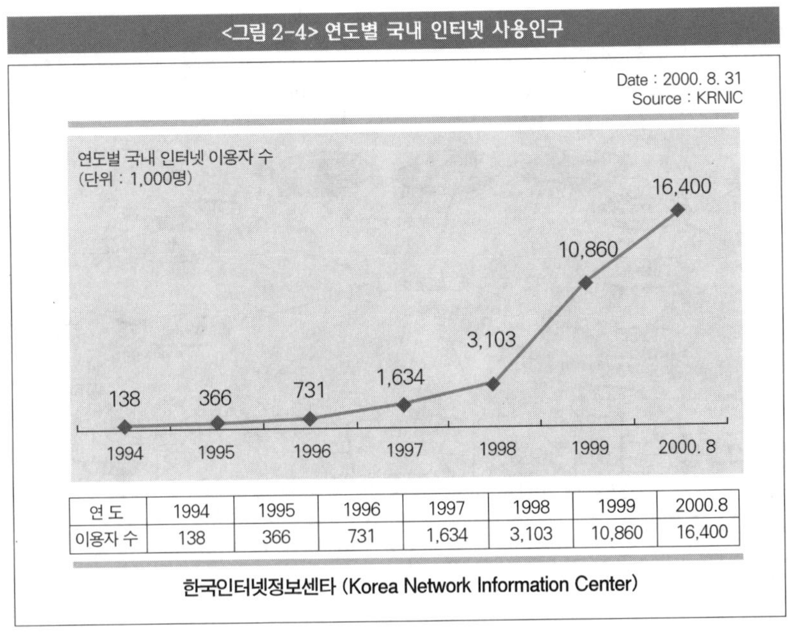

연 도	1994	1995	1996	1997	1998	1999	2000.8
이용자 수	138	366	731	1,634	3,103	10,860	16,400

한국인터넷정보센타 (Korea Network Information Center)

② 국내 인터넷 경제

기본적으로 인터넷 경제에서 가장 중요한 인터넷 인구현황의 경우 국내 인터넷 인구는 세계 각국의 인터넷 증가추세에 발맞추어 빠르게 증가하고 있다. 〈그림 2-4〉[14]가 이를 잘 보여주고 있는데, 국내 인터넷 이용인구는 1999년 9월 이후 비약적인 증가세를 보이고 있다. 그리고 2000년 7월 말 현재 국내 인터넷 이용자 수는 1,600만 명을 돌파해 전인구의 3분의 1 이상에 달하고 있다.

국내의 인터넷 경제 기반의 발전과정은 국내 인터넷 망의 발달과정과 그 궤를 같이한다. 왜냐하면 인터넷 망이 인터넷 경제를 떠받쳐주

---

[14] http://www.stat.nic.or.kr

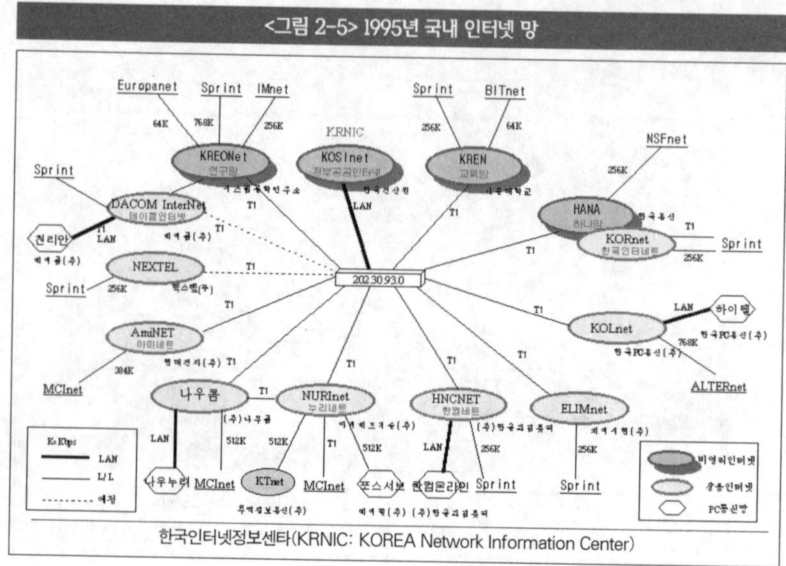

한국인터넷정보센타(KRNIC: KOREA Network Information Center)

는 가장 기본적인 뼈대가 되기 때문이다.

〈그림 2-5〉에서 보는 것처럼 1995년의 인터넷 망은 상대적으로 적은 인터넷 사용인구를 대변하듯 그다지 조밀한 구성을 보여주지 못했다. 인터넷 망을 구성하는 구성요소도 비영리 인터넷 네 개와 상업용 인터넷 아홉 개, 그리고 PC 통신망 다섯 개가 전부였다. 이런 추세는 1996~97년까지 계속되다가 국내 인터넷 사용인구가 급속한 신장세를 나타내기 시작한 1998년부터 엄청난 변화를 보여준다.

1998년의 인터넷 망 구성은 〈그림 2-6〉[15]에서처럼, 조밀도에서나 구성요소의 양적 증가에서 많은 발전을 나타낸다. 인터넷 망의 연결 정도는 상대적으로 매우 조밀해졌으며, 구성요소도 비영리 인터넷의

---

15 www.nic.or.kr

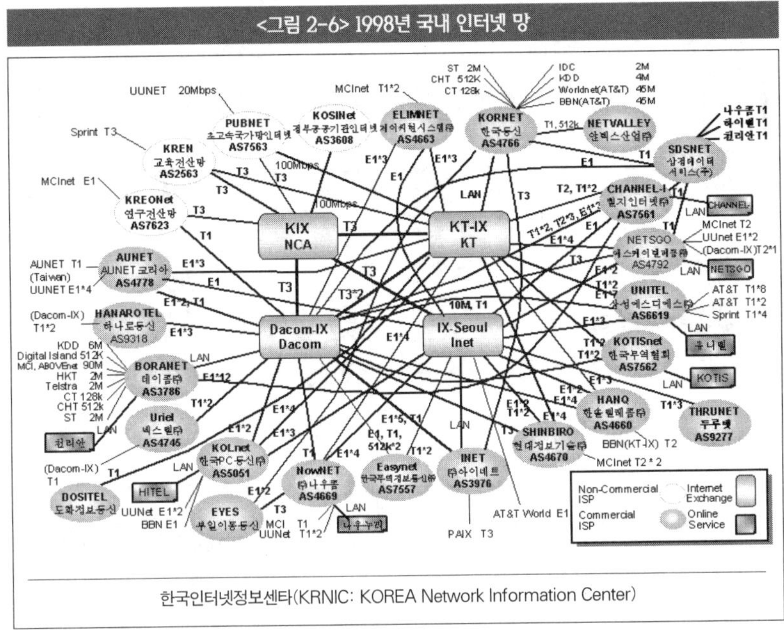

한국인터넷정보센타(KRNIC: KOREA Network Information Center)

증가는 없지만 상업용 인터넷이 21개로 증가했고, PC 통신망 또한 일곱 개로 증가했다. 이런 증가추세는 1999년에도 계속되어 〈그림 2-7〉[16]에서 볼 수 있는 것처럼 인터넷 망의 급속한 발전이 이루어졌다.

인터넷 경제환경에서 기업은 기존의 경제환경에서 경험하지 못했던 엄청난 변화 속에 직면하고 있다. 즉 기업은 인터넷을 통해 이전에는 불가능했던 시간적·공간적 장벽, 비용 장벽, 구조적 장벽을 극복할 수 있게 되었다.

기업이 이런 장벽들을 극복할 수 있었던 가장 중요한 요인은 인터넷을 통해 기업경영과 직·간접적으로 관련된 정보를 신속하게 획득

---

16 www.nic.or.kr

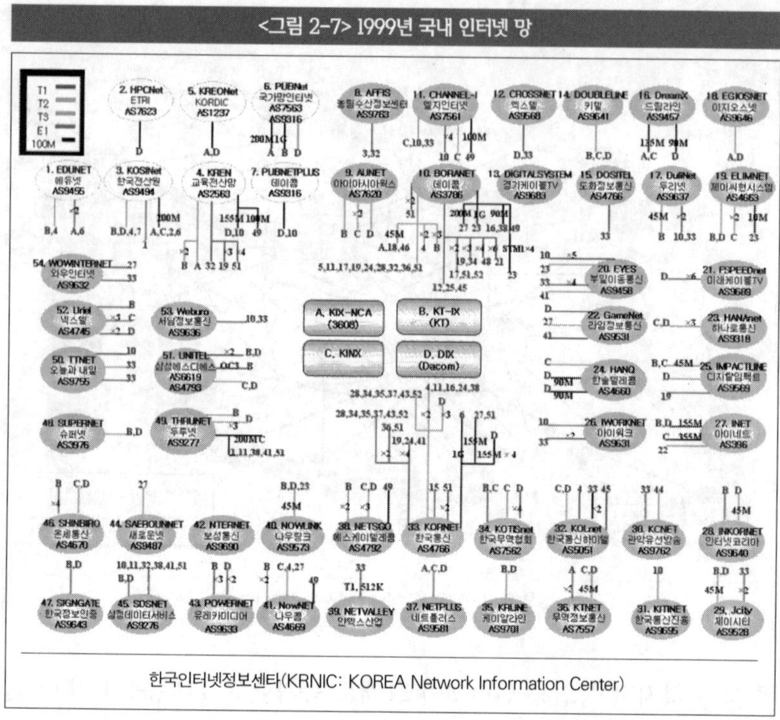

해 활용할 수 있었기 때문이다. 따라서 인터넷 네트워크를 통해 교환
되는 정보의 가치가 급상승하게 되자 기업은 통합정보경영관리(total
information management : TIM)를 훨씬 더 중시하게 되었다. 여기에
서 TIM이란 경영정보자원의 효율적이며 효과적인 획득과 이용을 위
해 기업이 전사적인 차원에서 행하는 정보경영관리를 의미한다.

이런 정보자원의 효율적이고 효과적인 관리는 기업 내에서 없어서
는 안 될 중요한 요소로 자리매김하고 있다.

마르크스와 토플러의 권투시합

카를 마르크스(Karl Marx)는 인류의 발전과정에 대해 이론적으로 정밀한 패러다임을 제시한 탁월한 역사학자였다. 그에 따르면 인류는 원시 공산사회에서 고대 노예사회를 거쳐 중세 봉건사회를 지나 현대의 자본주의 사회로 이행해왔다고 한다. 그러나 자본주의 사회의 중심축인 기업은 머지않아 기업 내부의 구조적 모순 때문에 붕괴하게 될 것이고, 인류는 국가가 기업을 소유하는 사회주의 체제를 거쳐 공산 유토피아에 다다르게 될 것이라는 것이 그의 주장이다.

앞으로 다가올 사회를 과학적으로 접근하는 미래학계에서는 토플러가 독보적 존재다. 그에 따르면 인류는 인간의 원초적 힘이 지배하는 유목사회에서 토지가 지배하는 농경사회를 지나 자본이 지배하는 산업사회로 이행해왔다고 한다. 그러나 산업사회의 핵심 조직인 기업은 자원을 고갈시키고 자연을 파괴하는 부작용 때문에 머지않아 몰락하고, 정보를 기반으로 한 새로운 조직이 주도하는 정보사회가 나타날 것이라고 본다.

　　두 사람은 공산 유토피아와 정보사회라는 두 가지 대안을 놓고 몇 십 년 동안 세계경제를 무대로 권투경기를 벌였다. 소련을 실험실로 한 마르크스의 이론과 서방 세계를 무대로 한 토플러의 시도는 1990년 소련의 붕괴와 함께 토플러의 완승으로 끝났다. 그러나 우리나라에서는 두 사람이 벌여온 경기가 계속 이어지고 있다. 그 구체적인 증거를 재벌정책에서 찾아보자.

　　현 정부가 주도하는 재벌그룹 구조조정을 두고 한편에서는 정부가 재벌 해체를 궁극적인 목표로 삼고 있다고 보는 반면, 다른 한편에서는 재벌기업의 경쟁력 강화가 목적이라고 항변한다. 이에 대한 정확한 해석을 내리기 위해서는 정부가 마르크스와 토플러 가운데 누구의 시각에 근거해 한국경제의 미래 좌표를 찾고 있는지 알아야 한다.

　　마르크스에 따르면 자본주의 사회의 핵심인 기업은 멸망해야 한다. 따라서 정부가 마르크스 패러다임을 선택하는 경우 재벌그룹 해체는 당연한 귀결이다. 토플러도 산업사회가 정보사회로 대체되는 과정에서 자본을 기반으로 한 기업은 정보를 중심으로 한 새로운 조직에 의해 대체될 수밖에 없다고 본다.

　　2000년 3월 말 토플러가 우리나라를 방문했을 때 김포공항에서의 첫마디 역시 『한국의 재벌그룹은 해체되어야 한다』였다. 즉 정부가 마르크스와 토플러 가운데 누구를 따르더라도 재벌 해체는 필연적인 것이다.

　　따라서 진정으로 우리 정부가 가진 성향을 판단하기 위해서는 우리나라 경제에서 재벌이 사라지면서 생기는 공백을 정부가 어떤 조직으로 메우려고 하는지를 알아야 한다.

　　재벌기업들이 구조조정되는 과정에서 창업자 보유 지분이 소각되거나 부채의 자본 전환을 통해 은행이 대주주가 되고 있다. 재벌체제 옹호자들은 이런 현상을 놓고 정부가 마르크스의 패러다임에 입각해서 은행을 통해 모든 재벌그룹을 국가기업화하고 있다고 주장한다.

반면 정보사회의 도래를 믿는 사람들은 재벌이 사라진 우리나라 경제에서 중추적인 역할을 하게 될 조직은 기술 · 경영능력 · 디자인 등으로 무장한 벤처기업이라고 주장한다.

실제로 우리나라에는 벤처기업 지정제도가 도입된 1998년 5월 이후 불과 두 해 만에 6,000여 개의 벤처기업이 설립될 정도로 벤처 붐이 일고 있다. 그리고 이런 벤처 붐을 일으킨 우리 정부에 대해 이들은 세계 어느 나라보다도 토플러 패러다임을 빨리, 그리고 정확히 받아들인 정부로 평가 하고 있다.

무학대사가 태조 이성계에게 한 말처럼 부처님 눈에는 모든 사람이 부처님으로 보이는 법이다. 마찬가지로 일찍이 토플러를 믿고 정보관련 산업에 뛰어든 사람들은 당연히 정부를 토플러 패러다임의 소유자라고 본다. 같은 논리로, 정부를 마르크스 패러다임의 소유자라고 비판하는 재벌옹호론자들이야말로 마르크스 패러다임에 가장 충실한 사람들이다.

우리 국민들은 지난 30여 년 동안 재벌체제에 안주해왔다. 그러나 마르크스 패러다임으로는 더 이상 국가 경쟁력을 높일 수 없고, 세계경제를 선도하는 주체가 될 수 없다. 이제 우리는 패러다임을 바꾸어 정보사회를 받아들여야 한다. 그리고 재벌이 사라진 한국경제의 대표주자로 벤처기업을 내세워 정보 강국을 만들어야 한다.

재벌이 우리나라를 후진국에서 중진국으로 발전시킨 견인차였다면, 벤처기업은 우리나라를 중진국에서 선진국으로 성장시킬 수 있는 우리의 희망이다.

—〈한국일보〉 2000년 7월 4일

e-비즈니스의 유형

1. e-비즈니스의 유형

　e-비즈니스의 유형을 분류하기 위한 접근방법은 여러 가지 기준에 따라 다양하다. 예를 들어 e-비즈니스를 수행하기 위해 사용되는 기술을 중심으로 e-비즈니스를 분류할 수도 있다. 그러나 기술 중심의 분류방식은 최근 기술의 급속한 발전속도를 감안할 때 너무나 많은 유형의 세부 분류가 따르기 때문에 일반적인 유형을 대변하는 데에는 많은 문제점이 있다. 이런 문제점을 극복하기 위해서는 e-비즈니스가 「비즈니스」의 주요 하부영역을 이루므로, 비즈니스의 사업내용과 거래주체를 기준으로한 접근방법을 통해 e-비즈니스의 유형을 분류하는 것이 e-비즈니스의 종류를 체계화하는 데 좀더 적절하다고 볼 수 있다.

(1) 사업기준별 유형[17]

현재의 e-비즈니스를 사업내용 중심으로 분류하면, 다음에서 보는
것처럼 13가지로 유형화할 수 있는데, 이와 같은 내용 중심의 유형은
e-비즈니스의 활용범위가 점차 증대됨에 따라 더욱더 증가될 것으로
예상된다.

① 전자경매(e-auction)

경매는 인터넷상에서 하나의 새로운 분야가 됐다. 전통적인 경매에
서는 많은 사람들이 경매장에 모이거나 전화로 경매에 참가했다. 그
런데 경매장에 오거나 전화로 경매에 참가하는 것은 비용을 수반했으
며, 때로는 물건의 가치보다 비용이 더 많이 드는 경우도 있었다. 또
특정 지역이나 특정 그룹의 사람들에게만 경매가 허용되기도 했다.

그러나 인터넷상에서의 경매는 인터넷을 통해 경매물로 제공된 제
품의 입찰에 참가하려는 사람들을 모두 경매에 참가할 수 있도록 함
으로써 경매의 대중화에 기여했다. 즉 인터넷 경매의 경우 네트워크
서버가 물리적으로 얼마나 떨어져 있든 간에 인터넷을 클릭만 하면
손쉽게 경매 웹사이트(web site)를 통해 누구든 경매에 참가할 수 있
다. 그리고 인터넷은 경매 입찰과정의 속도를 향상시킨다. 현실세계
에서 물리적인 경매의 마지막 낙찰이 이루어지기까지는 많은 시간이
걸린다. 그러나 인터넷상에서는 이런 과정이 불과 몇 초 만에 이루어
진다. 실제 인터넷 경매에서 경매자는 인터넷을 통해 입찰가격을 접

---

17 Daniel Amor, *The E-business Revolution*, Prentice Hall PTR, 2000, pp. 24~32, 수정
인용.

수한 후, 가장 비싼 입찰가격을 제출한 입찰자에게 물건을 건네주기만 하면 된다.

게다가 실제 입찰에서도 규모가 큰 인터넷 경매 사이트들은 모든 사람들을 위한 입찰을 제공한다. 이런 사이트들은 웹 페이지에 개인들이 소장하고 있는 경매물품들을 올려놓을 수 있는 기회를 제공한다. 이와 같은 개인경매는 바로 실제적인 경매로 들어가는 것이 아니라, 물건의 입찰자가 웹페이지상에 가격을 올려놓으면 경매자는 특정한 가격에 도달하거나 일정한 기간이 지난 후에 운이 좋은 입찰자에게 물건을 건네주는 것이다.

eBay, QXL, Richard는 모든 사람들이 입찰자나 경매자 또는 두 가지 다른 물건에 대해 입찰자이면서 동시에 경매자가 될 수 있는 기회를 제공한다. 경매 웹사이트는 경매 모델을 기반으로 물품교환을 위한 기반구조가 되며, 이것은 기본적으로 수요에 따라 가격을 결정하는 역할을 한다.

인터넷은 현재 비즈니스상에서 고정가격구조를 좀더 역동적인 가격구조로 변화시키고 있다. 경매 사이트들은 초기 단계에 지나지 않지만 몇 년 후에는 개별고객의 수요에 기반한 개별가격이 제품이나 정보 또는 서비스를 제공하는 모든 웹사이트에 편재할 것이다.

② 전자금융(e-banking)

온라인 금융은 가장 성공적인 온라인 비즈니스 가운데 하나다. 온라인 금융은 사용이 매우 간편한 웹사이트를 통해 고객들로 하여금 자신들의 계좌에 접근하여 주문을 할 수 있게끔 한다. 웹브라우저를 제외하고 전자금융을 수행하기 위해 필요한 소프트웨어는 그다지 특별한 것이 없기 때문에 많은 은행은 전자금융 서비스에 대한 수수료를 받지 않는다. 몇몇 은행들은 심지어 온라인 전자금융 서비스를 이용할 경우 실제 은행거래보다도 비용을 더 싸게 해주고 있다. 이러한 전자금융은 결국 개인과 기업들에게 시간과 돈을 절약해주는 역할을 하고 있다.

온라인 금융은 그 동안 은행들이 가지고 있던 힘을 소비자의 것으로 전환시키고 있다. 그리고 소비자들이 은행에 직접 가서 돈을 찾기보다는 현금자동인출기에서 돈을 인출하는 데 익숙해지는 것처럼, 스스로 은행관련 업무를 처리할 수 있도록 한다. 이와 같은 온라인 서비스를 통해 고객들은 자기 예금계좌의 상세내역을 볼 수 있으며, 거래내역을 검토할 수 있다. 또 수표와 청구서를 결재할 수 있을 뿐만 아니라, 은행의 고객관리부와 접촉할 수도 있다. 현재 온라인 전자금융을 통해 할 수 없는 유일한 거래는 현금의 입출금뿐이며, 이 밖에 계좌이체와 신용카드 관련 업무 및 심지어 대출 서비스까지도 받을 수 있다.

버추얼 뱅킹(virtual banking)을 하려면 컴퓨터 또는 인터넷과 브라우저에 접속할 수 있는 기초 장비가 필요하다. 소비자들은 온라인 은행에서 제공하는 안전 시스템(security system)에 의존해, 소비자의 브라우저에서 안전수준(the level of security)을 향상시킬 수 있는 플러그인(plug-in)이나 자바(Java)를 설치해야 하는 경우도 있다. 이와 같은 플러그인이나 자바 애플릿(Java applet)은 소비자의 은행거래를 방해할 수 없도록 하기 위한 암호 수준을 향상시키는 데 사용된다. 심지어 더 정교한 시스템에서는 고객의 안전한 온라인 거래의 접근을 위해 스마트카드(smart card) 기술을 사용하기도 한다. 이밖에도 은행거래를 안전하게 하기 위한 또 하나의 방법은 신분증명(indentification : ID)과 로그인(login)과 더불어 거래번호의 목록을 이용하는 것(TAN)인데, 이것은 단일거래에 사용될 수 있는 일회성 패스워드를 이용하는 방법이다.

많은 사람들이 퀴큰(Quicken)과 같은 PC 뱅킹 소프트웨어를 사용하는 데, 이것은 개인 재정관리 소프트웨어 패키지로서 전자금융과는 다르다. PC 뱅킹의 경우 소프트웨어가 소비자의 개인 컴퓨터에 입력 저장되며 모든 거래가 제3자인 매각인을 통해 조정된다. 이에 반해 전자금융은 고객들이 퀴큰을 이용할 때와 똑같은 은행업무를 온라인상에서 할 수 있게 하지만, 인터넷을 통해 고객이 자신의 계좌에 직접 접근할 수 있다는 큰 차이점이 있다.

③ 전자상거래(e-commerce)

IT와 정보 기반구조가 제공하는 가능성과 실제 효과를 비교해보면, 인터넷 이전 시대의 상거래는 매우 제한적이었다. 이와 같은 제한을 유발시키는 가장 주요한 제한요소는 바로 시간과 공간이었다. 상점이 하루 24시간 영업을 한다고 해도 오직 제한된 수의 고객들만이 상점이 위치한 곳에 올 수 있었다.

고객들은 상점 안에 있는 제한된 품목만을 선택할 수 있었고, 상품의 진열공간 또한 상점 안으로 제한될 수밖에 없었다.

그러나 인터넷상에서의 상점은 시간과 공간에 제한이 없다. 상점이 공급할 수 있는 제품의 양에서도 제한이 없다. 아마존(Amazon.com)의 경우 470만 권의 책을 공급할 수 있다. 470만 권의 책을 재고로 쌓아놓고 있는 서점을 상상해보라. 아마존이 그 책들을 다 갖고 있는 것이 아니기 때문에 비교가 적절해 보이지 않을는지 모르지만, 어쨌든 아마존을 통해 470만 권의 책을 주문할 수 있으며, 또한 아마존은 모든 책 하나하나에 대한 정보를 제공한다.

가끔 e-테일러(tailer)로 불리는 온라인 소매상들은 전통적인 소매상들보다 많은 제품을 제공하거나 똑같은 제품에 대해 더 많은 서비스를 제공한다. 현재 인터넷 서점을 통한 CD와 공연 티켓의 판매량은 전통적인 판매방식을 통한 판매량을 능가하고 있다. 이것은 이 제품들이 디자인이 아닌 제품의 내용 여하에 따라 구매되기 때문이다. 항공권의 경우에도 항공권의 외형적 디자인이 중요한 것이 아니라, 가격과 서비스가 실제로 더 중요하다. 또 새로운 기술의 발달은 디자인과 같은 감정적인 기준으로 구매되는 제품에 대해서도 인터넷을 더욱 매력적인 수단으로 만들고 있다.

인터넷은 본질적으로 전술적인 성격을 띠는 전통적인 판매 모델을 변화시키고 있다. 기업들은 운송할 수 있는 제품 또는 서비스, 그리고 정보를 생산한 후, 이것을 판매할 판매전략의 기초로 가격(price) · 제품(product), 광고(promotion), 배치(placement)의 4P 마케팅 기법을 채택했었다. 그러나 인터넷상거래는 반대로 훨씬 더 전략적이다. 대부분의 기업이 자신들의 제품을 순전히 수요의 변환단계 관점으로 보는 반면에, 인터넷상거래는 기업들로 하여금 제품을 점점 더 전체 판매의 순환과정(시장개발, 수요창출, 목표 달성, 고객 지원과 고객 보유)으로 보지 않을 수 없게 하는 경향이 있다. 전술적인 모델에서 위에 언급된 판매 순환과정의 단계들은 단지 사전 판매와 사후 판매에 도움을 줄 수 있는 별개의 부분이다. 그러나 전략적인 모델에서는 그런 단계들이 전체 판매 의도의 한 부분을 형성하고 있다.

많은 사람들은 전자상거래가 e-비즈니스와 똑같은 것이라고 생각한다. 그러나, 앞장의 e-비즈니스 개념에서 설명했듯이 전자상거래는 e-비즈니스의 중요한 하부 분야다. 전자상거래는 디지털 방식으로 활용될 수 있는 첫번째 비즈니스 유형의 하나다. 그러나 인터넷은 한낱 제품과 서비스를 사고파는 것 이상의 그 무엇을 제공한다.

④ 전자 디렉토리(e-directory)

디렉토리는 항상 특별한 제품이나 서비스를 찾는 데 중요한 역할을 해왔다. 전화번호부의 경우, 개인 전화번호를 위한 흰색 페이지와 사업체 전화번호를 위한 노란색 페이지는 사람이나 사업체를 찾는 데 필수적이었다. 책 형태의 디렉토리와 더불어 전화회사들은 사람들이 더 많은 정보를 직접 전화로 얻을 수 있게 했다. 이는 정보를 얻기 위해 직접 정보의 보유자나 원천지를 방문하거나 우편을 이용하는 방법보다 상대적으로 훨씬 효율적이다.

위와 같은 두 가지 기능은 인터넷상에서 결합됐다. 집중화된 기능을 제공하는 데이터베이스는 한 곳에 위치하지만, 아무 때나 누구에게라도 인터넷을 통해 정보를 제공한다. 따라서 인터넷을 통한 정보제공은 정보의 효율적인 유통과 분산화에 크게 기여하게 되었다.

인터넷이 전화번호부의 기능을 그대로 대신할 가능성이 있다는 데 이견은 없지만, 인터넷은 단순히 이름을 찾고 전화번호를 얻는 것 이상의 일을 할 수 있다. 예를 들어 인터넷상에서는 전화번호를 입력하면 그 전화번호의 이름을 아는 것이 가능하다. 게다가 새로운 디렉토리는 사람들과 사업체들의 웹페이지 및 그들의 e-메일 주소(e-mail address)를 찾는 데 필요하다.

그러나 인터넷은 정보의 검색을 쉽게 하는 동시에, 더 어렵게 하기도 한다. 인터넷의 경우 정보검색의 수단이 좀더 강력하기 때문에 정보 검색이 쉽다. 그러나 인터넷의 등장과 함께 유통정보의 양이 기하급수적으로 증가하고 있어 특정 정보를 찾는 일은 점점 더 어려워지는 것이 사실이다. 따라서 좀더 효율적인 정보의 검색을 위해 「정보중개자(info-mediary)」라는 새로운 종류의 중개인까지 나타나고 있다. 즉인터넷은 정보의 효율적인 사용을 가능하게 하면서도 정보의 홍수현상과 함께 오히려 정보검색을 어렵게 하는 양면성을 지니고 있는 것이다.

⑤ 전자공학(e-engineering)

공학 또한 지난 몇년 동안 극적으로 변화했다. 도면을 갖고 작업하는 기술자들은 효과적으로 일을 하기 위해 모두 같은 사무실에 모여 있을 필요가 있었다. 만약 디자인을 다른 곳으로 보낼 필요가 있을 경우에는 많은 사본을 만들어야 했으며, 이들 사본은 우편 서비스를 이용해 다른 곳으로 보내졌다. 다른 곳으로 보내진 디자인은 세련되게 고쳐지고, 조사를 받거나 가공처리되었다. 그런데 이런 과정들은 수작업을 포함하고 있기 때문에 처리과정이 매우 느렸으며 실수도 많았다.

인터넷은 이런 디자인의 속도를 변화시켰다. 인터넷은 예전에 가능했던 것보다 훨씬 높은 수준의 전자적 협동(electronic collaboration)을 가능하게 했다.

이제 기술자들의 지리적 위치는 더 이상 중요하지 않다. 멀리 떨어져 있어도, 인터넷을 통해 연결될 수 있는 모든 사람들이 작업의 발전

단계에 참여할 수 있다. 이런 발전을 위한 새로운 도구들이 인터넷의 가능성을 지원하기 위해 개발되어왔다. 인터넷을 통해 기술자들을 전 세계의 기술발전에 참가할 수 있게 함으로써, 지속적인 기술의 발전 또한 가능해졌다. 공학기술의 발전은 결국 인터넷을 통해 기술발전의 원천을 개방화하면서 효율적으로 이루어지도록 만들었다. 여기에서 무엇보다도 중요한 점은 어느 누구라도 이런 발전에 참가할 수 있고, 프로그램을 할 시간만 있다면 기술발전에 기여할 수 있다는 점이다. 이런 기여는 아마도 관계되는 모든 사람들에 따라서 매우 다양한 형태를 띠게 될 것이다.

⑥ 전자 프랜차이징(e-franchising)

지난날 맥도날드(MacDonald)나 베네통(Benetton)과 같이 거대하고 전통적인 프랜차이즈 기업들은 프랜차이즈 회사의 제품을 독점적으로 파는 판매상에게 자신들의 제품이나 브랜드를 판매함으로써 수익을 얻어왔다. 이런 판매상들은 「프랜차이징 파트너(franchising partner)」라고 불린다. 소비자들의 경우 프랜차이즈 기업을 선호하는 경향이 있고, 프랜차이즈 제품은 브랜드가 잘 알려져 있다. 프랜차이즈 기업들은 일련의 제품과 브랜드를 제공함으로써 소매상에게 확실한 성공을 보장한다. 예를 들어 프랜차이징 기업의 우위는 상점의 인사에 투자할 필요가 없다는 점이다. 그러나 프랜차이징 파트너는 종업원들과 담당지역의 재정적인 성공 여부에 책임을 진다.

전자 프랜차이징은 매우 비슷한 역할을 한다. 그리고 실제로 인터넷상에서의 프랜차이징은 훨씬 쉽다. 진보하고 있는 디지털 제품과 프로세스, 그리고 브랜드는 프랜차이징을 하기에 매우 손쉽다. 인터넷상의 대형 서점들의 제휴 프로그램이 하나의 좋은 예다. 사실 대형 서점들은 자신의 서적 창고를 갖고 있으므로 엄밀히 말하면, 진정한 프랜차이저라고는 볼 수 없다. 그러나 그들은 파트너들로 하여금 파트너들의 웹사이트를 통해 독점적으로 자신들의 제품을 유통시키도록 한다. 이와 같은 시스템의 우위는 관련 유통비용이 전혀 없다는 점이다. 즉 고객들이 모르게 하면서도, 독점적으로 유통된 제품과 웹을 통한 판매를 연결할 수 가 있다. 예를 들어, 퀠레(Quelle)사는 자신의 웹사이트를 통해 책을 팔고 있다. 책이 그들의 핵심제품은 아니지만, 리브리(Libri)사와의 협력을 통해 자신들의 웹사이트상에서 150만 권 이상의 책을 공급할 수 있다.

⑦ 전자도박(e-gambling)

최근 우리나라의 강원도 정선지방에 새로 카지노가 개장했는데, 이에 대해 많은 논란이 빚어지고 있다. 이처럼 도박에는 많은 도덕적인 문제점이 연관되어 있다. 어쨌든 도박은 인터넷상에서 가장 수익성이 좋은 사업 가운데 하나다. 실제 도박은 많은 법규정에 의거해 엄격히 제한되어 카지노에 접근하는 것도 어렵다. 도박장의 주인은 관할 행정자치부에 많은 세금을 내야 하는데, 이것은 경쟁 창출을 매우 어렵게 만든다.

그러나 인터넷상에서는 이와 같은 환경이 매우 다르게 변화되었다. 도박은 몇몇 지역에서는 여전히 불법이며 세금이 굉장히 높지만, 도박이 인정되는 합법적인 곳으로 도박 사업을 옮기면 세금이 자연히 낮아진다. 따라서 대부분의 도박 사이트는 도박을 금지하는 법이 적용되지 않는 카리브 해나 남아메리카로 사업 장소를 옮겨갔다.

이런 기업들은 어떤 제한도 받지 않고 웹사이트상에서 도박 프로그램을 온전히 운영할 수 있다. 기업주가 도박을 합법적으로 인정하는 나라에서 기업을 소유하고 있기 때문에 관할 행정부의 간섭을 두려워할 필요 없이 도박 사업을 운영할 수 있는 것이다. 그러나 실제로 다른 카지노들은 지리적인 위치에 제한을 받고 있기 때문에 이런 카지노들에 비해 상대적인 경쟁 열위에 놓여 있다. 반면 온라인 카지노들은 마우스를 간단히 클릭함으로써 전세계 도박사들을 끌어모을 수 있다. 123갬블링(123Gambling)이나 카지노플레이스(CasinoPlace)는 실제로 날마다 몇십만 명의 사람들을 끌어 모으고 있다.

⑧ 전자학습(e-learning)

인터넷상에서의 지속적인 변화는 학습의 변화 또한 요구하고 있다. 전통적인 산업시대에서는 학습의 주제와 내용이 그다지 많이 변하지 않았다. 몇 년에 걸쳐 학습 커리큘럼에 대한 변화가 일어났지만, 정보화 시대와 비교해보면 그 변화는 극도로 느리다고 볼 수 있다. 40년 이상 하나의 직업을 유지하기란 더 이상 가능하지 않다. 예를 들어, 앞으로는 한평생 철강공장에서 일하는 사람의 모습을 찾아보기가 어려울 것이다. 직업 사이에서의 흥망성쇠는 훨씬 정도를 더해가고 있으며, 또한 이것은 직업관에 대한 우리의 시각을 재조정할 필요성이 있다는 것을 말해준다.

인터넷 시대에 나타난 새로운 기술로 인해 새로운 패러다임, 프로세스에 대한 평생학습의 필요성이 급속도로 증대되고 있는 것이다. 그리고 새로운 기술을 학습하는 데에는 막대한 시간이 필요하므로 평생학습은 필수재가 되어버렸다.

그리고 지식이 주요한 수입원으로 되어감에 따라, 학교에서 뭔가 중요한 것을 배우려고 기다리는 일 자체도 불가능하게 되었다.

컴퓨터기반 훈련(computer-based training : CBT)은 몇 해 전부터 도입되기 시작했는데, 이는 컴퓨터를 통한 교육을 가능하게 했다. 소프트웨어는 주제를 설명하기 위해 사용되는데, 그 이후에는 학생들을 테스트한다. 이와 같은 방법이 몇몇 주제를 학습하는 데 효과적인 방법이기는 하지만, 이해가 잘 안 될 때에는 아무도 물어볼 사람이 없다는 단점이 있다.

가끔 인터넷 기반 훈련(internet-based training : IBT)으로 불리는 전자학습은 디지털 학습의 새로운 차원을 제공해준다. 주제를 설명하고 테스트하는 데 사용되는 실행 파일을 받는 대신에, 수업자료는 온라인으로 제공된다. 테스트는 다른 수업 참가자들과 함께 실시간으로 시행되며, 학생들은 실시간으로 생각과 질문을 교환할 수 있다.

게다가 학생들이 지역적으로 얼마나 떨어져 있든 간에 수업에 참석 중인 모든 학생들에게 주제에 대해 설명해줄 수 있는 실제 선생님이 수업에 참가할 수도 있다.

그리고 이런 모든 것이 실시간으로 이루어질 수 있다. 다음 시간을 기다리는 대신에 학생들은 자신이 원하는 시간과 가능한 장소에서 학습 네트워크에 접속함으로써 학습경험을 좀더 개인의 것으로 체화(體化)할 수 있다.

인터넷 기반 훈련은 또한 전체 학습과정을 학생들이 이용하기에 앞서 미리 학생들에게 제공될 수도 있다. 그리고 중요한 주제에 대해서는 학생들이 학습을 시작함과 동시에 수업과정이 개발될 수도 있다.

⑨ 전자우편(e-mailing)

많은 사람들이 e-비즈니스를 이야기할 때 전자우편에 대해서는 간과하는 경향이 있다. 그러나 커뮤니케이션은 모든 비즈니스의 기본이다. 인터넷은 전통적인 커뮤니케이션 시장에 침투해 전자우편을 통해 우편 서비스나 원거리 커뮤니케이션 기업의 시장을 뺏고 있다. 전자우편은 전화와 편지의 강점을 결합한 것이다. 전화의 우위는 즉시성에 있으며, 편지의 우위는 모든 것이 문자의 형태로 씌어진다는 것이다. 전자우편은 e-메일이나 온라인 채팅을 통해 문자형태의 즉각적인 커뮤니케이션을 가능하게 한다.

점점 더 많은 비즈니스에서 디지털 방식의 커뮤니케이션이 증가하고 있다. 전자우편은 글자 이상의 것을 담을 수 있다. 예를 들어 포맷된 문서, 프리젠테이션, 이미지, 소리를 첨부하는 것이 가능하다. 즉 정보를 훨씬 쉽게 공유할 수 있다.

전자우편은 또한 사람들의 커뮤니케이션 방식을 바꾸고 있다. 모든 부분을 하나의 편지에 적기보다는 다양한 전자우편을 통해 많은 생각들이 퍼질 수 있다. 이와 같은 커뮤니케이션의 우위는 하나의 생각이 즉각적인 응답을 통해 발전할 수 있다는 것이다. 그리고 이것은 모든 사람들이 당신으로부터 즉각적인 응답을 기대하듯이, 발송된 모든 전자우편에 대해 당신도 즉각적인 응답을 기대한다는 의미다.

⑩ 전자 마케팅(e-marketing)

전통적인 마케팅은 목표 소비자집단에 초점을 맞추어 그 특정 집단에 대해 긍정적인 이미지를 창출하는 것이다. 광고에서 커뮤니케이션은 오직 한쪽 방향에서 일방적으로 이루어질 뿐이었다. 따라서 마케팅 팀은 고객들의 반응에 즉각적인 결과를 얻을 수 없었다. 이러한 것이 정보화 사회 이전에는 별로 문제가 되지 않았다. 왜냐하면 기업의 전략과 제품에 영향을 미칠 조사를 통해 연구결과를 발표할 시간이 충분히 있었기 때문이다.

정보화 사회에서는 모든 것이 빨리 흘러간다. 제품·전략·가격 등 모든 것이 고객의 욕구에 달려 있다. 모든 것이 예전보다 훨씬 더 고객중심으로 되어가고 있다. 고객의 수요는 제품의 디자인, 마케팅 전략, 제품의 가격설정에 직접적인 영향을 준다. 전통적으로 마케팅은 고객과 직접적으로 연관이 있다. 따라서 고객으로부터 나오는 고객의 반응정보는 기업의 적절한 부서로 전달되어 고객의 변화하는 수요에 실시간으로 대응할 수 있도록 해야 한다.

인터넷은 위에서 살펴본 것처럼 기업들로 하여금 개별고객의 수요에 대응할 수 있도록 해준다. 모든 소비자들은 자신들이 선호하는 방식으로 대우를 받을 수 있다. 이와 같은 측면에서 1 대 1 마케팅은 인터넷을 통해 고객을 다루는 방법의 표준이 되었다. 1 대 다수 마케팅은 인터넷 시대에는 더 이상 효력이 없다.

⑪ 전자운영 자원관리(e-operational resources management)

기업은 생산을 위해 필요한 물품과 더불어 운영자원을 구매할 필요가 있다. 이런 비생산물품과 서비스들은 하루하루의 비즈니스를 수행하기 위해 하루 단위를 기준으로 하는 것이 필요하며, 따라서 효율적으로 관리돼야 한다. 운영자원의 영역은 컴퓨터 장비와 같은 자본설비·유지, 사무용 준비물과 같은 수선·운용 공급품, 여행 서비스와 같은 여행·오락을 포함한다.

운영자원을 획득하는 프로세스는 기업 내의 많은 조직 및 부서들과 관련되어 있는데, 이들은 다수의 상이한 공급자들을 다룬다. 그런 공급자들은 서비스와 물품 및 정보를 제공한다. 운영자원이 회사 지출의 많은 부분을 설명하는 부분일지라도, 구매 프로세스는 그다지 잘 조직화되거나 관리되지 않는다. 많은 경우 새로운 펜과 전화선을 주문하는 데에는 서류 중심의 프로세스가 이용된다. 기업들의 분산된 접근방식 때문에, 모든 부서가 개별적인 기준을 가지고 운영자원을 조정하게 된다. 이것은 결과적으로 중앙의 구매조직을 통해 구매를 하는 것보다 더 많은 가격을 지불하게 된다. 일단 중앙의 구매조직이 정착되면, 서류 중심의 프로세스는 그것을 자동화하고 통제하기 위해 디지털화될 필요가 있다. 프로세스가 디지털화되지 않는 한, 기업은 프로세스상에서의 지출과 관련해 공급자들을 통제할 수 없다.

운영자원 관리(operational resources management : ORM)는 기업들로 하여금 지출에 대한 통제력을 상실하지 않고도 구매자와 공급자가 직접적인 기준 위에 함께 일할 수 있는 커뮤니케이션 기반구조를 제공하는 인터넷과 인터넷의 연결성을 이용해 운영자원을 좀더 전략적으로 관리하는 것을 가능하게 한다. 실제로 기업은 전자관리 시스템을 통해 지출에 대한 통제력을 더 많이 얻을 수 있다.

모든 컴퓨터 플랫폼에서 운영될 수 있는 다수의 기준 웹브라우저 위에서 많은 시스템들이 운영될 수 있으므로, 운영자원 관리를 도입하는 데에는 추가로 하드웨어나 소프트웨어를 설치할 필요가 없다. 그리고 전자 커뮤니케이션을 사용함으로써 거래당 비용을 상당히 줄일 수 있으며 프로세스 역시 훨씬 더 자동화할 수 있다.

⑫ 전자공급(e-supply)

수많은 독립 회사들과 고객들은 공급사슬을 형성한다. 제조업자, 수송 및 보급 회사, 주문 발송자, 주문 수신자, 소매상들은 모두 주문을 만들고 주문받는 것을 조정하기 위해 함께 일한다. 청약의 완료·제품·서비스·정보의 유통은 SCM을 통해 조직화된다. 제품, 프로세스, 커뮤니케이션의 디지털화를 통해, 인터넷은 이런 조직들을 연결하고 관리하는 데 엄청난 잠재력을 가지고 있다. 전자적 데이터 교환(electronic data interchange : EDI)이 회사들을 연결할 수 있을지라도, 중소규모의 회사들은 함께 일하는 파트너 각각을 EDI로 연결할 여유가 없기 때문에 그것이 실제로 현실화되기는 어렵다.

인터넷은 디지털 방식의 기업 대 기업(business-to-business : B2B) 커뮤니케이션을 시작하는 데 수반되는 비용을 상당히 줄였다. XML과 자바와 같은 개방된 기준을 사용함으로써, 공급사슬상의 파트너들은 적은 비용으로 더 쉽게 정보를 공유하고 교환할 수 있게 되었다. 공급관리 프로세스는 심지어 기업 스스로 응용 프로그램을 개발해 개별 시스템에 투자하는 대신, 계약을 통해 제3자에게 의뢰할 수도 있다.

⑬ 전자주식거래(e-stocks trading)

인터넷이 사용되기 전까지 주식을 사고파는 것은 특정한 시간에 주식을 사고팔기 위해 금융 네트워크에 접근할 수 있는 사람들에게만 제한적으로 허용되었다. 그 밖에 다른 사람들은 신문을 통해 오직 주식시세만을 얻을 수 있었다.

인터넷은 주식이 거래되는 방식을 바꾸어버렸다. 종종 전자주식중

개(e-stocksbrokering)라고 불리는 전자주식거래(e-stocks trading)는 전세계의 모든 책상에 실시간으로 주식가격을 제공한다. 인터넷 은행 계좌가 있는 모든 사람들은 주식을 사고팔 수 있다. 이것은 누구라도 주식시장에 참여해 투자를 통해 돈을 벌 수 있는 것을 가능하게 했다. 주식시장이 컴퓨터를 기반으로 거래를 하게 됨으로써, 전보다 더 위험하기는 하지만 몇 년 전에는 스톡 옵션(stock option)이 무엇인지도 모르던 사람들의 주식시장에 대한 접근을 가능하게 했다.

(2) 거래주체별 유형[18]

전자시장(electronic market)에서의 거래는 거래당사자들 사이의 수많은 상호작용을 잘 나타낸다. 예를 들어 그 상호작용에는 마케팅, 주문, 대금지불, 운송을 위한 지원과 같은 거래 절차가 포함된다. 전

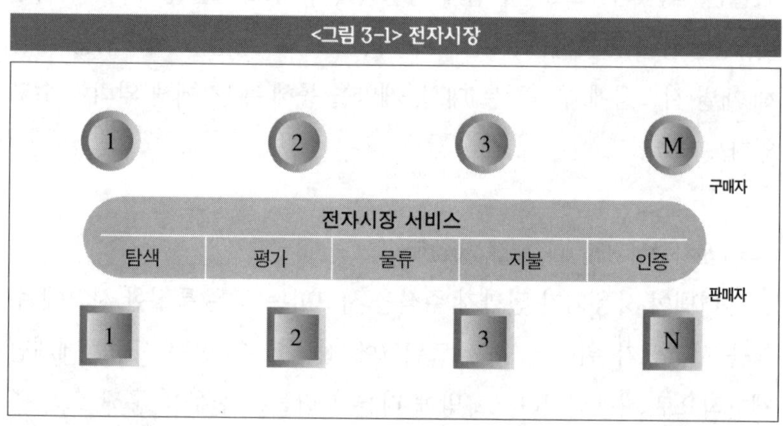

<그림 3-1> 전자시장

---

18 Menasce' & Almedia, *Scaling for E-business*, Prentice Hall PTR, 2000, pp. 18~21 수정 인용.

자시장은 시장에 참가하는 판매자와 구매자가 IT의 도움으로 제품과 서비스를 교환할 수 있도록 한다. 전자시장은 첫째 구매자와 판매자를 연결시키며, 둘째 상거래를 촉진시키고, 셋째 법적인 기반구조를 제공하는 등의 중요한 역할을 한다. IT는 이러한 모든 기능에 스며들어 시장의 효율성과 거래비용을 감소시키는 데 기여한다. 시장참가자들 사이의 상호작용은 기본적으로 〈그림 3-1〉처럼 탐색, 평가, 대금지불, 물류(logistics), 인증으로 구성된 전자거래를 통해 지원받는다. 인터넷과 월드 와이드 웹은 기업들이 이와 같은 주요 거래 프로세스를 효율적으로 실행하게 한다. 예를 들어 다수의 탐색 서비스와 중개인들은 전자시장에 구매자가 정보, 제품, 도매상인을 찾는 것을 도와주는 데 유용하다.

이와 같은 전자시장에서 사업(business), 개인(individual), 정부조직(government organization)은 주요 시장참가자들이자 거래주체다.

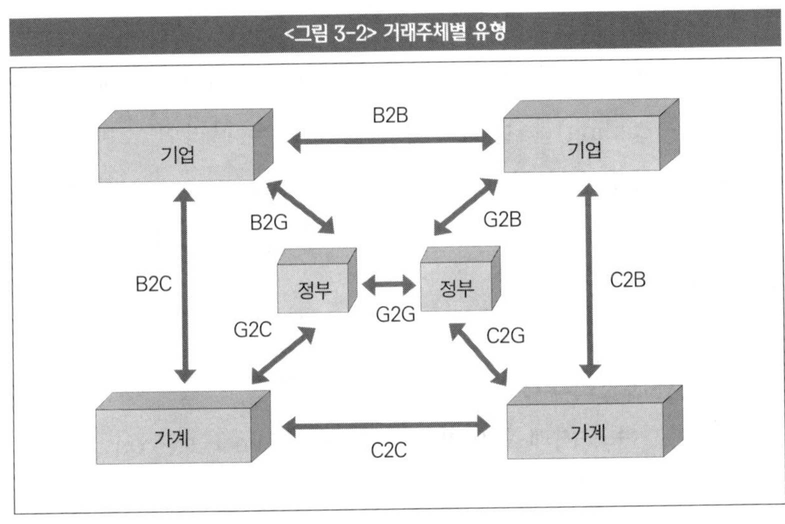

<그림 3-2> 거래주체별 유형

이런 거래주체를 기준으로 e-비즈니스를 분류해보면, 이론상으로는 〈그림 3-2〉에서 볼 수 있듯 아홉 가지 유형으로 분류할 수 있다. 그러나 현재 전자 시장에서 실제로 볼 수 있는 유형은 다음과 같은 다섯 가지다.

① 기업 대 기업(B2B)

B2B 유형은 한 기업이 자사의 공급자 또는 다른 기업과 행하는 모든 종류의 거래를 포함한다. B2B 응용사업은 부가가치 통신망(value-added network : VAN)를 통한 EDI를 활용해 이미 몇 년에 걸쳐 잘 확립되어왔으며, 현재 전자시장에서 가장 활성화된 e-비즈니스 유형이다.

② 기업 대 소비자(B2C)

B2B가 전자시장에서 수위를 차지하기 시작한 최근 전까지 가장 활성화된 e-비즈니스 유형이었던 B2C(business-to-consumer)는 기업과 일반 소비자 간의 e-비즈니스 거래를 말한다. 대표적인 예로는 전자소매(e-retailing)를 들 수 있다. 이 유형은 온라인 소매(online retailing)에서 온라인 금융 서비스(online financial service)와 온라인 출판(online publishing)에 이르기까지 매우 넓은 범위의 상업적 사이트를 포함하고 있다.

③ 소비자 대 소비자(C2C)

소비자 사이의 거래를 의미하는 C2C(consumer-to-consumer)는 전자시장에서 기본적으로 웹을 기반으로 한 경매사업을 통해 형성된다. 흔히 주변에서 수집 가능한 물품 중고차, 지역신문에서 볼 수 있는 여러 가지 물건이 웹사이트를 통해 소비자들 사이에 손쉽게 매매될 수 있는데, 이를 C2C의 대표적인 예로 볼 수 있다.

④ 정부 대 기업(G2B)

G2B(government-to-business)는 일반 기업과 정부조직 사이의 거래들을 가리킨다. 이는 정부의 전자구매뿐만 아니라, 정부와 기업 사이에 일어나는 모든 유형의 e-비즈니스 거래를 포함한다. 대표적인 예로는 앞에서 언급한 것처럼 정부의 공공자원 구매뿐만 아니라, 기업의 전자세금 납부와 같은 것을 들 수 있다.

⑤ 정부 대 시민(G2C)

G2C(government-to-citizens) 유형은 복지기금 납부와 세금 환급과 같은 분야에서 정부와 시민들 사이에서 전자 상호작용(electronic interaction)을 포함한다. 현재는 G2C가 활발하게 이루어지고 있지 않지만, 정부와 시민들 사이에서 오프라인을 통해 이루어지는 비효율적 거래가 온라인화될 경우, 각종 낭비의 절감 및 높은 소비자 만족을 이룰 수 있기 때문에 앞으로 큰 성장이 기대된다. 그러나 기본적으로 국민 대다수가 불편 없이 이용할 수 있을 정도로 그 나라의 디지털 네트워크 기반구조가 잘 정비되어 있을 경우에만 G2C의 발전을 기대해볼 수 있다.

벤처 열풍 원인 5가지

2000년 초에 창업투자회사 사장으로 있는 제자를 만난 적이 있다. 그는 벤처기업 사장만 보면 투자하고 싶은 마음에 고개가 저절로 숙여진다면서, 아무 벤처기업이나 좋으니 소개해 달라고 요청하는 것이었다.

이처럼 1999년 하반기부터 엔젤, 창업투자회사, 코스닥 등을 통해 뜨겁게 달아오르던 벤처기업에 대한 투자 열기는 2000년 3월 정점에 도달했다. 그러나 벤처기업의 환상에 대한 우려 역시 점점 대세를 형성하면서 4월에 이르러 벤처 열기는 찬물을 뒤집어썼다. 코스닥 종합지수는 260에서 120대로 곤두박질했고, 창업투자회사와 벤처기업 사이의 역학관계는 역전되었다.

이처럼 벤처기업에 대한 사회의 관심이 파도처럼 출렁거림에도 불구하고, 벤처기업에 대한 투자는 꾸준히 이루어지고 있다. 벤처기업에 대한 2000년 2/4분기의 투자는 1/4분기보다 줄었지만, 1999년 같은 기간에 비해서는 4배로 늘었다고 한다. 정부 관리와 대기업 간부직원들의 벤처 행(行)도 꾸준히 이어지고 있다. 이처럼 우리

사회를 휩쓸고 있는 벤처 열기는 어디에서 시작되었는가?

첫째 원인은 우리 사회의 가장 중요한 특징이라 할 수 있는 교육열이다. 미국을 제외하고는 세계에서 가장 높은 대학 진학률과 함께 1960년대 이래 꾸준히 지속해온 과학교육에 대한 투자는 수많은 젊은이들로 하여금 기술의 중요성에 눈을 뜨게 만들었다. 기회만 오면 이를 현실화할 수 있는 잠재력을 가진 청년 군단을 우리 사회에 구축해놓았다.

둘째 원인은 1980년대 중반부터 시작된 미국의 벤처 붐과 이 곳에서 날아온 한국인들의 성공담이다. 사실 우리나라 사람에게는 마이크로소프트의 빌 게이츠(Bill Gates)나 야후(Yahoo)의 제리 양(Jerry Yang), 아마존(Amazon)의 제프 베조스(Jeff Bezos)가 만든 신화가 먼나라 이야기로만 들렸었다. 그러나 1998년 4월 김종술이란 유학생이 유리시스템이란 벤처기업을 루슨트사에 10억 달러에 매각한 사건은 당시 국제통화기금(International Monetary Fund : IMF) 관리체제 속에서 위축되어 있던 우리나라 젊은이들에게 신선한 충격을 주었다. 그 때부터 우리 사회는 침식을 잊고 열심히 일하는 벤처기업의 경영자들을 주목하기 시작했다.

셋째는 재벌체제 붕괴로 인한 가치관의 변화다. 1960년대 이후 우리나라 경제를 주도한 재벌체제 속에서 젊은이들은 재벌기업에 취직해야 부모님에게 효도하고 결혼할 수 있는 조건도 갖춘다고 생각했다. 그러나 1997년 말 이후 재벌그룹에서는 구조조정의 와중에서 수많은 경영자들을 정리해고해 사회에 방출했고, 이들은 하루 아침에 실직자로 전락하고 말았다. 이런 현상을 목격한 젊은이들은 지난날 안전판이라고 생각했던 대기업 취직이 불확실한 길인 반면, 창업은 한두 번 실패할지 몰라도 궁극적으로 자신이 원하는 삶을 추구할 수 있는 확실한 길이라고 판단하게 되었다.

넷째는 재벌그룹이 독점하던 자금이 벤처기업으로 몰려들었기 때문이다. 1997년까지만 해도 은행을 비롯해 단자회사나 보험회사들의 융자금은 정책금융, 로비, 담보능력 등의 이유로 대부분 재벌그룹으로 빨려들어갔다. 증권시장에서도 1996

년 7월 코스닥 출범 전까지는 대부분의 투자금이 재벌계열사를 비롯한 대기업에 편
중되었다. 그러나 IMF 경제위기 이후 재벌그룹은 신규투자를 자제하기 시작했고, 은
행도 정부가 재벌그룹에게 요구한 부채비율 200% 조건을 맞추기 위해 신규융자를
더 이상 해줄 수 없게 되었다. 그 결과 은행은 보유자금을 소화하기 위해 벤처기업을
찾아나서게 되었다. 증권시장에서도 벤처기업 주식을 대상으로 한 코스닥 거래량이
1999년 한 해에만 열세 배나 증가해 서울증권시장 못지않은 규모로 성장했다.

　　다섯째는 벤처 창업을 장려한 정부 정책이다. 정부의 지원은 해당기업의 경
쟁력을 훼손하는 것이 보통이다. 그러나 벤처에 대해 정부가 시행한 정책 가운데는
벤처 붐을 일으키는 데 결정적 역할을 한 것이 꽤 있다. 벤처기업인들이 꼽는 가장 중
요한 혜택은 벤처기업 근무자에 대한 병역면제다. 벤처기업에 대한 자금지원은 초기
에 필요한 자금을 제공해준다는 긍정적 효과와 벤처기업인의 노력을 왜곡시키는 부
작용이 상계되는 정책인 듯하다.

　　이처럼 우리나라의 벤처기업들은 과학기술의 기초를 갖춘 젊은이들이 미국
벤처 열기에 자극을 받아 시작했다. 여기에 IMF 경제위기로 인해 재벌체제가 붕괴되
면서 직장에 대한 가치관이 변화하고, 재벌그룹이 독점하던 우수한 인력과 풍부한 자
금이 벤처기업으로 들어오면서 벤처 붐이 일어났다. 정부는 측면에서 정책지원을 통
해 촉매역할을 해주었다.

—〈한국일보〉 2000년 7월 18일

e-비즈니스의 현황과 전망

현재 e-비즈니스의 현황과 전망에 대해서는 많은 기관에서 각종 분석자료와 통계를 발표하고 있다. 그러나 이들은 서로 다른 통계수치를 내놓고 있으며, 그 차이도 매우 크다. 이렇게 상이한 통계수치를 발표하는 가장 큰 이유는 각 기관마다 전자상거래에 대한 정의를 다르게 내리고 있으며, 또한 각기 다양한 조사방법을 사용하기 때문이다. 그러나 통계수치에서 아무리 큰 차이를 나타내고 있더라도, e-비즈니스가 현재 급속한 성장을 거듭하고 있으며 앞으로도 큰 성장이 기대된다는 점에서는 동일한 결론을 내리고 있다. 이와 같은 현상은 연구대상에 대한 상이한 개념정의와 연구방법의 다양성으로 인해 통계수치상 큰 차이를 나타내고 있지만, 연구대상이 공통적으로 e-비즈니스의 핵심분야인 전자상거래와 인터넷 관련 분야에 집중되어 있으므로 e-비즈니스의 현황과 전망에 대한 충분한 연구의 대표성을 충분히 갖추고 있기 때문에 나타나는 것이라고 볼 수 있다.

따라서 이번 절에서는 e-비즈니스를 해외와 국내로 나누어, 최근 1999~2000년 사이에 국내외 각 주요 기관에서 연구 발표한 해외 20개와 국내 10개의 조사결과를 각각 요약 종합해 e-비즈니스의 현황과 전망을 파악해보도록 하겠다.

1. 해외 e-비즈니스의 현황과 전망[19]

(1) 미국 인터넷 경제규모 조사 (The 1999 Internet Indicators)

- 조사기관 : 전자상거래연구 센터(Center for Research in Electronic Commerce)
- 조사대상 : 미국 인터넷 기업 3,400개사
- 조사일시(결과발표) : 1998년 1사분기~1999년 1사분기
  (1999년 10월 27일, Cisco System Inc.)
- 조사방법 : 설문조사

■ 주요 결과
- 미국 인터넷 관련 기업들의 매출총액이 1998년 3,010억달러에서 1999년에는 5,070억 달러로 급성장했으며, 2001년에는 1조 2,000억 달러에 이를 것으로 전망됨.

---

19 산업자원부 · 한국전자거래(CALSE/EC)협회, 《전자상거래 백서 2000》, pp. 687~700.

- 1996년 이후 설립된 인터넷 관련 기업들이 현재 30만 5,000명을 고용하고 있음.
- 인터넷 관련 기업들의 매출총액이 1998년 1/4분기 640억 달러에서 1999년 1/4분기에는 1,080억 달러로 증가해 68%의 성장률을 나타냈고, 인터넷을 통해 성사된 전자상거래 규모는 같은 기간 동안 127% 증가함.

(2) 미국 소기업의 전자상거래 추진 현황 조사

- 조사기관 : 세이지 소프트웨어(Sage Software Inc.)
- 조사대상 : 직원 수 10~500명의 소기업 200개사
- 조사일시(결과발표) : 1999년 10월 6일, 세이지 소프트웨어사
- 조사방법 : 설문조사

■ 주요 결과

- 인터넷을 사용하는 미국 소기업 가운데 68%가 이미 웹사이트를 구축했으며, 이 가운데 29%는 전자상거래 기능을 갖춤.
- 회사 웹사이트에 전자상거래 기능을 갖추고 있지 않은 소기업 가운데 앞으로 전자상거래 기능을 추가시킬 계획인 곳은 37%, 이 가운데 75%는 1년 안에 전자상거래 기능을 추가할 것으로 나타남.
- 웹사이트를 갖고 있지 않은 기업의 65%가 사이트를 구축할 계획이며, 이 가운데 82%는 1년 안에 웹사이트를 구축할 계획인 것으로 나타남.
- 현재 웹사이트를 운영하고 있는 소기업들의 47%는 사이트 업

데이트 비용으로 한 해 2,000만 달러 미만을 사용하고 있다고
응답.

(3) 미국 인터넷 쇼핑몰 선호도 조사

- 조사기관 : PC 데이터라인(PC Dataline)
- 조사대상 : 미국 가정의 인터넷 사용자
- 조사일시(결과발표) : 1999년 8월(1999년 10월 6일, 〈전자신문〉)
- 조사방법 : 설문조사

■ 주요 결과

- 인터넷에서 책, 시디, 의약품이 가장 잘 팔리는 이유는 소비자들
  이 이들 제품을 직접 평가하고 살 필요가 없기 때문인 것으로 조
  사됨.
- 인터넷 쇼핑몰의 성공요인은 고객유치를 위해 얼마나 많은 할인
  과 쿠폰을 제공하느냐에 달려 있음.
- 1999년 8월 한 달 동안 인터넷 쇼핑몰 사이트의 판매 건수 : 아마
  존(78만 9,000명), buy.com(31만 4,000명), 반스&노블(28만
  9,000명), 티켓마스터(26만 9,000명), 플래너X(25만 6,000명)
- 방문건수 대비 실제구매율 : 칩쇼(chipsho, 21%), 드럭스토어
  (drugstore, 17.6%), 플래너X(15.5%), 타워레코드(Tower Record,
  15%), 홀마크(13.1%)
- 구매에 걸린 평균시간은 실제 구매자인 경우 칩쇼가 12분으로 가
  장 짧았으며, 야후가 2시간 20분으로 가장 길었음. 비구매자의

경우에는 스마티즈(Smartis)가 3분으로 가장 짧았고, 야후가 2시
간 41분으로 가장 길었음.
- 인터넷 사용자들에게 가장 인기 있는 웹사이트는 야후, AOL, 지
오시티스(GOcotoes), msn, 패스포트(Passport), 넷스케이프
(Netscape) 순으로 조사됨.

(4) 인터넷 시장에서 10대들의 영향조사

- 조사기관 : 주피터 커뮤니케이션(Jupiter Communication), 포레스터
리서치(Forrester Research), 영국의 NOP 리서치
- 조사대상 : 미국과 영국의 10대 네티즌
- 조사일시(결과발표) : 1999년 10월 4일, 〈전자신문〉
- 조사방법 : 설문조사

■ 주요 결과

- 조사 결과 미국의 16~22세 네티즌이 1,240만 명에 이르는 것으
로 집계됨.
- 16~22세가 미국 인구의 10% 정도를 차지. 이들 중 50%가 인터
넷에 접속.
- 영국에서 10대가 인터넷 인구의 3분의 1을 차지. 이들 이용자 가
운데 46%는 한 차례 이상 인터넷 쇼핑사이트를 방문함. 17%는
이미 구매 경험이 있는 것으로 나타남.
- 이들의 거래수단으로 부모들의 신용카드가 가장 많은 것으로 조
사됨. 이들 10대에게 인터넷 보안과 프라이버시 문제는 별로 중

요하지 않은 것으로 분석됨.

- N 세대가 인터넷에 접속하는 이유는 정확하고 풍부한 정보를 얻을 수 있고, 개인적인 정보에 접근이 가능하며, 다양한 상품을 비교평가할 수 있기 때문임.

(5) 미국 인터넷 쇼핑 매출액 전망

- 조사기관 : 포레스터 리서치
- 조사대상 : 미국 인터넷 쇼핑몰 이용자
- 조사일시(결과발표) : 1999년 10월 1일, 〈동아일보〉
- 조사방법 : −

■ 주요 결과

- 1999년 미국 인터넷 쇼핑 매출액 전망 : 200억 달러(약 24조 원).
- 연말까지 미국 내 1,700만 가구가 한 차례 이상 온라인 쇼핑 이용함.
- 2004년에는 4,900만 가구가 1,840억 달러(220조 원)의 온라인 쇼핑을 할 것으로 전망. 온라인 소매 매출 및 영업이익이 기존 유통업체를 앞지를 것으로 예상.
- 기존 유통업체가 운영하는 쇼핑몰보다 순수 인터넷 쇼핑몰이 인기가 높음. 매출액도 순수 인터넷 업체가 많음.
- 인기 있는 거래품목 : 음악 시디, 책, 소프트웨어 순.

(6) 미국 인터넷 사용자 상품구매 실태 조사

- 조사기관 : 포레스터 리서치
- 조사대상 : 미국 인터넷 쇼핑몰 이용자
- 조사일시(결과발표) : 1999년 10월 1일, 〈동아일보〉
- 조사방법 : -

■ 주요 결과

- 미국의 인터넷 사용자 가운데 상품구매자 비율이 1998년 평균 50%에서 1999년에는 70%를 웃돌았으며, 이 가운데 82%는 두 개 이상의 쇼핑 사이트를 즐겨 찾는 것으로 나타남.
- 책, 시디, 컴퓨터 관련 제품이 온라인상에서 높은 인기를 차지함.
- 구매증가율 : 도서구입(10%→24%), 시디(10%→24%), 컴퓨터 소프트웨어(11%→21%), 컴퓨터 하드웨어(7%→13%), 항공권 (5%→12%), 의류(4% 10%).

(7) 실리콘밸리 인터넷 기업의 성장률 조사

- 조사기관 : 딜로이트 & 투시(Deloitte & Touche)
- 조사대상 : 실리콘밸리 기업
- 조사일시(결과발표): 1999년 9월 16일, 새너제이 머큐리(San Jose Mercury)
- 조사방법 : -

■ 주요 결과

- 실리콘밸리 기업 가운데 1994~98년 매출액 증가율이 가장 높은 10개 기업 대부분이 인터넷 관련 기업 〔넷스케이프 커뮤니케이션(Netscape Communication Corp.), 익사이트(Exite Inc.), 시벨 시스템(Siebel System Inc.), 비트리아 테크놀로지(Vitria Technology Inc.), 컨센트릭 네트워크(Concentric Network Corp.), 드브리스 시스템(DeVries System Inc.) 등〕이며, 10위권 내 기업의 지난 5년 동안 매출액 성장률은 11만 5,800%에 달함.
- 인터넷 소프트웨어 및 서비스 회사들의 매출액 증가율이 실리콘밸리 기업 가운데 가장 높은 것으로 나타남.
- 1999년 「실리콘밸리 테크놀로지 패스트 50(Silicon Valley Technology Fast 50)」에 선정된 기업 중 17개 회사는 소프트웨어 회사, 8개 회사는 반도체 회사임.

(8) 온라인 소비자의 포털 사이트 선호도 조사

- 조사기관 : 머서 매니지먼트 컨설팅(Mercer Management Consulting)
- 조사대상 : 온라인 주식투자기업
- 조사일시(결과발표) : 1999년 9월 13일, 머서 매니지먼트 컨설팅
- 조사방법 : 설문조사

■ 주요 결과

- 미국 소비자들은 인터넷 사용 경험이 축척되면서, 웹 포털 사이트 또는 인터넷 서비스 사이트를 거치지 않고 직접 사이트에 접

속할 확률이 높은 것으로 조사됨.

- 온라인 주식 투자자들 가운데 인터넷 사용경력이 1년 미만인 경우 35%가 투자 사이트에 직접 접속하는 반면, 인터넷 사용경력이 2년 이상인 투자자의 경우에는 61%가 투자 사이트에 직접 접속하는 것으로 나타남.
- 인터넷을 통해 정보를 수집하고 재래식 상점에서 상품을 구매하는 추세가 여러 상품 분야에서 정착되고 있음.
- 재래식 영업 채널에 의존하던 회사들이 인터넷 비즈니스에서 성공하기 위해서는 기존 매출의 10~15%를 온라인 채널을 통한 매출로 전환시키는 방안을 신속하고 현명한 방법으로 강구해야 함.

(9) 미국 기업들의 전자상거래 마케팅 비중 조사

- 조사기관 : 조나 리서치
- 조사대상 : 미국 기업
- 조사일시(결과발표) : 1999년 9월 9일, 〈전자신문〉
- 조사방법 : 설문조사

■ 주요 결과

- 1998년 2사분기 동안 기업 내 전자상거래 사업에서 전체 중역 가운데 마케팅 중역이 차지하는 비율은 28%로, 지난 1사분기의 15%에 비해 급격히 증가함.
- 정보기술 중역들이 전자상거래 사업에서 차지하는 비율은 1사분기 59%에서 2사분기에는 46%로 하락함(이유는 기업 내 전자상

거래 사업이 전산 및 기술 지원에서 벗어나 마케팅 비중이 점차
확대되기 때문).
- 조사대상 기업 가운데 46%는 전자상거래 사업을 위해 웹 애플리
  케이션을 활용. 64%는 전자상거래 사업에 자바 기술을 활용하지
  않는 것으로 나타남.

(10) 미국 대기업의 전자상거래 전략 현황

- 조사기관 : 메타 그룹(Meta Group)
- 조사대상 : 매출액 1~100억 달러 규모의 대기업
- 조사일시(결과발표) : 1999년 9월 1일, 메타 그룹
- 조사방법 : 설문조사

■ 주요 결과

- 대부분의 기업들이 근본적인 비즈니스 모델을 다시 디자인하거
  나 기업의 전반적인 전략을 재고하는 단계에는 이르지 못한 것으
  로 나타남.
- 몇 년 전 ERP · ERM 시스템 구축에 1~4억 달러를 투입했던 것
  에 비해, 설문대상 기업의 65%가 전자상거래 관련비용으로 한
  해 100만 달러 미만을 투입하는 데 그침.
- 대부분의 기업들이 전자상거래를 새로운 영업 채널로만 인식해,
  기업 내부 및 협력업체들과의 업무효율을 개선하는 방안으로 솔
  루션을 적극 활용하지 못하는 실정임.
- 기업들이 인터넷을 영업 채널로 활용하는 단계에 돌입했으며, 앞

으로 공급망 관련 분야에 대한 투자가 크게 늘어날 것으로 보임.

(11) 서유럽과 아시아 · 태평양 지역의 전자상거래 현황

- 조사기관 : IDC
- 조사대상 : −
- 조사일시(결과발표) : 1999년 8월 30일, 〈동아일보〉
- 조사방법 : −

■ 주요 결과

- 미국 이외 지역의 전자상거래 규모는 1998년 전세계 시장의 26% 에 달함.
- 서유럽의 전자상거래 시장의 규모는 1998년 56억 달러(약 6조 7,200억 원)임.
- 일본을 포함한 아시아 · 태평양 지역의 인터넷 인구도 1998년 2,100만 명으로 나타남.
- 인터넷이 일반화되면서 기업들은 전자상거래를 위한 인터넷 사이트를 점차 지역특성에 맞추어 꾸미고 있는 추세.

(12) 전자상거래 판도 변화 조사

- 조사기관 : 액티브 미디어(Active Media)
- 조사대상 : 미국 내 전자상거래 사이트
- 조사일시(결과발표) : 1999년 7월 12일, 〈중앙일보〉

• 조사방법 : −

■ 주요 결과

• 신규 창업이 서적, 시디, 컴퓨터 관련 상품에서 여성고객 중심의 상품으로 옮겨감.
• 개설한 지 3년 된 사이트 점유율에서 10% 이상을 차지한 보석, 꽃배달, 의류, 액세서리 사이트는 소비자들의 외면으로 1년 만에 큰 폭으로 감소함.
• 미국에서 인터넷을 통해 물건을 구입하는 여성의 비율이 1998년 29%에서 38%로 증가함.
• 법률 및 의료 서비스도 1996년 6.0%에서 12.2%로 두 배 이상 증가함.

(13) 인터넷상거래 시장규모

• 조사기관 : 포레스터 리서치
• 조사대상 : 미국 내 인터넷 이용자
• 조사일시(결과발표) : 1999년 7월 8일, 〈전자신문〉
• 조사방법 : −

■ 주요 결과

• 2003년의 전자상거래 시장규모는 1조 달러에 이를 것으로 예상됨.
• 인터넷으로 물건으로 사는 사람이 1998년에는 3,100만 명이었으나, 2003년이 되면 1억 8,300만 명에 달할 것으로 예상함.

• 국제 웹사이트 이용자의 비율은 1998년 56%에서 해마다 계속 증가.

(14) 미국과 캐나다의 인터넷 사용자 조사

• 조사기관 : 커머스넷(CommerceNet), 닐슨 리서치(Nielsen Research)
• 조사대상 : 미국과 캐나다의 인터넷 사용자
• 조사일시(결과발표) : 1999년 6월 18일, 〈와이어드 뉴스(Wired News)〉
• 조사방법 : 설문조사

■ 주요 결과
• 열여섯 살 이상의 캐나다인과 미국인 가운데 약 9,200만 명이 인터넷을 사용함.
• 북미에서 다섯 명 가운데 두 명 이상이 인터넷을 사용함.
• 온라인 소비자 수는 1996년에 비해 40%가 증가한 2,800만 명임.
• 여성들의 온라인 구매는 더 늘어서 아홉 달 사이에 여성 쇼핑객의 수가 80% 증가, 이번 조사 결과는 1,000만 명이 넘음.
• 여성은 서적과 의상에 가장 많은 돈을 쓰며, 남성들은 자동차 부품과 컴퓨터 등에 흥미를 보임.

(15) 미국의 인터넷 쇼핑몰 제작비 조사

• 조사기관 : 가트너 그룹(Gatner Group)

- 조사대상 : 미국 기업 20개사
- 조사일시(결과발표) : 1999년 6월 14일, 〈한겨레신문〉
- 조사방법 : 설문조사

■ 주요 결과

- 인터넷 사이트 제작비용으로 35만~200만 달러가 들며 평균 100만 달러 수준임. 앞으로 해마다 25%씩 증가할 것으로 예상됨.
- 인터넷 사이트 제작비용으로는 인건비는 79%로 가장 높은 비율을 차지하고 있으며, 나머지는 소프트웨어와 하드웨어 구입비용임(조사 대상기업들은 모두 예상보다 비용이 많이 들었다고 응답).
- 비용이 많이 드는 이유는 디자인, 전자상거래 기술, 관련 소프트웨어 등이 포함된 복합작업이기 때문임.

(16) 미국 인터넷 경제규모 조사

- 조사기관 : 텍사스 경영대학, 전자상거래연구센터
- 조사대상 : 미국 인터넷 기업
- 조사일시(결과발표) : 1999년 6월 12일, 〈조선일보〉
- 조사방법 : −

■ 주요 결과

- 1998년 미국 인터넷 경제 규모는 3,000억 달러 돌파함.
- 미국의 인터넷 기업들은 1998년 현재 120만 명을 고용하고 있음.

이들 인터넷 근로자의 생산성은 비인터넷 근로자보다 65%가 높은 것으로 조사됨(인터넷 근로자 1인당 평균 매출액은 25만 달러이고, 비인터넷 근로자의 경우 16만 달러).
- 1998년 미국 기업의 전자상거래 규모는 1,020억 달러를 돌파함.
- 인터넷 기업의 시장가치는 총 2조 4,000억 달러에 이름.

(17) 독일의 인터넷 쇼핑몰 현황 조사

- 조사기관 : 퍼스트슈르프(FirstSurt)
- 조사대상 : 온라인 이용자 1만 3,000명
- 조사일시(결과발표) : 1999년 3월 29일, 〈전자신문〉
- 조사방법 : 설문조사

■ 주요 결과

- 독일인이 주로 이용하는 인터넷 쇼핑몰은 22개 정도임.
- 독일인의 구매 동향은 서적(50.0%), 시디 및 레코드(32.6%), 의류(30.4%), 여행용 비행기표 및 기차표(21.2%), 전자오락기(17.4%), 공연입장권(14.5%), 가전제품(11.8%)으로 나타남.
- 인터넷 거래 장애요인은 대금지불의 안정성에 대한 불안, 개인정보 유출, 적합한 물건을 찾는 데 따르는 지루함인 것으로 조사됨.
- 인터넷 이용자의 77.2%가 앞으로 여섯 달 안에 인터넷 쇼핑몰을 이용하겠다고 긍정적으로 응답함.

(18) 일본 인터넷 광고 시장 조사

- 조사기관 : 덴츠(Dentsu Inc.)
- 조사대상 : −
- 조사일시(결과발표) : 1999년 3월 16일, 〈뉴스바이츠(Newsbytes)〉
- 조사 방법 : −

■ 주요결과

- 일본의 인터넷 광고시장은 1998년 한 해 동안 두 배로 팽창함.
- 1998년 인터넷 광고지출은 전년대비 88.6% 증가해 113억 9,000만 엔(9,650만 달러), 1996년의 16억 엔(1,360만 달러)의 약 일곱 배에 이름.
- 1999년에는 약 198억 엔(1억 6,780만 달러) 규모에 이를 것으로 예상함.

(19) 미국 인터넷 광고 시장 조사

- 조사기관 : 미국인터넷광고협의회(IAB)
- 조사대상 : −
- 조사일시(결과발표) : 1999년 3월 13일, 〈ECOM 뉴스〉
- 조사방법 : −

■ 주요 결과

- 1998년 미국 인터넷 광고액은 20억 달러 규모로, 전년 대비

120% 증가, 미국 전체 광고시장의 1% 차지함.

- 1998년 4/4분기 인터넷 광고액 : 7억 4,000만 달러임.
- 1998년 1~9월 누계액은 12억 6,500만 달러임.
- 1998년 3/4분기 인터넷 광고 비중은 서비스(27%), PC 관련업 (24%) 순임.
- 1998년 인터넷 광고가 급성장한 이유는 아마존의 참여와 더불어 백화점인 메시즈, 디스카운트스토어, 월마트(Wal-Mart) 등 유력 소매업자들의 참여에 따른 것으로 조사됨.

(20) 일본 전자상거래 시장조사

- 조사기관 : 일본전자상거래 추진협의회(ECOM) · 앤더슨 컨설팅사
- 조사대상 : -
- 조사일시(결과발표) : 1999년 1월 21일, 〈일본경제신문〉
- 조사방법 : -

■ 주요 결과

- 일본의 B2C 전자상거래 시장규모는 1999년 3,360억 엔(약 3조 6,000억 원)으로 집계됨. 이는 부동산 분야를 제외하더라도 1998 년 실적보다 거의 4배나 증가.
- 1999년 시장을 분야별로 살펴보면 부동산(880억 엔), 자동차(860억 엔), PC 관련 비즈니스(510억 엔), 관광(230억 엔) 순으로 집계됨.
- 신장률 면에서는 주식매매 위탁수수료의 자율화 영향으로 금융이 지난 1998년보다 열 한배나 신장된 170억 엔으로 급격히 확대됨.

(단위 : 억달러)

구 분		1996	1997	1998	1999	2000	2001	2002	2003
국내기관	LG 경제연구소			363	851	2,045	3,948	7,195	12,362
	전자상거래연구조합				2,200	4,000			
국외기관	OECD		260				3,300		10,000
	e-마케터			376	984	1,972	3,810	7,020	12,440
	IDC			500	1,110	2,180	3,000	7,340	13,170
	액티브미디어		218	739	1,800	3,770	7,170	12,340	13,000
	WEFA								10,700
	포레스터								14,000 ~ 32,000

※산업자원부 · 한국전자거래협회, 《전자상거래 백서 2000》, p.701 인용.
※OECD의 경우 특정 연도를 명시하지 않고, 1996~1997년, 2001~2002년, 2003~2005년 식으로 표현.

- 민간소비자가 전체 전자상거래에서 차지하는 비율은 1999년 0.11%, 2000년 0.3%에서 2004년 2.0%로 신장될 것으로 예상됨.

2. 국내 e-비즈니스의 현황과 전망[20]

(1) 전자상거래 이용자 만족도 설문조사

- 조사기관 : 〈한국경제신문〉, 에이메일
- 조사대상 : 네티즌 9,274명

---

[20] 산업자원부 · 한국전자거래협회(CALSE/EC), 《전자상거래 백서 2000》, pp. 677~686.

- 조사일시(결과발표) : 1999년 11월 30일～12월 5일

  　　　　　　　　　　(1999년 12월 16일, 〈한국경제신문〉)
- 조사방법 : 설문조사

■ 주요 결과
- 인터넷 쇼핑몰 상품구입 경험 : 40%
- 쇼핑몰 이용 이유 : 편리성(40%), 시간절약(26.6%), 저렴한 가격
  (21.3%)
- 인지도 : 교보문고, 롯데백화점, 종로서적, 영풍문고, 신세계백화점 순
- 구매사이트 구매율 : 교보문고(14.6%) 1위

(2) 한 · 일 쇼핑몰 이용자 공동 조사

- 조사기관 : 커머스넷코리아, 일본텔레컴서비스협회
- 조사대상 : 한국－쇼핑몰 이용자 314명, 일본－쇼핑몰 이용자 100명
- 조사일시(결과발표) : 1999년 1월 21일, 〈전자신문〉
- 조사방법 : 설문조사

■ 주요 결과
- 전체 응답자의 77.9%가 20～30대, 85%가 남성.
- 쇼핑몰 이용시 문제점 : 지불수단의 안정성(31.2%).
- 전자상거래 환경의 국제연계 희망 : 미국(46.5%), 한 · 일 양국
  (19.2%).
- 쇼핑몰 이용시 애로점 : 언어장벽(한국 31.2%, 일본 3%), 상품설

명부족(한국 10.5%, 일본 46.9%).

(3) 전자상거래 이해수준 및 관심도 조사

- 조사기관 : 리서치 앤 리서치
- 조사대상 : 전국 스무 살 이상 성인 남녀 600명
- 조사일시(결과발표) : 1999년 1월 22일, 〈전자신문〉
- 조사방법 : 설문조사

■ **주요 결과**
- 전자상거래 이용 희망 고객 수 : 48%(학생 83%, 직장인 65%).
- 이용수단 : PC 통신 44%, 인터넷 47%.
- 전자상거래 이해 : 20대(90%), 50대(50%), 전체 평균(70%).
- 실제 전자상거래 이용경험 : 7.8%
- 구매희망 품목 : 전자제품(28%), 생활용품(15.4%), 의류(6.6%), 도서 및 소프트웨어(5.6%)
- 선호결제수단 : 자동이체(50%), 신용 카드(30.4%), 무통장입금 (19.6%).

(4) 인터넷 쇼핑몰 이용실태 조사

- 조사기관 : 삼성 SDS
- 조사대상 : 인터넷 사용자 500명
- 조사일시(결과발표) : 1999년 3월 9일, 〈한국경제신문〉

• 조사방법 : e-메일 설문조사

■ **주요 결과**

• 쇼핑몰 이용 제품구입 경험 : 67.4%(1998년 대비 두 배 증가)
• 구입품목 : 전자제품(14.5%), 도서(12.7%), 컴퓨터 및 소프트웨어(12.3%), 패션 잡화(10.6%)
• 가격대별 : 2만~5만 원(41.3%), 5만~10만 원(31.7%)
• 연령별 : 30~35세(41%)
• 인터넷 쇼핑몰을 이용 않는 이유 : 제품 신뢰도 부족(50.9%), 제품 다양성 부족(23.6%), 교환 · 환불 불편(5.4%).

(5) 인터넷 이용자 조사

• 조사기관 : 현대리서치센터
• 조사대상 : 전국 15~49세 1만 명
• 조사일시(결과발표) : 1999년 6월 1일~6월 10일
　　　　　　　　　　(1999일 7월 21일, 〈조선일보〉)
• 조사방법 : 전화 설문조사

■ **주요 결과**

• 인터넷 이용인구 : 13.7%.
• 연령별 이용인구 : 10대(14.6%), 20대(16.5%), 30대(16%), 40대(10.8%).
• 성별 이용인구 : 남성(73%), 여성(27%).

- 인터넷 이용장소 : 집(45.0%), 직장(22.7%), 학교(20.5%), PC방 (11.8%).
- 인터넷 이용행태 : 1주일 평균 8.6시간 이용, 목적 : 정보수집, 오락, 쇼핑, 증권거래.
- 인터넷 쇼핑의 장점 : 편리함(50.6%), 가격저렴(19.0%), 단점 : 직접 물건을 보지 못해 불안(48.4%), 개인정보 유출(15.1%).

(6) 인터넷 쇼핑몰 조사

- 조사기관 : 삼성물산
- 조사대상 : 인터넷 사용자 6,485명
- 조사일시(결과발표) : 1999년 12월 12일 ～ 12월 21일
  (2000년 3월 16일, 〈전자신문〉)
- 조사방법 : 온라인 설문조사

■ 주요 결과

- 인터넷 쇼핑몰 이용 이유 : 시간 및 장소 구애받지 않음(58%), 저렴한 가격(8%), 무료배달 서비스(5%).
- 구매희망 상품 : 티켓(16.3%), 가전제품(16%), 가구(13%), 시디, 비디오(12.2%), 소프트웨어, 서적, 잡지 순.
- 실제 구매상품 : 서적 및 잡지(20%), 시디, 비디오(14%), 소프트웨어(10%), 티켓(8%).
- 온라인 쇼핑 횟수 : 연 10회 미만(33%), 월 1회(20%), 월 2회(5%).
- 평균구매액 : 2만 원 이하(18%), 2만～6만 원(38%), 6만～15만

원(19%).

- 성별분포 : 남성(80%), 여성(20%), 기혼(46%), 미혼(54%).
- 연령분포 : 18~25세(20%), 26~35세(67%), 36~49세(12%), 49
  세이상(1%).

(7) 국내 기업정보화 수준평가

- 조사기관 : 정보통신부, 〈한국경제신문〉, 기업정보문화지원센터, 정
  보산업협회
- 조사대상 : 국내 89개 업체[응답 85개사(제조 및 건설업체 60개사, 금
  융 및 서비스 업계 29개사)]
- 조사일시(결과발표) : 설문조사 1998년 8월~10월 실사 1998년 11월
  (1999년 3월 27일, 〈한국경제신문〉)
- 조사방법 : 설문조사(우편), 실사

■ 주요 결과

- 정보화 수준 : 전체 평균 51.6점(선진기업 100점).
- 정보화 목표 수준 : 54.8점, 정보 서비스 이용 : 53.2점, 조직 및
  인력 지원 : 47.2점, 네트워크 등의 설비 : 50점.
- 13개 정보화지표 : 네트워크보급 59점, 컴퓨터 보급 52점, ERP
  30점, 전자상거래 31점, 업무정보화 33점.

(8) 디지털 혁명에 대한 인식도 조사

• 조사기관 : 자유기업센터
• 조사대상 : 재계, 학계, 언론계, 정·관계 주요 인사 654명
• 조사일시(결과발표) : 1999년 7월 27일, 〈조선일보〉
• 조사방법 : 설문조사

■ 주요 결과

• 디지털 혁명에 대응하지 못하는 기업이나 조직은 살아남기 어렵다는 의견 : 97.9%
• 전자상거래가 기존 상거래의 절반 이상을 대체할 것이라는 의견 : 87.9%
• 인터넷과 관련된 뉴스에 관심을 갖는다는 의견 : 96.9%
• 인터넷 및 컴퓨터 교육을 받은 경험이 있다는 의견 : 60.1%
• 디지털 시대 도래에 대한 심리적 부담감을 느낀다는 의견 : 57.7%

(9) 개인 도메인 등록자 집계

• 조사기관 : 한국인터넷정보센타
• 조사대상 : 개인 도메인 등록 신청자
• 조사일시(결과발표) : 1999년 7월(1999년 8월 5일, 〈매일경제신문〉)
• 조사방법 : 접수사항 집계

■ 주요 결과

- 1999년 7월 등록건수 : 2만 4,089건.
- 성별 비율 : 남성 77%(1만 8,561건), 여성 23%(5,528건).
- 연령별 비율 : 30대(8,652건, 5.9%), 20대(8,481건, 35.2%), 40대
  (3,502건, 14.5%) 순.
- 연령별 신청사유
  —20대 : 개인 도메인을 단순한 PR로 인식.
  —30~40대 : 비즈니스로 활용하기 위해 상품명이나 적합한 이름
  　　　　　으로 신청.
- 성별 내의 연령별 비중
  —남성 : 30대(7,077건, 38.1%), 20대(6,252건, 33.7%), 40대
  　　　　(2,968건, 16%) 순.
  —여성 : 20대와 30대의 등록자수 현저한 차이(최근 30대가 현업
  　　　　에서 명예퇴직 등으로 인터넷 사용이 크게 위축됐기 때
  　　　　문으로 분석)

(10) 아시아 5개국 전자상거래 관심도 조사

- 조사기관 : 커머스넷 리서치
- 조사대상 : 아시아 제조업체 577개사
- 조사일시(결과발표) : 1999년 12월 6일, 〈전자신문〉
- 조사방법 : 설문조사

■ **주요 결과**

- 인터넷 전자상거래에 대한 관심과 의지는 중국, 일본, 싱가포르, 한국, 대만 등 다섯 개 나라 기업 가운데 우리나라가 가장 높고, 일본이 가장 떨어지는 것으로 나타남.
- 다섯 개 나라 기업들 중 56%가 인터넷 기반으로 조달활동을 전혀 하지 않는 등 조달 판매와 같은 기업활동과 이에 필요한 네트워크 구축 및 운영 등의 환경이 아직까지도 뒤떨어지는 것으로 지적됨.
- 구매 부분에서 전자 카탈로그를 활용하는 업체수가 전체의 절반 수준인 55% 가량을 차지하며, 우리나라는 35% 정도로 다섯 개 나라 가운데 가장 많이 활용.
- 전자 카탈로그를 활용해 온라인 구매를 하는 업체는 일본의 경우 8%에 불과, 우리나라는 24%로 가장 높음.
- 일본의 경우 전자 카탈로그가 있어도 전화나 직접 접촉을 통해서만 구매하겠다는 업체가 90%나 됨.
- 설문에 응한 기업 가운데 56%는 인터넷 기반으로 조달활동을 전혀 하지 않으며, 주된 요인은 인터넷상에서 정보보안의 우려(47%), 가격협상의 불가능(45%) 때문이라고 지적.
  국가별로 일본 업체들의 69%가 인터넷 기반 조달활동을 전혀 하지 않으며, 우리나라 기업은 41% 정도에 그치고 있음.
- 판매활동을 위해서는 대상업체 가운데 63%가 현재 카탈로그를 보유하고 있으며, 17%가 전자 카탈로그를 개발할 계획이라고 밝혀 구매 쪽보다는 판매 쪽에 더 많은 관심을 보임.
- 일본 업체는 판매를 위한 전자 카탈로그 보유비율이 74%로 5개

(단위 : 억 원)

구 분		1996	1997	1998	1999	2000	2001	2002
B2C	앤더슨 컨설팅				400	900	1,700	
	인터파크	14	63	150	672	1,486		3,000
	정보통신진흥협의회	14	63	150	345	614		
	전자상거래진흥원				800	2,700		
	전자거래연구조합				1,300	2,900		
B2B	앤더슨 컨설팅				400	1,800	4,800	11,000
	전자상거래연구조합				700	3,000		
	전자상거래진흥원			590	9,450	16,060		
	정보통신진흥협회	140	216	590	9,450	16,060		
B2B B2C	LG 경제연구소			456	980	2,160	4,950	9,210
	IDC(100만 달러)					417	876	2,414
	WEFA(100만 달러)			360	2,160			

※산업자원부 · 한국전자거래협회,《전자상거래 백서 2000》, p.700 인용.

국 중 가장 높아 구매부문과 대조를 이룸. 반면에 우리나라는 60%에 그쳐 구매에 비해 판매를 위한 전자상거래에는 소홀한 것으로 나타남.

- 중국을 제외한 모든 나라에서 고객의 90% 이상이 인터넷을 통해 판매업체들의 전자 카탈로그에 접근하는 것으로 밝혀져 기업보다는 고객의 인터넷 활용욕구가 더 높은 것으로 드러남.

제조업 - 벤처 뭉쳐서 세계로

우리나라는 지난 40년 동안 후진국에서 중진국을 향해 숨가쁘게 달려왔다. 1961년 당시 1인당 국민소득 82달러는 전세계 170개 나라 가운데 166위의 수준이었다. 우리나라보다 못사는 나라가 아프리카 4개국밖에 없었던 당시 상황에서 이제는 1인당 국민 소득이 1만 달러를 상회하는 중진국으로 발전한 것이다.

후진국에서 중진국으로 발전하는 데 가장 큰 과제는 돈이었다. 공장을 짓고 기계를 돌려 상품을 만들기 위해서는 우선 공장을 건설할 투자재원을 확보해야 했다. 정부는 해외에서 조달한 얼마 안 되는 자금을 몇몇 기업에 나눠줌으로써 재벌을 육성하고 이들을 통해 경제를 발전시켰다.

이 과정에서 재벌은, 정부가 제공한 자금을 독식함으로써 생산요소시장에서 독점적인 혜택을 받았다. 또 정부가 지불보증한 해외차관을 사용한 재벌이 사업에 실패할 경우 정부에게 모든 책임이 돌아오게 되는 상황에서, 정부는 국내 완제품시장에 국내 다른 기업과 해외 기업의 진출을 억제함으로써 재벌기업에게 독점시장을 만들어줄 수밖에 없었다. 정부는 생산요소시장에서는 물론 상품시장에서도 재벌에게 독점적인 혜택을 주었고, 재벌들은 정부지원이라는 외적 조건을 기반으로 성장할 수 있었다.

우리나라는 앞으로 중진국에서 선진국으로 발돋움해야 한다. 투자재원은 더 이상 선진국이 되기 위한 필요조건이 아니다. 중진국 수준만 되면 이자가 높고 절차가 까다로울지는 몰라도 국제금융시장에서 필요한 자금을 확보하는 것은 그리 어렵지 않다.

선진국으로 가는 데 필요한 조건은 세계시장을 무대로 다른 선진국 기업과의 경쟁에서 이길 수 있는 국가경쟁력이다. 그런데 경쟁력은 독점이 아니라 경쟁에서 나온다. 그렇기 때문에 경쟁을 기반으로 하지 않은 경제체제에서는 선진국이 나올 수 없다. 우리가 선진국으로 가기 위한 방법은 자력으로 성장하는 벤처기업을 비롯해 수많은 기업이 세계시장에서 선진국 기업과 치열한 경쟁을 통해 경쟁력을 확보하는 길밖에 없다. 그 동안 독점체제 속에서 안주해왔던 재벌기업 역시 경쟁을 통해 전문기업으로 바뀌어야 한다.

그러면 정보화를 기반으로 한 새로운 경제체제 속에서 벤처기업이 경쟁력을 확보하는 전략은 무엇인가. 여기에는 네 가지 핵심요소가 있다. 하나는 속도전쟁이다. 기업은 남보다 앞서 남이 하지 않은 일을 해야 한다. 남의 뒤를 따라가서는 이익은커녕 생존도 기대할 수 없다. 두번째는 온라인과 오프라인의 결합, 즉 현실공간과 가상공간의 결합이다. 결국 수익 모델은 이 두 가지 사업이 결합되는 데서 창출될 수 있을 것이다. 세번째는 사람과 기업의 연계다. 즉 가장 강한 경쟁력을 지닌 사람과 기업이 네트워크를 형성해 협력하고 공생함으로써 강한 경쟁력을 갖춘 사업영역이 구축될 수 있을 것이다. 네번째는 고객의 세계화다. 국내 시장만을 대상으로 하는 기업은 세계적인 경쟁력 확보에 실패할 수밖에 없다. 이 같은 속도, 결합, 연계, 세계화가 바로 새로운 시대를 열어가는 벤처기업의 전략이 되어야 한다.

앞으로 우리나라 경제는 두 개의 커다란 지주로 재구성되어야 한다. 하나는 재벌기업이 전문화된 제조기업으로 변신한 모습이고, 다른 하나는 네트워크로 연결된 벤처기업이다. 우리는 이 두 가지 기업군을 가지고 우리나라 경제의 비전을 만들어낼 수 있다. 즉 오프라인에 기반을 두고 있는 대형 제조기업들이 온라인으로 연결된 벤처기업과 전략적으로 공조, 협력체제를 구축하거나, 경우에 따라 결합하는 것이다. 세계 다른 나라들과 비교할 때, 제조업에서 우리나라만큼 탄탄한 기반을 갖춘 나라도 많지 않다. 이와 동시에 온라인에서 우리나라만큼 활성화된 분위기를 겸비한 나라도 없다. 따라서 이 두 가지 기업군이 연계해 세계시장으로 진출한다면 우리나라는 세계 최초로 막강한 오프라인 제조업을 기반으로 활성화된 온라인 사업 모델을 구축한 나라가 될 것이다.

세계 최초로 이루어진 최고 수준의 제조업 · 벤처 연합군을 만들 수 있는 절호의 기회가 바로 우리 눈앞에 있으며, 이를 성공시킨다면 G7뿐 아니라 G3에도 능히 올라설 수 있다. 이것이 바로 우리가 추구해야 할 우리나라의 비전이다.

—〈한국일보〉 2000년 8월 1일

제2부 e-전략

『지금은 출구를 알 수 없는 전략적 변곡점에 놓여 있다. 디지털이 만드는 미래에는 과거와는 전혀 다른 새로운 경영전략이 필요하다.』

앤디 그로브(Andy Grove)

제2부에서는 e-비즈니스를
이해하는 데 기초가 되는 제1부의 「e-비즈니스」
부분을 바탕으로, 과연 경영전략이란 무엇이며, e-비즈니스를
성공적으로 이끌 수 있는 e-전략에는 어떤 것이 있는지
중점적으로 살펴보도록 한다.

경영전략과 e-전략

「전략(strategy)」이라는 말은 군대를 뜻하는 「stratos」와 「이끌다」 또는 「지휘하다」라는 의미의 「-ag」가 합쳐진 그리스어 「strategos」에서 유래되었다. 즉 전략의 시초는 군대를 이끄는 병법에서 기원한 것이다.

따라서 전략은 엄밀히 말하면, 인류가 부족국가를 이루어 조직적으로 전쟁을 했던 시대까지 거슬러올라갈 수 있다. 그러나 전쟁의 원칙으로 체계화된 것을 기준으로 전략의 역사를 가늠해본다면 서양의 가이우스 율리우스 카이사르(Gaius Julius Gesar)나 알렉산드로스(Alexander) 대왕의 시대 또는 기원전 약 360년경 동양의 손자가 활동했던 시대 정도를 전략의 기원시기로 볼 수 있을 것이다. 시대와 장소만 다를 뿐, 오늘날의 기업경영과 전쟁은 많은 부분에서 흡사한 점이 많다. 즉 둘 다 승자와 패자가 확실하며, 승자에게는 많은 찬사와 이익이 따르는 반면, 패자에게는 냉엄한 고통이 따르게 마련이다. 그리고 경쟁자 또는 적과의 경쟁에서 살아남으려면 치밀한 환경분석 및 경쟁자에 대비한 자신의 강약 분석과 같은 철저한 준비와 이를 바탕으로 한 훌륭한 전략이 필요하다. 다만, 오늘날의 기업경영과 전쟁의 다른 점은 실제로 피를 튀기고 사람을 해치면서 승리를 쟁취하지는 않는다는 것뿐이다. 즉 오늘날의 치열한 경쟁 속에서 기업경영은 전쟁과 거의 다를 바가 없다.

그렇다면 디지털 혁명과 인터넷 혁명을 바탕으로 한 오늘날과 같은 초고속 정보사회 속에서 e-비즈니스를 수행하는 기업 사이의 전쟁은 어떠한가? e-기업 사이의 전쟁은 흡사 새로운 기술의 발달로 전쟁의 양상이 급격히 변한 새로운 양상의 전쟁이라고 볼 수 있다.

유럽 중세시대에 「화약」, 「총」, 「대포」가 새롭게 도입된 시기를 생각해보자. 화약이나 총 또한 대포와 같은 새로운 기술의 산물들이 도입되기 전, 중세시대의 전쟁은 높은 성벽을 진지로 구축하고 활과 칼을 사용해 전쟁을 치렀다. 그러나 화약·총·대포가 도입된 이후 전쟁의 양상은 급격히 변화했다. 총과 대포 앞에 높은 성벽과 활과 창은 무기력할 뿐이었다. 그리고 항공기술의 발달로 지상전에 전투기가 도입되던 시기, 더 나아가 고성능 폭탄의 발달로 핵무기가 전쟁에 도입되던 시기의 전쟁은 그 이전과는 엄청나게 다른 양상을 띠게 되었다.

e-기업 사이의 전쟁은 이처럼 새로운 기술의 발달, 즉 디지털 혁명과 인터넷 혁명으로 인해 전쟁의 양상이 기존의 전쟁과는 엄청나게 다르게 변화되었다고 할 수 있다. 따라서 새롭게 총과 대포가 도입된 e-비즈니스의 전쟁터에서 활과 칼로 맞서려는 기업은 브리태니커 백과사전(Encyclopaedia Britannica)의 사례처럼 몇십 년 동안 전쟁터에서 승자로 군림해오다가 하루아침에 패배자로 전락하게 될 것이다.

몇 세대 동안 브리태니커 백과사전은 유럽에서 수집되어온 지식의 주요한 보고였다. 학교와 도서관은 물론 학부모들도 이 탁월한 백과사전을 사기 위해 기꺼이 1,500~2,200달러에 이르는 돈을 지불했다. 시카고 대학이 관리하는 신탁기금의 소유로 있는 이 브리태니커 회사는 1786년 설립된 이후로 가장 중요하고 수익성 높은 사업이었다. 이 회사의 브랜드인 브리태니커는 진실성, 명예, 학구적 탁월함 등과 같은 의미를 갖고 있었다. 그러나 1990년 회사는 장벽에 부딪혔다. 표면상으로 변화한 것은 아무것도 없었다. 회사는 항상 그래왔던 것처럼 여전히 포괄적이고 정확한 최고급 제품을 생산하고 있다. 브리태니커는 가격을 올리지도 않았다. 그러나 7년도 안 되는 짧은 기간 안에 유서 깊은 브리태니커는 그 자신의 존재 자체를 위협당하는 어려움에 직면했다.

브리태니커가 급격한 추락을 겪은 데는 두 가지 주요한 이유가 있다. 첫째, 200년 이상을 훌륭하게 경영해왔음에도 불구하고 브리태니커는 제품에 대해 소비자가 생각하는 가치를 측정하려고 하지 않았다(이상하지만 사실이다). 둘째, 브리태니커는 새로운 디지털 기술이 출판업에 큰 영향을 줄 것이라는 점을 간과했다.

브리태니커를 거의 파멸에 가깝게 몰락시킨 것은 바로 엔카르타(Encarta)라고 불리는 제품이었다. 그것은 시디롬 형태로 발매된 마이크로소프트의 디지털 백과사전이었다. 이제 소비자는 어느 곳이든 이동 가능하며 어떤 주제든 즉각적인 탐색이 가능한 50달러짜리 휴대용 디스크와, 원하는 정보를 찾기 위해 여러 권에 걸쳐 수천 장의 페이지를 뒤적거려야 하며 들고 다닐 수도 없고, 심지어 1,500달러나 되는 전집 사이에서 선택을 하게 되었다. 더욱 나쁜 것은 엔카르타의 가격이 50달러임에

도 불구하고, 많은 소비자들이 가정용 컴퓨터를 구입하거나 시디롬 드라이브를 구입할 경우에 공짜로 또는 명목상의 가격만 지불하고 엔카르타를 덤으로 얻었다는 점이다. 소비자들의 의사결정은 확실해졌다. 1990~97년 사이에 브리태니커의 매출은 거의 50% 이상 하락했다.

브리태니커 경영진의 경악을 상상해보라. 회사는 엔카르타에 맞추어 가격을 낮출 수도 없었다. 즉 백과사전 한 질을 인쇄하고 제본하고 유통시키는 데는 200~300달러 가량의 비용이 든다. 게다가 마이크로소프트가 백과사전의 시장점유율을 「빼앗기」 위해 엔카르타에 대해 막대한 손실을 감수하는 것 같지도 않았다. 엔카르타 시디롬을 복제하는 데는 단돈 1.5달러밖에 들지 않았기 때문이다.

그것들은 단지 비교 「생산」 원가였다. 백과사전의 내용을 계속 갱신하고 개발하기 위해 브리태니커가 쓰는 현재의 비용은 전체 원가의 5%에 불과하지만 아직도 마이크로소프트에 비하면 많다. 어떻게 그럴 수 있는가? 마이크로소프트는 자신들이 직접 「만들기보다는 구입하는」 영리한 결정을 내렸다. 그 결과 엔카르타의 콘텐츠를 레드몬드(Redmond)에서 개발할 경우 드는 비용보다 더 저렴한 가격으로 브리태니커의 경쟁자인 펑크 앤 바그널스(Funk and Wagnall's)로부터 라이선스를 취득했다. 엔카르타를 그렇게 매력 있는 멀티미디어의 경험체로 만든 삽화, 비디오, 오디오 클립들은 단순히 공공부문에서 가져온 것이었다. 그 결정은 옳았다. 그것들은 모두 무료였던 것이다.

아직도 브리태니커 백과사전의 가장 큰 비용은 생산이나 콘텐츠 개발 활동이 아니라 유통망이 차지하고 있다. 유통망은 전통적으로 인쇄된 책을 고객들의 서재로 직접 가져가는 거대한 영업 팀을 이용했다. 반면에 마이크로소프트는 하드웨어 공급업체와 제휴해 엔카르타를 소매상보다는 새로운 컴퓨터와 주변기기가 있는 장소로 이동시키는 유통망을 창조했다.

브리태니커는 반격을 가하려고 노력했으나, 궁극적으로 변화가 진행되는 상황에 대해 아주 잘못 이해하고 있었다. 물론 1994년에 브리태니커에서도 시디롬 백과사전을 발간했다. 그러나 브리태니커는 번창했던 과정의 많은 것을 되살리고 무언가 해보려는 잘못된 시도 속에서 출판된 제품의 「액세서리(accessory)」로서 시디롬 버전을 시장에 내놓으려고 했다. 당신이 백과사전 한 질을 산다면 시디롬 버전을 무료로 받을 것이다. 반대로 만약 시디롬 버전만을 사고자 한다면 1,000달러라는 엄청난 돈을 지불해야 할 것이다. 또 당신은 기존의 판매망을 통해 제품을 사야 한다. 즉 브리태니커는 자신들의 전통적인 제품과 사업 방식을 보호하는 쪽으로 행동함으로써 새로운 디지털 시장에서 충분히 경쟁할 수 있을 것으로 생각했던 것이다. 분명히 그들은 아직도 그 목적을 이루지 못했다.

1996년 시카고 대학교가 브리태니커를 매각한 후에야 115달러짜리 브리태니커 시디롬이 시장에 나왔다. 그러나 여전히 엔카르타에 비해 두 배 이상 비쌌다. 브리태니커의 명성을 고려해봤을 때, 만약 그것이 더 일찍 나왔더라면 상황을 호전시킬 수 있었을 것이다.

—《디지털 시장의 지배》 더글러스 F. 앨드리치 지음, 유한수 옮김

브리태니커의 사례를 통해 알 수 있듯이 e-기업의 전쟁에서 e-비즈니스를 성공적으로 이끌기 위해서는 전쟁의 양상을 엄청나게 변화시키는 새로운 기술을 전략적으로 활용할 수 있는, 효과적이며 효율적인 경영전략이 무엇보다도 필요하다. 예컨대 새롭게 도입된 총과

칼을 이용해 적의 창과 활, 그리고 높은 성벽을 무력화하거나, 전투기를 이용해 적의 지상군을 제압하는 것 등이 그런 방법이다. 그리고 현대의 기업경영에서 IT를 바탕으로 한 디지털 기술과 인터넷으로 대표되는 네트워크 기술은 오늘날 e-기업이 전략적으로 활용할 수 있는 총이나 대포 또는 전투기, 더 나아가 핵폭탄으로 작용하고 있는 것이다.

e-기업을 비롯한 모든 기업의 활동은 기업의 기본적 기능인 생산과 마케팅뿐 아니라 재무와 회계 등 여러 가지 활동들로 구성되어 있다. 그리고 기업은 이러한 활동들을 서로 잘 연결시켜 제품을 만들고 이익을 창출해야 한다. 이것이 바로 기업에서의 경영전략 개념이다. 즉 경영전략이란 기업의 각 기능을 서로 연결시켜 이익을 창출하게 하는 것이라고 볼 수 있다.

그런데 이런 경영전략은 포도주를 숙성시키는 통 속에서 익어가는 「포도주」에 비유할 수 있다. 다시 말해 숙성 통을 둘러싸고 있는 온도·습도 등과 같은 환경적 요인과 시간의 흐름에 따라 포도주의 빛깔과 맛이 변하듯이, 경영전략도 각 시대의 환경적 요인과 시간의 흐름에 따라 그 빛깔과 맛을 거듭 변화시켜왔다. 따라서 과거 없는 현재의 전략이 없듯이, 오늘날과 같은 디지털 경제 환경 안에서 유용한 e-전략을 정확히 이해하기 위해서는, 경영전략의 의미와 발전과정을 이해하고 기존 경영전략과 e-전략의 차이점을 파악해보는 노력이 무엇보다 필요하다.

그러므로 이번 절에서는 e-전략을 좀더 정확히 이해하기 위해, 경영전략의 의미와 경영전략의 발전과정, 그리고 이를 바탕으로 e-전략과 기존 경영전략과의 차이점을 조명해봄으로써, e-전략의 개념을 명확히 하도록 하겠다.

1. 경영전략의 의미 [1]

(1) 경영전략의 성격과 역할

경영전략의 성격은 한마디로 「포괄적」이라고 말할 수 있다. 여기에서 「포괄적」이란 단어가 뜻하는 바를 이해하기 위해서는 〈그림 5-1〉을 보기로 한다. 그리스의 파르테논 신전처럼 보이는 〈그림 5-1〉은 실제로는 기업의 경영활동을 경영학의 여러 영역으로 분해해 재구성한 것이다. 이 그림에 따르면 기업의 기초를 구성하기 위해서는 1차적으로 조직 및 정보 시스템이 확립되고, 여기에서 파생되는 자료를 처리하기 위한 회계 및 통제체제가 이루어져야 한다. 그리고 이와 같은

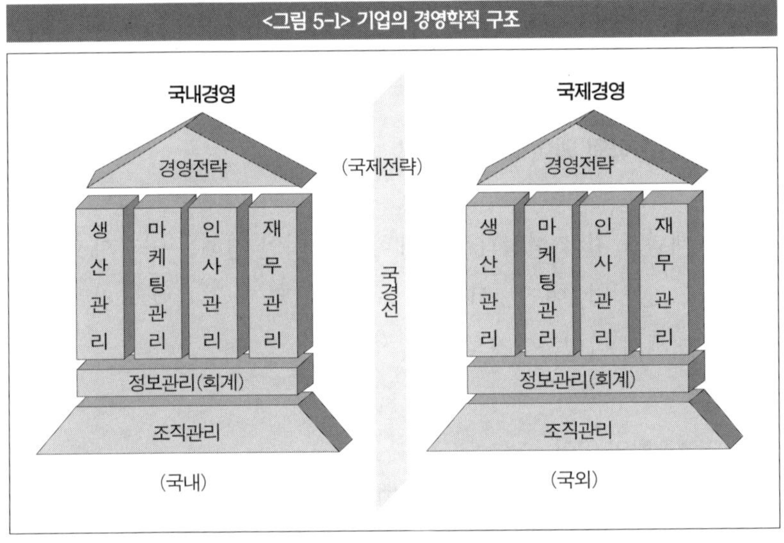

<그림 5-1> 기업의 경영학적 구조

---

1 조동성, 《21세기를 위한 전략경영》, 서울경제경영, 1998, pp. 111~125.

조직 및 회계라는 하부구조 위에 생산, 재무, 마케팅, 인사 부문이 네 개의 기둥으로서 경영활동의 중심 역할을 담당하고 있다. 이 위에 경영활동의 국제화가 이루어져 있는 기업의 경우에는 위에서 언급한 네 개 중추의 기능을 기반으로 국제경영 분야가 위치하고 있다. 그리고 이와 같은 모든 경영 분야, 즉 조직 · 회계 · 생산 · 재무 · 마케팅 · 인사 등 국제경영을 포괄적으로 지배하고 조정하는 역할을 담당하는 경영전략이 마치 지붕처럼 위에 놓여 있다.

따라서 경영전략의 역할은 생산이나 재무 등과 같이 고유한 전문 영역을 담당한다기보다는 각 기둥 사이 또는 기둥과 기초 사이에 생길 수 있는 마찰과 갈등을 전사적인 차원에서 해결하고 균형을 유지함으로써 기업의 목표를 달성하는 것이라고 볼 수 있다.

지금부터 이와 같은 경영전략의 개념에 대해 좀더 구체적으로 살펴보기로 한다.

(2) 경영전략의 의미와 형성 과정

전략 개념과 전략 형성과정에 대한 통합적인 견해는 아직까지 나타나지 않고 있지만, 여기에서는 그 동안 연구된 전략 개념과 전략 형성과정에 대해서 설명하고자 한다.

① 경영전략의 의미

전략의 개념에 관한 주요 논문들은 1964년에 처음으로 발표되기 시작했다. 이 때 나타난 전략 개념에 대한 세 가지 주요 명제는 다음과 같다.[2]

(i) 전략이란 『기업이 어떤 사업을 하고 있고 또 해야 하는가, 그리고 기업은 어떤 것을 띠고 있고 또 띠어야 하는가를 정의하는 목표(objectives), 목적(purposes or goals), 그리고 그와 같은 목적을 달성하기 위한 주요 정책(policies)과 계획(plan)의 형태(pattern)』로 정의된다.

(ii) 전략은 전략 수립(strategy formulation)과 전략 실행(strategy implementation)이라는 두 가지의 중요하고 서로 관련된 과업들을 포함한다.

(iii) 전반경영자는 전략 수립을 위해 다음과 같은 요소 사이의 적합 관계를 창출해야 한다.

- 외부 산업환경으로부터 나오는 기회
- 기업의 강점과 약점
- 주요 전략 실행자들의 개인적 가치(personal value)
- 기업에 대한 좀더 넓은 사회적 기대

〈그림 5-2〉는 전략에 대한 세번째 명제에서 설명된 네 가지 주요 영역에 중점을 두면서 전략의 개념을 간결하고 명확히 설명해주고 있다. 이와 같은 전략 개념은 산업에 대한 사례연구에서 나타나는 예외(anomalities)의 일부분을 설명하는 데 도움을 준다.

예컨대 동일 산업에서 기업들은 서로 다른 기회(niches)에 맞추어 각기 자신의 내부 강점과 약점을 연결시키는 전략을 추구함으로써 성공할 수 있다. 이와 반대로 설령 어떤 기업이 성공한 기업과 유사한

---

2 Edmund P. Learned, C. R. Christensen, K. R. Andrews, and W. D. Guth, *Business Policy-Text and Cases*, Homewood Ⅲ : Richard D, Irwin, 1965.

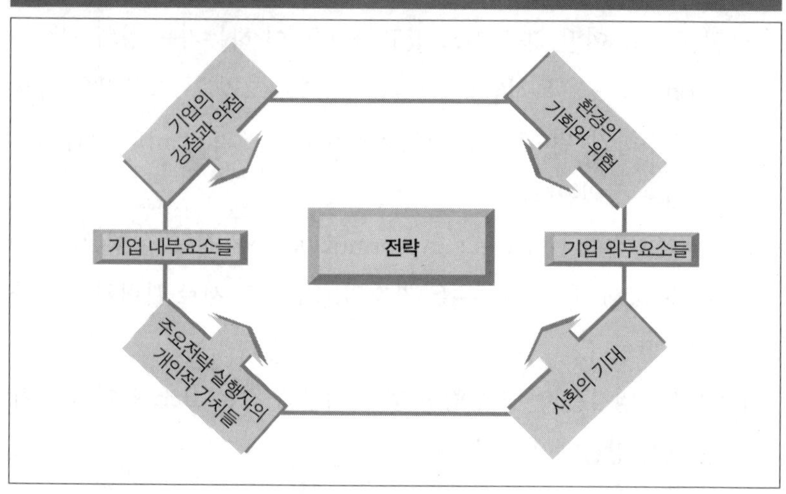

전략을 택한다고 하더라도 그 전략이 기업의 기술과 자원에 적합하지 않다면 성공할 수 없을 것이다.

예를 들어 가정용 기기 산업에서 제너럴 일렉트릭(General Electric: GE)사와 디자인 앤 매뉴팩처(Design And Manufacture)사는 둘 다 성공적인 기업이었다. GE의 전략은 모든 제품에 걸쳐서 고품질의 고유상표의 제품을 만드는 것이었던 반면, 디자인 앤 매뉴팩처는 협소한 제품 계열에서 개인상표(private-label)의 제품을 만드는 전략을 추구했다. 그러나 웨스팅하우스(Westinghouse)사는 GE와 동일한 전략을 모방하고 있었는데, 그들이 갖고 있던 기술과 자원은 GE의 것과 차이가 있었다. 결국 웨스팅하우스는 계속적인 낮은 수익률로 고전했고, 이로 인해 가정용 기기산업에서 결국 철수하고 말았다.[3]

전략 개념에 대한 이와 같은 초기의 정의에 이어, 몇십 년 동안 많은 학자들이 전략 개념의 정의에 관심을 기울여왔다. 그러나 대부분

전략이라는 복잡한 개념에 대해 서로 다른 일 면만을 강조하는 데 그쳐 왔다. 이는 마치 장님이 코끼리를 만지는 것에 비유할 수 있으며, 지금까지의 어떤 전략 개념도 보편적 정의를 이끌어내지 못했다. 그러므로 지금까지 제기된 전략에 대한 핵심 정의들을 하나하나 검토해 전략 개념의 다양한 차원을 포괄적으로 포함하는 통합적인 견해를 만들어내야 할 것이다.[4]

전략 형성과정에 대한 이해는 전략 개념에 대한 이해보다 더 어렵다고 할 수 있다. 전략 형성과정의 첫번째 단계는 전략 수립과 실행을 담당하는 핵심 역할자를 정의하는 것이다. 두번째 단계는 『전략 수립과 실행을 담당하고 있는 팀들이 달성하려는 과업이 무엇이며, 이런 과업을 어떤 순서로 달성하는가?』라는 질문에 관한 것이다.

다음에서 이런 전략 개념과 전략 형성과정의 주요 내용에 대해 살펴보기로 하자.

가) 전략 개념에 대한 다양한 정의

전략은 환경이 요구하는 기업 내의 필수적인 변화를 촉진시킬 뿐만 아니라 기업 내 모든 구성원들의 협동, 그리고 기업이 나아가야 할 방향 및 기업의 목적을 제공하면서, 기업의 주요한 모든 활동을 포함하는 다차원적인 개념으로 생각할 수 있다.

지금까지 제기된 다섯 가지 주요한 전략 개념을 살펴보면 다음과

3　Edited by Richard G. Hamermesh, *Strategic Management*, John Wiley & Sons Inc., p. 2.

4　Arnoldo C. Hax & Nicolas S. Majluf, *The Strategy Concept and Process —A Pragmatic Approach*, Englewood Cliffs, NJ, Prentice-Hall Inc., 1991, pp. 2~10의 내용을 수정 작성.

같다.

첫째, 전략이란 개개의 의사결정이 긴밀하게 결합·통일되어 있는 것이라고 보는 견해다. 즉 전략을 조직 전체를 포괄적으로 통합하는 주요한 힘이라고 보고, 기업 전체의 기본적 목적을 충족시키는 계획을 수립하는 것을 전략의 역할이라고 주장한다.[5]

그런데 전략을 기업 의사결정의 패턴으로 생각한다면, 기업활동 자체가 일련의 의사결정 과정이므로 전략은 모든 기업이 피할 수 없는 개념이 된다. 따라서 역사적인 관점에서 기업의 의사결정과 그 결과를 연구한다면, 각 기업의 역사를 「시대적으로 구분」할 수 있는 전략적 패턴을 찾아낼 수 있는 것이다. 이런 전략적 패턴이 잘 정의된 기업의 비전의 결과였든 행운에 의해서였든 간에 과거 기업의 전략적 패턴에 대한 파악은 미래의 기업 목적을 정의하는 데 도움을 줄 수 있을 것이다.

둘째, 조직의 장기적 목표와 행동 프로그램, 그리고 자원 할당의 순위를 매김으로써 전략을 조직 목적으로 설정된 장기적 목표를 달성하는 수단으로 보는 견해다. 이런 견해는 가장 고전적인 전략 개념으로, 여기에서 전략은 조직의 장기적인 목적과 목표를 명확히 정의하고 그 목표를 달성하는 데 필요한 행동 프로그램과 자원을 전개하는 방법이 된다.[6]

셋째, 전략을 기업의 경쟁 영역에 대한 선택으로 보는 견해다. 이

---

5 이런 차원의 전략의 주요 지지자들은 다음과 같다.
William F. Glueck, *Business Policy, Strategy Formation, and Management Action*, 2nd ed., New York, McGraw-Hill, 1976.
Henry Mintzberg, "Crafting Strategy," *Harvard Business Review*, Vol. 65, No. 1, July-August, 1987, pp. 66~75.

견해에서의 전략이란 현재 기업이 위치하고 있거나 위치하려고 의도하는 사업들을 고르는 것이 된다. 즉 전략은 성장, 다각화, 철수 등의 문제를 나타내는 기본적인 힘이 되는 것이다.

이와 같은 전략 개념에서는 『우리는 어떤 사업에 위치하고 있는가?』『우리는 어떤 사업에 위치해야만 하는가?』라는 기본적인 물음이 주어진다.

넷째, 전략을 경쟁우위를 성취하기 위한 외부 기회와 위협, 그리고 내부 강점과 약점에 대한 대응으로 보는 견해다. 여기서 전략의 목표는, 기업이 참여하는 모든 사업에서 기업의 주요 경쟁자들에 대해 장기적으로 유지 가능한 우위를 성취하는 데 있다. 이런 전략 차원은 우월한 경쟁 위치를 모색하는 데 유용한 현대적이고 방법론적인 접근의 바탕이 된다.

이런 전략 개념에서는 경쟁우위가 조직에 영향을 미치는 외부요인과 내부요인에 대한 철저한 이해의 결과로서 나타난다고 인식하고 있다. 즉 기업은 외부적으로 자신에게 기회와 위협을 제공하는 산업 매력도와 추세, 그리고 주요한 경쟁자들의 성격을 파악해야 하며, 내부적으로는 자신의 강점과 약점을 발생시키는 경쟁적 능력을 검토해야 한다.

이 때 전략은 조직이 외부환경과 내부능력 사이의 활동 적합성(viable match)을 획득하는 데 필요한 조건이 된다. 즉 전략의 역할은 외부 환경에 따라 제기되는 기회와 위협에 수동적으로 반응하는 것이

6　이런 전략 개념의 가장 중요한 지지자는 다음과 같다.
　　Alfred D. Chandler, Jr., *Strategy and Structure : Chapters in the History of American Industrial Enterprise*, MA, MIT Press, 1962.

아니라, 변화하는 환경의 요구에 조직을 계속적으로 적응시키는 것이라 할 수 있다.[7]

이와 같은 견해에 따르면 사업전략의 기본적인 구조는 다음 세 가지 중점 영역으로 나타난다. 즉 분석의 핵심 주제로서의 사업단위, 주요한 환경 추세를 결정하는 산업구조, 경쟁방법을 결정짓는 내부 역량이 바로 그것이다.

다섯째, 전략을 기업이 이해관계자에게 주는 경제적 · 비경제적 공헌에 대한 정의로 보는 견해다. 이해관계자 개념은 지난 몇 년 동안 전략적 관심의 한 요소로서 중요한 역할을 차지해오고 있다. 이해관계자란 직접 또는 간접으로 기업의 행동으로부터 유발되는 이득을 얻거나 비용을 부담하는 사람들을 대표하는 용어다. 이는 주주, 종업원, 경영자, 고객, 공급자, 채권자, 지역사회, 정부 등을 포함하고 있다.

이와 같은 차원의 전략은 단지 주주의 부를 극대화하는 것보다는 더욱 넓은 범위에서 기업의 책임을 강조한다. 즉 전략을 다양한 후원자들에게 영향을 미치는 사회적 교환 작용의 과정을 생산해내는 사회적 계약(자유 의지로 개인들을 통해 이루어진 협동적 동의의 집합)을 설정하는 수단으로 간주한다. 여기에서 전략은 기업철학과 조직문화의 핵심 결정요인 역할을 하며, 기업이 현재, 그리고 앞으로 되고 싶은 경제적 · 인간적 조직의 종류를 나타낸다.

그리고 이 견해는, 한 기업이 고객들을 적절히 만족시키지 않는다

---

7   이런 전략 개념의 주요 지지자는 다음과 같다.
Michael E. Porter, *Competitive Strategy—Techniques for Analyzing Industries and Competitors*, New York, The Free Press, 1980.
Michael E. Porter, *Competitive Advantage—Creating and Sustaining Superior Performance*, New York, The Free Press, 1985.

면 경쟁력과 수익성 손실로 인해 결국 다른 기업이 시장을 지배하게 될 것이라고 주장한다. 이와 비슷한 주장이 기업의 종업원이나 공급자들에게 적용될 수 있다. 공정한 상호 이익관계가 형성된다면 장기적 이익으로 증진되는 반면, 단기적인 재무이익을 위해 불공정한 관계를 형성한다면 이런 관계는 장기적으로 유지될 수 없을 것이다. 결국 기업이 속해 있는 지역사회와 다른 외부 기관들과 좋은 관계를 유지함으로써 기업 이미지를 증진시키고 건전한 사회적 책임을 충족시킬 수 있는 것이다.

앞에서 살펴본 것처럼 전략의 개념은 조직의 모든 목적을 포함한다. 따라서 전략의 적절한 정의를 위해 많은 차원이 필요하다는 것은 놀라운 일이 아니다. 지금까지 서술한 견해들은 단지 특정 시점에서 전략 개념의 다양한 구성 요인을 강조한 것이다. 이들 모두가 적절하고 의미 있으며, 전략적 과업의 좀더 나은 이해를 위해 도움이 된다.

그런데 전략의 좀더 포괄적인 정의는 이와 같이 다양한 전략 개념을 결합함으로써 나타날 수 있을 것이다. 즉 전략의 개념은 아래와 같이 정리할 수 있다.

- 의사결정이 긴밀하게 결합·통일되어 있는 통합된 패턴이다.
- 장기적인 목표, 행동 프로그램, 자원 할당의 우선 순위로 조직의 목적을 결정하고 나타내는 것이다.
- 현재 있거나, 있어야만 하는 사업을 선택하는 것이다.
- 기업이 환경의 기회와 위협에 조직의 강점과 약점을 적절히 반응시킴으로써 사업의 장기적 경쟁 우위를 성취하려는 시도다.
- 이해관계자들에게 주려고 하는 경제적·비경제적 공헌의 본질을 정의하는

것이다.

이와 같은 통합 관점에서 보면, 전략은 조직으로 하여금 생명력 있는 영속성을 유지하도록 하며 동시에 변화하는 환경에의 적응을 촉진시키는 기본적인 틀이라고 할 수 있다. 그러므로 전략의 본질은, 기업이 참여하고 있는 모든 사업에서 경쟁 우위를 확보하고자 하는 목적을 가진 경영이 된다. 또 거기에는 기업 행동의 수혜자들이 광범위한 이해관계자를 가지고 있다는 공식적인 인식이 있어야 한다.

한편 마이클 E. 포터(Michael E. Porter)는 전략의 개념을 포지셔닝 관점에서 설명하고 있다.[8] 포터에 따르면 전략이란 기업의 여러 활동들을 결합(fit)해 독특하고 가치 있는 전략적 지위(strategic position)를 창출해내는 것을 의미한다. 예를 들어 특정 기업이 일련의 기능활동을 새로 구성하거나 기존에 존재하는 활동을 다시 짜맞춤으로써 산업 내 경쟁기업들과는 다른 조직 형태나 서비스 형태를 창출하고 고객에게 신선함과 저렴한 비용이라는 가치를 제공할 수 있다면, 그 기업은 전략적 지위를 지녔다고 볼 수 있다.

이와 같은 전략의 정의에는 기업활동, 활동들의 결합, 전략적 지위라는 세 가지 중요한 개념이 포함되어 있다.

먼저 기업의 지위에 대해 살펴보자. 목표설정(targeting)을 통해 기업이 제공할 제품과 서비스의 범위를 한정짓는 것을 마케팅 영역에서의 포지셔닝이라고 한다면, 전략 분야에서는 이런 차별화된 제품과 서비스를 공급할 수 있도록 내부 메커니즘으로서의 기업활동을 조정

---

8 Michael E. Porter, "What is Strategy?," *Harvard Business Review*, November-December, 1996.

하거나 재결합하는 과정까지도 포함한 개념을 전략적 지위라고 한다.

포터는 이런 전략적 지위의 원천으로 다음 세 가지를 들고 있다. 첫째는 특정한 제품이나 서비스만으로 그 범위를 한정하고 이것을 저렴하고 신속하게 제공할 수 있도록 기업의 가치활동을 수행하는 것(variety-based positioning)이다. 둘째는 같은 고객일지라도 때와 상황에 따라 욕구가 다르므로 특정 집단의 고객이 가진 다양한 욕구의 대부분 또는 모두를 충족시킬 수 있도록 기업의 가치활동을 구성하는 것(needs-based positioning)이다. 예를 들어 사우스웨스트 에어라인(Southwest Airlines)이나 IKEA는 고객들의 기호가 어떻게 변하고 있고 어떤 욕구가 덜 충족되었는지 열심히 관찰한 결과, 파악된 욕구를 충족시킬 수 있는 제품과 서비스를 정의하고 이를 제공하기 위해 기업관습을 바꾸기도 하고, 투입·생산·유통·광고활동 등을 유기적으로 결합하기도 하면서 다른 기업들과 구별되는 서비스와 이미지를 갖춘 기업으로 자리를 굳혔다.

전략적 지위를 얻는 세번째 방법은 고객을 세분화해 서로 다른 방식으로 접근하는 것(access-based positioning)이다. 고객의 욕구가 서로 유사할지라도 욕구를 충족시키기 위한 활동을 가장 효과적으로 배열하고 수행하는 데는 차이가 날 수 있다. 즉 고객에게 다가갈 수 있는 범위를 지리적 특성과 고객의 규모에 둔다는 것이다. 카마이크 시네마(Carmike Cinemas)[9]가 소규모 도시에서 영화관을 운영하면서 운영비와 인건비를 절약하고 개인적인 홍보를 통해 고객들에게 확실히 호소할 수 있었던 예가 대표적인 경우라고 할 수 있다. 고객의 거

---

9 인구 20만 명 이하의 도시에서 영화관을 운영하고 있는 영화상영 업체다.

주지가 도시인지 시골인지 또는 그 중간인지 여부에 따라 기업활동을 수정해야 한다는 것이다.

결국 방법이 어떤 것이든지 하나의 기업을 다른 기업과 구별시키는 전략적 지위의 핵심은 경쟁기업과는 차별화된 일련의 활동들이다. 즉 경쟁기업과는 상이한 활동을 수행하거나 동일한 활동을 다르게 수행함으로써 전략적 지위를 확보할 수 있는 것이다. 만약 다양한 제품을 생산하고 고객에게 접근해 이들의 모든 욕구를 충족시키는 데 기업이 같은 활동을 수행한다면 성과는 운영적 효과성(operational effectiveness)에 따라서만 결정될 것이다.

마지막으로 결합이란, 전략적 포지셔닝을 창출할 수 있도록 기업의 가치활동을 적절히 연결시키고 재구성하는 것을 말한다. 즉 포지셔닝 선택은, 기업이 어떤 활동을 수행하며 그 각각의 개별적인 활동을 어떻게 배치할지를 결정하는 것뿐만 아니라, 선택된 활동을 서로 어떻게 결합시키는가까지도 포함한다. 운영적 효과성이 개별 활동, 즉 기능을 아주 탁월하게 수행하는 일과 관련된 것이라면, 전략은 활동을 결합하는 것과 관련된 것이다.

② 경영전략의 수준

조직에서 여러 가지 위계수준은 기업의 전략을 정의하는 데 주요한 역할을 할 뿐만 아니라 각기 수준에 맞는 경영책임을 가진다. 경영자가 당면하는 의사결정 수준과 범위에 따라 전략은 기업전략(corporate strategy), 사업전략(business strategy), 기능별 전략(functional strategy)으로 나누어진다.

기업전략이 경영자로 하여금 『어떤 사업분야에 참여할 것인가』를

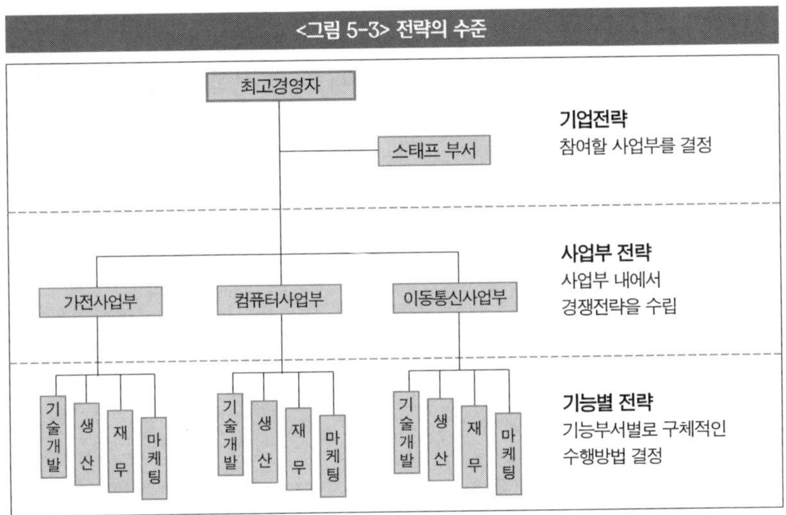

결정하게 하는 것이라면, 사업전략은 『선택된 사업에서 어떻게 경쟁할 것인가』를 모색하고 결정하는 일이라고 할 수 있다. 경영전략 분야에서 주로 다루는 것은 기업전략과 사업전략이다.

가) 기업전략

기업 전체 수준에서는 주로 기업의 사명을 정의하고, 사업수준과 기능수준에서 나오는 제안을 검토하며, 관련된 사업단위 사이의 연계성을 발견하고 전략적 우선순위에 따른 자원 할당과 관련된 이슈를 다룬다.

일반적으로 기업이 여러 사업에 참여해 경영활동을 수행하고자 할 경우에는 기업 전체에 수익을 가져다 줄 수 있는 사업을 선택해야 한다. 이렇게 사업 포트폴리오를 구성할 때에는 기존사업과의 관련성을 고려해 신규사업에 진출하는 관련 다각화를 할 것인지 관련도가 낮은 비관련 다각화를 할 것인지 결정하게 된다. 새로운 사업에 진출하는 방법에서도 기존기업을 인수하는 방법과 직접 신설하는 방법이 있다. 즉 기업전략은 다각화, 수직적 통합, 기업인수합병, 해외사업 진출과 같은 결정을 의미하며, 각 사업 분야에 경영자원을 배분하고 신규사업 진출과 기존사업 부문에서의 철수와 같은 결정을 내리는 것이다.

다양한 사업단위들의 특성을 고려해 각 사업단위에 적합한 장·단기 목표를 부여하고, 부과한 목표를 수행하는 데 필요한 자원을 배분하는 것 또한 기업전략의 주요 과제다. 사업단위의 매력도에 따라 투자 우선순위를 결정해 기업의 한정된 자원을 최적으로 배분하는 것이 변화하는 경영환경에 적응하는 길이다. 그리고 기업 전체로 볼 때는 장기적 경쟁지위를 유지시킬 뿐만 아니라 수익성을 향상시키게 될 것이다.

기업전략은 사업단위들을 독립기업으로 운영하는 것보다는 다각화된 사업들을 통합해 운영하면 사업단위들 사이에 시너지 효과를 얻을 수 있다는 것을 전제로 한다. 일반적으로 기술, 유통 채널, 고객, 운영방식 등에서 유사한 관련사업으로 다각화하는 것이 비관련사업으로 다각화하는 것에 비해 시너지 효과가 발생할 가능성이 높아진다. 관련사업으로 진출할 경우, 기존사업이 보유하고 있는 관련기술이나 경험을 신규사업에 이전하거나 시설 또는 기자재를 공유함으로써 비용을 절감(범위의 경제)할 수 있기 때문이다.

나) 사업전략

사업수준에서는 각 사업 내에서 해당 사업의 경쟁적 위치를 증진하는 데 필요한 모든 활동을 다루게 된다. 즉 외부의 기회와 위협을 제대로 인식하고 기업전략에 따라 기업 전체적으로 자원이 분배되면, 사업전략에서는 기업 내부의 자원을 활용해 경쟁기업과 경쟁할 구체적인 방향과 방법을 강구하게 된다.

사업전략은 개별 사업단위의 목표를 성공적으로 달성하기 위해 사업의 장기적 경쟁우위를 어떻게 구축하고 공고히 할 것인가에 초점을 둔다. 원료조달, 생산, 마케팅 등 기업의 핵심활동을 수행할 경우에는 경쟁기업보다 상대적으로 앞서는 핵심역량(core competences)을 만들어 활용함으로써 사업(부)의 경쟁우위를 확보할 수 있다.

다) 기능별 전략

기능수준에서는 경쟁우위를 유지하는 데 필요한 재무, 관리적 하부구조, 인적 자원, 기술, 조달, 물류, 제조, 유통, 마케팅, 판매, 서비스 등에서 필요한 기능적 능력을 개발하는 핵심 작업을 다루게 된다. 기능별 전략은 사업전략을 실행하기 쉽도록 각 기능조직 단위로 실행할 전략을 규정하고 구체화하는 것으로서 개별 사업부 내에 있는 인사, 연구 및 개발(research&development: R&D), 재무관리, 생산, 마케팅 등의 기능별 조직에서 제품기획, 영업활동, 자금조달 등 세부적인 수행방법을 결정한다.

이처럼 조직의 위계수준에 따른 차이점을 인식하고 이들을 조화롭게 통합하는 것 또한 전략의 핵심 차원이다. 그러나 전략적 과업을 반드시 이런 전통적인 위계에 따라 세분화할 필요는 없다. 전략의 세 가지 수준이라는 것은 세 가지의 서로 다른 전략적 관심이 존재한다는 것을 의미할 뿐이다.[10]

③ 전략 형성에 대한 이해

앞에서 언급한 전략 개념은 실제 기업에서 나타나는 전략 형성과정과 분리될 수 없다. 오히려 전략 개념 자체가, 기업이 실제로 전략을 수립하는 전략 형성과정에 스며들어 있다고 할 수 있다. 이와 같은 측면에서 전략에 대한 접근을 시도한 것이 과정학파(process school)다. 과정학파[11]는 전략을 다음 세 가지 과정의 결과로서 생각한다.

- 외부환경과 기업의 내부능력을 합리적으로 이해하는 개인들의 인지적 과정(the cognitive processes of individuals)
- 내부 커뮤니케이션과 공감대의 개발에 공헌하는 사회적 · 조직적 과정(the social and organizational processes)
- 조직 내 권력의 창출, 보존, 이전 등을 나타내는 정치적 과정(the political processes)

---

10 전략에서 세 가지 수준을 인정하는 학자들은 다음과 같다.
Kenneth R. Andrews, *The Concept of Strategy*, Homewood, IL, Richard D. Irwin, 1980; H. Igor Ansoff, *Corporate Strategy*, New York, McGraw-Hill, 1965; Georgy A. Steiner and John B. Miner, *Management Policy and Strategy*, New York, Macmillan, 1977; Richard F. Vancil and Peter Lorange, "Strategic Planning in Diversified Companies," *Harvard Business Review*, 53, No. 1, January-February 1975, pp. 81~90; Arnoldo C. Hax and Nicolas S. Majluf, *Strategic Management—An Integrative Perspective*, Englewood Cliffs, NJ, Prentice Hall, 1984. Arnoldo C. Hax and Nicolas S. Majluf, "The Corporate Strategic Planning Process," *Interfaces*, Vol.14, No.1, January-February, 1984, pp. 47~60.

11 다음에 전략에 대한 과정학파의 표현이 나타나 있다.
Joseph L. Bower & Yves Doz, "Strategy Formulation : A Social and Political Process" ,Strategic Management : A New View of Business Policy and Planning, eds. C.W.Hofer and Dan Schendel, Boston, MA, Little Brown and Co., 1979.

전략을 이와 같은 관점에서 정의할 때 최고경영자(chief executive officer : CEO)의 업무는 이들 세 가지 과정에 대한 관리가 된다. 즉 최고경영자는 전략 형성과정을 통해 달성하고자 하는 넓은 의미의 비전을 개발하고 실현시키는 조직적 요인들의 네트워크를 관리해야 한다.

아래에서는 전략 수립과정을 구상하기 위해 특정 기업의 전략적 목표, 경영 스타일, 조직문화, 관리적 과정 등을 어떻게 적응시켜야 하는가에 대해 살펴보기로 하자.

가) 명백한 전략과 암묵적 전략(explicit versus implicit strategy)

전략을 형성하는 데 가장 중요한 논쟁은 정보의 공유정도, 즉 어느 정도 명백하게 조직 안팎에 정보가 전달되어야 하는가에 관한 것이다. 에드워드 랩(Edward Wrapp)은 기업 전략을 네 가지 계층으로 나누어 제시했다.[12]

계층 1 **연차 보고를 위한 기업전략**

이것은 주로 주주들에게 전달되는 것으로, 기업이 어디로 나아가고 있는지, 또한 과거 성과는 어떠했는지를 나타내는 진술이다. 이 진술은 주로 홍보 부서를 통해 만들어지며, 기업에 대해 좋은 견해로 편향되어 있다.

계층 2 **이사회, 재무 분석가, 중간경영자를 위한 기업전략**

이 진술은 〈계층 1〉보다는 더욱 포괄적이다. 이것은 기업 내부자들

---

12 Edward H. Wrapp, "Good Managers Don't Make Policy Decisions," *Harvard Business Review*, Vol.62, No.4, July-August, 1984, pp.8~21.

뿐만 아니라 더욱 상세한 정보를 필요로 하는 중요한 외부 후원자들에게 제공되는 것으로, 심층적인 정보를 포함하고 있다. 그러나 조직이 최상의 위치에 있으며 성공적인 방향으로 나아가고 있다는 것을 확신시키는 편향된 의도가 여전히 존재한다.

계층 3 최고경영층을 위한 기업전략

이와 같은 전략은 기업이 직면하는 핵심 이슈를 깊이 다루고 있으며, 전략적 방향을 설정하는 데 권한과 책임을 갖는 경영 팀에게 전달되는 것이다. 최고경영자는 이들 그룹의 주요한 후원자를 필요로 하기 때문에 설정된 이슈들과 표현된 정보에는 여전히 긍정적인 편향이 존재한다. 그러나 모든 관심은 기업의 경쟁적 위치를 강화하는 데 주어진다.

계층 4 최고경영자의 개인적인 기업전략

최고경영자는 기업의 비전을 개발하고 이와 같은 비전을 충분히 완성시키는 데 중요한 인물이다. 이와 같은 네번째 계층의 전략은 최고경영자의 경영 방식이 얼마나 개방적이고 참여적인가에 관계 없이 최고경영자에게는 깊숙이 내재되어 있는, 어느 누구와도 공유할 수 없는 생각이 있다는 점을 인식하는 것이다.

랩이 말한 전략의 네 가지 수준에 따르면 전략이 기업의 안팎에 명백히 전달되는 데에는 최고경영자의 영향력이 가장 중요한 요인으로 작용한다.

나) 공식적 · 분석적 과정과 권력-행위 접근법
(formal-analytical process versus power-behavioral approaches)

전략 형성과정이 공식화되어야 하는가의 여부는 전략 수립에 있어 또 하나의 주요한 논쟁거리다. 공식적 · 분석적 과정을 지지하는 사람들은 통합적 의사결정에 도달하는 데 필요한 전략적 사고의 질을 높이기 위해서는 기업의 모든 수준의 경영자들에게 유용한 분석적 도구와 방법론에 의존해야 한다고 주장한다.

그들은 전략 수립을 기업, 사업, 기능적 전략을 완전히 구체화하는 데 목적을 둔, 잘 정의된 조직 전체의 노력을 이끄는 공식적이고 훈련된 과정으로 생각한다. 이 접근방법을 선호하는 사람들은 공식적인 계획 시스템, 경영 통제 전략적 의사결정의 질을 증대시키기 위한 계속적인 보상 메커니즘의 사용을 추천한다.[13]

권력 · 행위 접근법을 지지하는 학파는 조직의 다목적적 구조, 전략적 결정의 정치성, 실무자의 협상력, 전략 경영에서의 연합(coalitions)의 역할, 문제를 해결해나가는 기업의 실제를 강조한다.[14]

---

13 전략에 대한 공식적 · 분석적 접근 방법 지지자들은 다음과 같다.

Igor H. Ansoff, *Implementing Strategic Management*, Englewood Cliffs, NJ, Prentice Hall, 1984; Arnoldo C. Hax and Nicolas S. Majluf, op. cit., 1984; Peter Lorange, *Corporate Planning—An Executive Viewpoint*, Englewood Cliffs, NJ, Prentice Hall, 1980; Michael Porter, op cit., 1980, 1985; Boris Yavitz and William H. Newman, *Strategy in Action—The Execution, Politics and Pay-off of Business Planning*, New York, The Free Press, 1982.

14 전략에 대한 권력 · 행위학파의 주요 지지자들은 다음과 같다.

Richard M. Cyert and James G. March, *A Behavioral Theory of the Firm*, Englewood Cliffs, NJ, Prentice Hall, 1963; Charles E. Lindblm, "The Science of Muddling through," *Public Administration Review*, Spring, 1959, pp. 19~88; Herbert A. Simon, *Administrative Behavior—A Study of Decision-Making Process in Administrative Organizations*, New York, The Free Press, 1976; H. Edward Wrapp, "Good Management Don't Make Policy Decisions," 1984, op. cit.

이와 같은 두 학파의 생각은 중요한 전략적 이슈들에 대한 이해를 증진시키는 데 공헌한다. 그러나 공식적·분석적 패러다임과 권력·행위 패러다임 모두 성공적인 전략 수립과정들이 어떻게 작용하는지에 대해 적절한 설명을 못 하고 있다. 따라서 이런 분류는 학술적인 연구작업에 초점을 두는 경우에는 유용하지만, 전략수립을 위한 규범적이거나 기술적인 모델로서 제시될 수는 없다. 그러므로 전략 수립을 좀더 잘 하기 위해서는 공식적·분석적 사고가 경영의 행위적 측면과 결합되어 이루어져야만 한다.

다) 과거 행동 패턴으로서의 전략과 미래 투시 계획으로서의 전략
　　(strategy as pattern of past actions versus forward-looking plan)
전략 수립에서 논쟁 요소 가운데 하나는 시간 차원을 통해 사건들에 주어지는 관심의 정도다. 일부 학자들은 전략을 기업의 미래 방향만을 묘사하는 것으로 생각한다. 이런 학자들에게 전략은 조직의 미래 변화를 관리하는 데 지향을 둔 목표의 집합과 행동 프로그램이 된다.

또 다른 학자들은 전략을 기업의 과거 의사결정으로부터 나오는 행동의 패턴으로 생각한다. 이 학파의 선두주자는 전략을 「의사결정 흐름에 서의 패턴」이라고 정의한 민츠버그(Henry Mintzberg)다. 이 견해에 따르면 전략은 의도에 관계 없이 기업의 과거 행동에서 관찰된 행동의 일관성을 알아내는 것이다.[15]

수많은 의사결정이 대규모의 복잡한 조직에서 매일 일어나고 있다.

---

15 Henry Mintzberg, "Patterns in Strategy Formulation," *Management Science*, 1976, pp. 934~948., and James A. Water, "Strategy of Deliberate and Emergent," *Strategic Management Journal*, Vol.6, No.3, July-September, 1985, pp. 257~272.

의사결정을 일관성 있게 하는 유일한 방법은 의사결정이 만들어질 수 있는 틀과 전략적 방향에 대한 감각을 제공하는 것이다.

그럼에도 불구하고 전략을 과거의 의사결정에서 나타나는 패턴으로 너무 경직되게 이해하는 것은 기업의 새로운 방향을 설정하는 데 어려움이 될 수 있다. 엄격한 의미에서 전략은 역사적인 전망이 주어질 때 사후에 명백하게 파악된다. 그러나 경영의 관점에서 볼 때 이런 사후 전략의 개념은 아무 쓸모가 없다. 실제로 전략은 의도된 변화를 다룰 때 가장 중요한 역할을 한다. 전략은 기업의 과거 유산에 대한 인식에서 형성되어야 하지만, 동시에 미래를 내다보아야 한다.

결국 전략 수립이란 과거의 전략 패턴에 대한 인식을 토대로 기업의 과거 전략 패턴과는 상당히 다른 미래를 향하게 하는 새로운 계획을 세우는 것이다.

라) 의도적인 전략과 비의도적인 전략(deliberate versus emergent strategy)

전략 형성과정은 의도적인 전략과 비의도적인 전략으로도 유형화될 수 있다.[16] 즉 전략은 목표의 실현을 위한 일련의 의도적인 행동과 일치할 때 의도적인 전략으로 간주되고, 전략이 의도가 없음에도 불구하고 과거의 행위에서 관찰되는 일관성이나 패턴으로부터 파악될 때 비의도적인 것으로 간주된다.

특히 이들 두 개념이 상호작용해 여러 가지 종류의 전략 수립과정을 특징짓는다. 이와 같은 연속선상의 한쪽 끝은 완전히 의도적인 전략이고 다른 끝은 완전히 비의도적인 전략이다. 어떤 기업의 전략이

---

16 Mintzberg and Klaters, "Strategy of Deliberate and Emergent," 1985, op. cit.

든 이들 두 극단 사이에 개방성, 참여, 최고경영자의 몰입, 합의 경영, 공식화, 협상, 과거와의 연속성, 미래 변화에 대한 지향의 정도를 결합하는 전략이 있게 된다. 그리고 전략의 유형은 기업의 환경이 좋은가 나쁜가, 통제 가능한가, 예측 가능한가 등의 기업환경의 성격에도 영향을 받는다.

이제까지 살펴본 바에 따르면 전략 형성과정 또한 전략 개념과 마찬가지로 다양한 측면을 갖고 있다는 것이다. 따라서 기업에서 전략을 형성하려는 최고경영자는 이와 같은 전략 형성의 모든 차원을 고려해야 한다.

2. 경영전략의 발전과정 [17]

경영전략의 역사는 경영의 역사와 함께 시작되었고 발전되어왔다. 경영학의 태동은 독일을 중심으로 한 유럽에서 이루어졌지만, 오늘날에는 미국의 경영학이 전세계를 휩쓰는 미국 경영학의 시대가 되었다. 따라서 다음에서는 오늘날의 경영전략 분야가 어떻게 생성 및 발전되어왔는가를 미국의 경영사를 중심으로 살펴보기로 한다.

(1) 생산관리시대(1900～19년)

1990년대에 들어오면서 기업경영에서는 능률 향상을 위한 획기적

---

17 조동성, 《21세기를 위한 전략경영》, 서울경제경영, 1998, pp. 125～134.

인 연구가 활발히 일어났는데, 그 가운데 하나가 공장 관리자였던 프레더릭 테일러(Frederic Taylor)가 제안한 과학적 관리법이다. 과학적 관리법은 노동 능률을 좌우하는 작업량·작업속도·작업동작·작업방법 등을 과학적으로 분석해 공장관리 및 작업관리 체계를 확립시켰으며, 기업에서는 이를 통해 종전의 주먹구구식 경영에서 탈피해 생산성의 향상을 실현했다.

이 과학적 관리법은 경영관리에 커다란 변혁을 가져왔으며, 이를 기점으로 대량생산체계가 이룩되었다. 이 관리방식의 대표적인 사례가 포드(Henry Ford)에 의한 대량생산체제로서, 이른바「포드 시스템(Ford System)」이라고 불리는 것이다. 이 체제는 테일러가 분석방법으로 의존했던 시간 연구(time study) 및 동작 연구(motion study)에서 한층 진보한 것으로, 자동차를 생산하는 데 4S를 기반으로 한 컨베이어 시스템(conveyor system)을 통한 일관작업을 수행함으로써 공장에서의 생산성을 극대화하는 데 큰 기여를 했다.[18]

이와 때를 같이해 미국의 각 대학에 처음으로 상학부 내지 경영학부가 설치되어 미국 경영학의 기초가 형성되었다고 볼 수 있다.[19]

(2) 인사 및 조직관리시대(1919~45년)

그러나 테일러 시스템에서 포드 시스템에 이르는 과학적 관리체계

---

18 4S:specialization(기계 공구의 전문화), specification(부품의 규격화), simplification(작업의 단순화), standardization(제품의 표준화).

19 경영학부 설치년도 : 펜실베이니아 대학(1881), 시카고 대학 및 캘리포니아 대학(1898), 위스콘신 대학(1900), 하버드 대학(1902).

는 기술적 접근방법(engineering approach)에 따른 일선 노무자의 능률을 향상시키는 데 초점을 두었다. 그 결과 인간을 개개의 노예로 전락시켜 감정을 가진 동물로서 인간의 심리적·사회적 측면을 경시했다.[20] 이와 같은 관리방식의 한계는 제1차 세계대전 이후 두 가지 측면으로부터 도전을 받게 되었다. 첫째는 노동조합의 대두다. 즉 전쟁으로 말미암아 군수품 생산을 능률적으로 수행하기 위해 각종 생산관리제도는 비약적으로 발전했으나, 전시의 노동력 부족과 함께 전후 민주화 사조가 형성됨으로써 노동자의 인격을 중시하는 새로운 관리제도의 개발이 요청되었다. 이미 1870~80년대에 기능별·부문별로 노동조합이 결성되었지만, 1910년까지는 과학적 관리체계의 기세에 눌려 제대로 그 기능을 다하지 못했었다. 그러나 전후에는 강력한 노동조합이 대두해 기업으로 하여금 노무자를 인간적·인격적으로 대우하도록 요구하게 된 것이다.[21]

둘째는 전후의 민주화 사조다. 즉 당시의 세계적인 추세는 1917년 토머스 우드로 윌슨(Thomas Woodrwo Wilson) 미국 대통령의 민족자결주의[22]에 영향을 받아 지난날 영국·프랑스·네덜란드 등의 지배를 받던 식민지 등이 차차 독립을 쟁취하게 되었고, 우리나라에서도

---

20 Fordism(Ford의 경영사상을 칭함)을 요약하면 『경영은 대중에 대한 봉사기관(instrument of service)이며, 이 봉사는 곧 대중의 생활수준 향상을 의미한다. 그러기 위해서는 저가격·고임금 원리를 적용함으로써 대량생산에 따른 염가·양질의 상품을 공급해야 한다. 그리고 기업의 목적으로서 이윤추구가 있는 게 아니라 봉사 결과로서 이윤이라는 보상을 받는 것이다』라는 것인데, 기업의 경영과정에서는 종업원을 인격적으로 대우했다고 볼 수 없는 것 같다.

21 한희영, 《경영학원론》, 법문사, 1980, pp. 93~95.

22 1917년 4월 2일 윌슨이 독일에 대항해 제1차 세계대전에 참전할 것을 요청한 임시국회에서의 연설 중에서 나온 표현으로서, 다음 문헌 참조. *The American Reader*, Paul M. Augle ed., Vol. 4, New York, 1961, pp. 129~135.

1919년 3·1운동이 일어나게 되었다. 이와 같은 역사적 배경 아래 노동자들이 그 동안 기계의 노예 역할에서 해방되어 자신의 인권을 회복하고자 몸부림친 것은 지극히 당연한 일이었다. 그리고 이 상황에서 경영자들은 단순한 생산성 향상보다도 기업의 구성원으로서 노동자라는 인간을 인격적으로 대우하지 않을 수 없게 되었다.

사실 기업이란 어느 면에서 자본·설비·기계·원자재·제품 등의 합리적 조합을 통한 물적·기술적 시스템이라고 말할 수 있다. 또 다른 한편으로는 여러 계층의 인간군, 즉 노무자·관리자·경영자 등으로 구성된 기능 분담의 인적·공적 시스템이라고 할 수 있다. 이 인적·사회적 시스템, 즉 조직이라는 이름의 기업 구성체가 물적·기술적 시스템으로서의 기업을 관리하게 된다고 볼 수 있다. 그런데 그 당시의 관리론에는 경영자나 관리자가 일에 관한 명령을 내리고, 그에 마땅한 보수만 준다면 그대로 복종하게 될 인간만을 대상으로 한 조직을 그 전제로 해왔었다. 경영관리학뿐만 아니라 당시의 경제학도 임금만을 위해 일하는 일면적인 인간관을 그 전제로 해왔었다. 그리고 훨씬 구체적인 경영에서의 인간 문제, 특히 인사관리나 조직관리에서의 인간관계 등은 그 때까지의 경영학에서도 소홀히 다루어질 수밖에 없었던 것이다.

이와 같은 새로운 인간관계 측면에 초점을 두어 과학적인 실험을 통해 경제적 조건뿐만 아니라 심리적 조건이나 사회적 조건에 따라 영향받는 다면적인 인간상을 파악한 학자들이 있다. 그 대표적인 논자들이 바로 호손 실험(Hawthorne Experiments)으로 유명한 엘턴 메이요(Elton Mayo)와 레슬리스버거(F. J. Roethlisberger) 등 그 일파이자, 그들의 「인간관계론(human relations approach)」이다. 그리고 이 분야에서 그 이론체계를 가다듬은 연구로는 레윈(K. Lewin)의 「집단역학(group dynamics)」, 리피트(R. Lippit)와 화이트(R.K. White)의 「리더십 유형에 대한 실험」, 맥그리거(D. McGregor)의 「XY이론」, 매슬로(A. H. Maslow)의 「동기부여와 개성(motivation and personality)」 등이 있다.

요컨대 인간관계론의 출현은 이른바 과학적 관리론에 대한 반동에서 비롯된 안티 테제라고 할 수 있다. 그러나 인간관계론도 인간을 중시하는 바탕 위에서 지나치게 심리적이며 감정적이었다. 테제와 안티 테제의 이와 같은 불완전은 필연적으로 「신테제」를 요구하게 되며, 이 요구에 부응한 것이 바로 체스터 I. 버나드(Chester I. Barnard), 허버트 A. 사이몬(Herbert A. Simon) 등의 「조직이론(organizational theory)」이다. 즉 이들은 인간관계론의 일면적인 한계를 보완하기 위해 근대적인 인간관을 전제로 일정한 공통 목적의 달성을 지향하는 조직에 관한 이론, 다시 말해 조직을 구성하는 인간에 대해 새로운 견해를 피력한 조직이론을 개발했다. 다만, 이런 조직이론의 경우 경영 주체로서의 인간에만 지나칠 정도로 비중을 두거나, 관리과정 가운데 조직 부분에만 관심을 경주했다. 그리고 이와 같은 편협된 연구로 인해, 전체로서의 기업 목적을 달성하기 위한 전반 관리에 관한 이론 연구로서는 부족하다는 한계를 갖고 있다.

(3) 마케팅 관리시대(1945~58년)

미국은 1941년 12월의 진주만 습격 이후 제2차 세계대전에 적극 개입했으나 전쟁으로 인한 직접적인 피해는 거의 없었다. 오히려 전쟁

물자를 대주는 군수공장 역할을 했기 때문에 많은 채권을 소유하게 되었다. 따라서 1944년 브레턴우즈 협정으로 영국의 지배에 있던 세계 금융권이 미국으로 넘어오게 되었고, 또한 달러가 전세계의 긴축통화로 유통되게 되었다. 그리고 미국 경제는 제2차 세계대전으로 전례 없는 성장을 이루어 막대한 국부의 향상을 가져왔다. 그 결과 종전 당시 영국과 프랑스의 1인당 GNP가 1,200달러 수준이었으나, 미국은 세계 1위인 3,000달러 수준으로 엄청나게 큰 격차가 벌어지게 되었다.[23]

그러나 전시 특수수요의 종식은 생산시설의 유휴화를 초래함으로써 새로운 문제를 야기시켰다. 이런 상황에서 기업의 당면과제는 생산시설을 가동시키는 것이었다. 따라서 기업 경영자들은 높은 소득수준에 바탕을 두고 있는 미국 소비자들의 잠재구매력을 실제의 구매행위로 나타나게 하는 데 온 관심을 집중했다. 즉 단순한 판매활동을 넘어서 소비자가 원하는 상품이 무엇인지 파악하고, 이와 같은 요구에 부응하는 상품을 개발해 능동적으로 구매력을 창조해나가는 마케팅 활동이 전개된 것이다. 이와 같은 경영자들의 노력으로 1945~58년에 이르는 동안 미국 경제는 4.8%라는 전례 없는 성장을 이루었다.[24]

미국 경제의 규모를 볼 때 한 해 4.8%의 성장은 실로 엄청난 일이 아닐 수 없다. 그리고 이와 같은 성장을 주도한 기업의 입장에서는 어느 정도 미래에 대한 확신을 갖고 안정적인 상황에서 경영을 했다고 볼 수 있다. 그야말로 이 시기는 미국 역사상 천국과 같은 시대였다.

---

23 *Historical Statistics*, 1945~60, Main Economic Indicators.
24 ibid.

(4) 기획관리시대(1959~72년)

　전후 순탄한 성장을 지속해오던 미국 경제는 경기순환의 결과 나타난 구조적인 수급의 일시적 불균형으로 인해 1959년 불황국면에 들어서게 되었고, 그 결과 미국의 국민총생산(groww national product : GNP)도 0.7% 하락하게 되었다. 이와 같은 경제적 불황기에서 기업들은 미래의 시장경기 예측에 지대한 관심을 쏟지 않을 수 없게 되었고, 이에 따라 이후 많은 기업에 이런 역할을 담당하는 기획실 제도가 도입되었다.

　1960년대 초의 기획실에서 수행한 경기예측은 통계적 기법을 통한 양적인 예측으로서, 신업종에의 참가 및 기존업종의 폐쇄 등과 같은 질적·전략적 성격의 것은 아니었다. 즉 단기적으로는 투하된 생산시설의 조업도를 경기예측에 따라 효율적으로 조정해 수급을 조절하고, 장기적으로 생산시설의 증설 및 감축과 이에 따른 자금 수요를 예측하고 효율적인 자금 조달원을 선택하는 데 초점을 맞춘 계획 업무였다.

　1950년대 말의 불황을 이기고 1960년대에 미국 경제는 다시 순탄한 성장을 하게 된다. 이와 같은 성장의 전기를 마련한 시대적 상황을 살펴보면 기획실 제도 외에 두 가지를 더 들 수 있다.

　하나는 1959년 소련의 스푸트니크(Sputnik) 인공위성의 발사를 들 수 있다. 그 때까지 미국인들은 미국이 정치·경제뿐 아니라 기술·문화 등 모든 면에서 소련을 앞섰다고 생각하고 있었다. 따라서 이 스푸트니크 사건은 미국인에게 커다란 충격을 안겨주었다. 인공위성 발사의 선수를 빼앗기고부터 대책 마련에 부심하게 된 미국은 인문사회 중심이던 초등학교 및 중등·고등학교의 교과과정을 과학 중심으로 바꾸고, 그 동안 소홀히 다루던 수학 과목을 강화시켰다. 아울러 나사

(National Aeronautics and Space Administration : NASA) 계획에 따라 우주산업에 대한 투자가 대규모로 이루어졌고, 이로 인해 여러 부문의 경기가 활성화되었다.[25]

또 다른 하나는 로버트 스트레인지 맥나마라(Robert Strange McNamara)가 국방장관이 되고 맥조지 번디(McGeorge Bundy)가 대통령 정치보좌관이 되면서 (당시 문제가 되기 시작한) 베트남 문제와 관련해 군사력을 증대시킬 계획을 세우고 있었고(따라서 1961~63년은 전쟁 전야 시기였다), 이를 계기로 군수산업에 대한 투자는 관련 분야를 활성화하는 데 기여했다.

이런 요인 등으로 미국 경제는 1960년대에 또다시 비교적 순탄한 성장을 이루었다. 그러나 1950년대의 성장과는 근본적인 차이가 있었다. 즉 1950년대의 경제성장은 인플레이션을 수반하지 않은 것임에 비해(1951년의 1달러 구매력은 1955년 1달러 구매력과 같았다), 1960년대는 인플레이션을 수반한 값비싼 성장이었던 것이다. 그러나 인플레이션은 고정자산에 투자를 하고 있는 제조기업으로서는 환영할 만한 일이었다. 그리고 이런 호황이 계속되자 1960년대 초 성급하게 도입되었던 기획실 중심의 경영관리체계는 다시 마케팅 중심의 경영체계로 대치되었다.

(5) 전략경영시대 I (1973~1980년대 중반) : 산업조직론적 관점

1973년의 석유 파동은 미국 경제에 커다란 충격이었으며, 1959년의

---

25 Sam Paul, *The Angry Decade : The Sixties*, Grown publishers, N.y., 1979, p.15.

공황보다 훨씬 심각한 경기 침체를 몰고 왔다. 석유 파동으로 야기된 이 불확실성의 시대에 각 기업은 다시금 기획실을 찾게 되었으며, 1974~1975년에 가서는 웬만한 중소기업까지도 기획실 제도를 도입해 운영하게 되었다. 그러나 이 시기에 나타난 기획실은 1960년대 초의 그것과는 달랐다. 즉 1959년의 경기 침체가 경기순환의 한 국면이었던 것과 달리, 1973년 이후의 경기 침체는 외생변수의 영향으로 인해 발생한 것으로서 기업의 본질적이고 전략적인 문제와 직결되었기 때문이다.

기업 차원에서 성장을 위해 미래를 설계하는 경영정책론에 기초한 전략 개념은 1970년대 이후 미국의 경제상황이 악화되기 시작하고, 특히 석유위기처럼 예기치 못한 환경변화가 기업경영의 중요한 요소로 부각되면서 좀더 환경분석적이고 실천적인 연구로 전환되었다. 이에 따라 단순히 미래의 비전 및 성장과 관련된 전략의 유용성을 제시하던 차원에서, 구체적인 기업행위를 결정하는 방향으로 연구의 축이 옮겨지게 되었다. 이와 같은 변화를 주도한 것은 경영학자가 아닌 경제학에 기초한 산업조직론자들이었다. 포터로 대표되는 이들은 전략의 수준을 기업 전체적인 차원에서 사업단위 수준으로 끌어내려, 전략을 개별산업 내에서 행동하는 기업들이 선택하는 의도적이고 구체적인 행위로 규정했다. 이들의 관점에 따르면 경영전략이란 특정 산업에서 평균 이상의 수익을 올리기 위해 산업의 특성을 고려해 적합한 기업행위를 채택하는 것으로 파악된다. 이처럼 1970년대의 전략 개념은 산업조직론에 바탕을 둔 전략계획(strategic planning)과 경쟁전략(competitive strategy)이 주류를 이루었다. 이러한 포터식의 전략론은 1980년대 초 절정에 달하게 되어, 포터가 지은 1980년의 《경쟁

전략》 및 1985년의 《경쟁우위》가 경영정책 및 전략론의 기본 교과서로 자리잡으면서 전략적 경영에서 차지하는 비중이 확고하게 되었다.

포터로 대표되는 산업조직론적 접근방법은 산업의 구조적 특징이 기업의 행동을 결정짓고, 그 기업의 행동이 기업의 성과를 결정짓는다는 논리다. 이런 관점에 따르면 기업의 경쟁력 또는 성공에 가장 큰 영향력을 미치는 요인은 기업이 위치한(position) 산업구조다. 그렇기 때문에 경영전략의 초점은 산업의 구조적 특성을 분석해 어떤 산업에 기업을 위치시킬 것인가(positioning)에 두어진다.

산업구조를 기업 전략적인 관점에서 연구한 논의에 따르면 각 기업이 마주치게 되는 경쟁모습은 산업구조와 경쟁자들 사이에 일어나는 상호 대응관계에 따라 결정된다고 한다. 일반적으로 높은 투자수익률을 보이는 산업에서는 기존기업이 시설을 확장하거나 신규경쟁자가 진입해 경쟁을 심화시키고, 경쟁이 심화되면 그 산업에 속한 기업들이 얻게 되는 투자수익률이 낮아지게 마련이다.

그러나 경쟁을 심화시키는 핵심요소는 산업에 따라 다르다. 즉 기존경쟁자가 설비 증설을 통해 경쟁을 심화시키는 경우도 있고, 신규경쟁자가 다수 등장해 경쟁을 심화시키는 경우도 있으며, 전혀 예상치 못했던 제품이 기존제품을 대체함으로써 경쟁자로 나타날 수도 있는 것이다.

이처럼 산업 내에서 경쟁을 유발함으로써 결과적으로 그 산업의 투자수익률에 영향을 주는 요소는 잠재적 진출기업, 산업 내 기존 경쟁기업, 공급자, 구매자, 대체품으로 요약된다.

이처럼 산업구조를 변화시키는 요인과 그 산업에 속한 자신의 강점 및 약점이 파악되면, 그 기업은 자신의 경쟁적 입장을 이해하게 되고 전략을 통해 성과를 높일 수 있는 경쟁영역을 찾아낼 수 있을 것이다.

그러나 산업조직론적 접근방법은 1980년대 초반부터 두드러지게 나타나기 시작한 미국 기업들의 경쟁력 하락과 상대적으로 일본 기업들의 급속한 성장을 설명하는 데 한계를 나타냈다. 게다가 경제학에서 도출된 변수들을 중심으로 대규모 자료를 수집해 이를 통계적으로 처리하는 데 치중했기 때문에 기업경영자들에게 규범적인 측면에서 많은 시사점을 제공하지는 못했다.

(6) 전략경영시대 II (1980년대 중반 이후) : 자원준거론적 관점

기업이 보유한 자원에 근거해 기업을 보는 시각(resource-based view of the firm)인 자원준거 관점은 1980년대 이후 부상하기 시작한 이론으로, 전략경영의 새로운 분파로 자리잡아가고 있다. 물론 이런 관점이 전혀 새로운 것은 아니다.

1980년대 이전에도 기업의 성과가 기업이 보유한 역량(compe-tences)에 따라 결정된다는 견해가 있었다.[26] 그러나 자원을 중심으로 한 이와 같은 초기의 접근방법은 기술자원처럼 기업의 장기적인 성과를 좌우할 중요 자원에 대한 정확한 설명이 부족한 탓에 단지 개념을 제시하는 수준에 머물렀었다.

이렇듯 전통적 전략론에서 이미 언급되었던 자원 내지 내부능력에

---

26 Barnard, C., *The Function of Executives*, Harvard Business School Press, M.A., 1938; Chandler, A.D., *The Visible Hand : The Managerial Revolution in American Business*, Harvard University Press, M.A., 1977; Rumelt, R. P., *Strategy, Structure and Economic Performance*, Harvard University Press, M.A., 1974.

대한 논의가 1980년대 이후 다시 등장해 각광받게 된 이유는 무엇인가? 이는 한 마디로 1970년대 이후 전략론의 주류로 자리잡은 산업조직론적 전략론에 대한 반성으로 말미암은 것이다. 앞에서 살펴보았듯이 산업조직론적 전략론은 기업의 외부요인에 따라 전략이 결정된다(outside-in)는 논리로, 기업의 내부(inside)에 대해서는 상대적으로 관심을 기울이지 않았다. 이에 반해 자원거점론은 기업의 내부로부터, 특히 기업이 보유한 자원에 따라 전략이 결정된다는 논리다. 이 논리에 따르면 기업이 장기적으로 높은 수익성(성과)을 내기 위해서는 경쟁력 있는 자원을 끊임없이 축적하고, 이런 보유자원에 근거해 전략을 수립해야 한다는 것이다.

즉 산업조직론적 경쟁요인 모델은 산업에 진입하고자 할 때 먼저 산업구조분석에 따라 산업을 결정하고, 다음으로 경쟁자의 전략을 분석해 진입전략을 채택하고, 마지막으로 이와 같은 전략 수행에 필요한 자원을 파악해 획득하는 것을 가정한다. 이에 반해 자원준거 관점은 기업이 자원과 능력(Capabilities)에서 이질적이므로 기업은 각자 자신이 처한 자원부존도에 따라 필요한 전략을 선택해야 한다는 것이다.[27]

이 관점에 따르면, 기업의 성공은 기업을 둘러싼 환경요인이 아니라 기업이 보유하고 있는 내부의 특수한 자원에 따라 결정된다. 동일한 산업에 속한 기업이라 할지라도 기업마다 환경변화에 대응하는 방식이 다른데, 그 이유는 기업이 보유한 저마다의 자원이 다르기 때문이다. 따라서 기업이 성공하기 위해서는 환경변화를 빨리 파악하고

---

27 Teece, Pisano and Shuen, "Dynamic Capabilities and Strategic Management," *CCC Working Paper*, Center for Research on Management, University of California, Berkeley, 1990.

이에 적합한 전략을 수립하는 것도 중요하지만, 이보다 더 중요한 것은 수립된 전략을 실행하는 것이다. 그리고 전략을 성공적으로 실행하기 위해서는 이에 필요한 자원을 보유하고 있거나 창출해야만 한다는 주장이다.

이와 같은 보유자원에 근거한 전략 내지 기업행동의 결정논리는 연구자에 따라 자원을 정의하는 방식이 다르고, 논리가 너무 추상적으로 전개되는 등 통일된 이론체계로 불리기에는 아직 어려움이 많다. 즉 자원준거 관점도 나름대로의 문제점을 안고 있는 것이다. 기업에 경쟁우위를 가져다 주는 자원은 모방도 불가능하고 이동하기도 쉽지 않다. 모방이나 거래가 불가능한 자원이라면 그런 자원을 파악하는 것이 어렵거나, 또는 그런 성공적인 자원이 형성된 원인을 알기 어렵다는 뜻이 된다. 따라서 우리는, 그것이 경쟁우위를 가져다 주는 자원이라는 사실을 자원을 보유한 기업이 경쟁우위를 갖고 성공했을 때 비로소 알게 되는 시점은 파악할 수 있는 것이다.

또 자원준거 관점에서는 기업이 어떤 자원을 보유하고 있느냐의 문제보다는, 그런 자원을 획득하고 축적할 수 있는 능력이 무엇이며 그 능력이 어떤 과정을 통해 창출되었느냐가 좀더 중요하다고 강조한다. 이렇게 기업의 핵심자원으로 단순히 기업이 보유한 유·무형의 자원이 아니라, 이런 자원을 개발하는 능력을 강조하다 보니 자원의 개념이 지나치게 확장된 면도 없지 않다.

지금까지 설명한 경영전략의 발전과정을 요약해 정리하면 〈표 5-1〉과 같다.

경영의 초점	관리시대				전략시대	
	생산관리	인사관리 및 조직관리		마케팅관리	기획관리	전략경영
시기	1900~19년	1919년	1945년	1945~59년	1959~72년	1973~1980년대 중반	1980년대 중반 이후
계기	대기업의 출현	제1차세계대전(노동력 부족 및 민권의식의 강화)	기업조직의 복잡화	제2차 세계대전(소득 증가와 생산시설의 유휴화)	경기침체	석유 파동	일본기업들의 두각과 경쟁 심화
학문적 탐구 (예)	테일러의 과학적 관리법	메이요의 호손 연구, 맥그리거의 XY이론	사이몬의 조직이론, 아지리스의 개성과 조직	매카시의 4P	앤소프의 경영계획	앤드류스의 경영전략, 포터의 경영전략	하멜, 바니, 프라할라드 등의 핵심역량 및 자원 준거 관점
현상	포드의 대량생산 체계	노조의 활성화	비공식 조직 스태프조직	순탄한 양적 성장	기획실 도입 및 통계학적 기법 응용	질적인 문제 추구, contingency planning 등장	핵심역량과 자원 등 기업 내부 측면 강조

3. e-전략과 기존 전략과의 차이

우리는 앞에서 e-전략을 명확히 이해하기 위해, 먼저 경영전략의 의미와 발달과정에 대해 살펴보았다. e-전략은 앞에서 말한 산업조직론이나 자원준거이론의 전략과 많은 공통점을 가지고 있다. 즉 e-비즈니스에서도 자신의 기업이 유리한 산업에 「전략적으로 위치(strategic positioning)」하는 것은 매우 중요하며, e-기업 자체의 핵심역량 또한 마찬가지다. 반면에 e-비즈니스가 수행되고 있는 디지털 네트워크 경제에서의 e-전략은 기존 전략들과 많은 차이점 보이고 있다. 이는 경제환경이 근본적으로 변화되고 있으며, 이에 따라 주요 경제주체들이 많은 영향을 받기 때문에 생기는 당연한 결과로 볼 수 있다. 즉 앞에서 언급한 것처럼 「전략」이라는 포도주를 둘러싼 포도주 숙성통의 주위 환경이 변화함에 따라 전략의 내용과 성격이 변하는 것으로 볼 수 있다. 따라서 여기에서는 e-전략과 산업조직론 및 자원준거론에서의 전략을 비교함으로써, e-전략과 기존 전략과의 차이점 통해 e-전략을 조명해보도록 하겠다.

(1) 산업조직론의 전략 대 e-전략

산업조직론의 대표주자로 불리는 포터는 기업이 산업 내에서 자신의 위치를 지키며, 지속적인 경쟁우위를 누리기 위한 본원적인 전략을 제시했다. 포터에 따르면 원가우위(cost leadership)전략과, 차별화(differentiation)전략이 바로 그것이다.

① 원가우위전략

먼저, 원가우위전략은 경험곡선의 개념을 기본 전제로 해서 보편화된 것으로서, 특정 기업에서 원가를 낮추기 위한 일련의 기능별 정책을 통해 산업 내에서 원가상의 우위를 달성하는 것이다. 이 때 원가상의 우위를 확보하기 위한 구체적인 방법으로 적정 규모 설비의 건설, 경험을 통한 원가절감 추구, 원가와 총경비에 대한 엄격한 통제, 한계고객과의 거래 회피, R & D · 서비스 · 영업인력 · 광고 등에서의 원가 최소화 등을 생각할 수 있다. 이와 같은 여러 가지 기능 분야에서 공통적으로 원가절감의 목표를 달성하기 위해서는 원가 통제에 대한 경영자의 지속적인 관심이 필요하다. 물론 경영자들이 품질이나 서비스 등의 기타 영역을 전혀 무시해도 좋다는 뜻은 아니고, 다만 경쟁기업에 비해 낮은 원가를 달성하는 데 저원가 전략의 초점이 주어진다.

원가상의 우위를 확보한 기업은 경쟁이 심한 경우에도 산업 전체의 평균보다 높은 수익을 얻게 된다. 즉 과도한 경쟁으로 인해 경쟁기업이 이익을 남기지 못할 때에도 원가상의 우위를 가진 기업에서는 상대적으로 수익을 올릴 수 있게 되는 것이다. 또한 구매자들도 두번째로 원가가 낮은 기업의 수준으로 가격을 끌어내릴 수밖에 없기 때문에 저원가 선도기업은 강력한 구매자들로부터도 보호를 받는다. 이런 기업은 투입비용 증가에 대해서도 탄력성을 갖기 때문에 강력한 공급자들로부터도 보호를 받을 수 있다. 원가를 낮게 만드는 요소들은 규모의 경제 또는 원가상의 이점 형태로 그 기업에게 강력한 진입장벽을 제공해 잠재적 경쟁자의 진입을 막기도 한다. 마지막으로 원가우위를 가진 기업은 대체품에 대해 경쟁기업들보다 우월한 위치에 서게 된다.

이처럼 원가우위전략은 경쟁기업, 구매자, 공급자, 잠재적 경쟁자, 대체품과 같은 다섯 가지의 경쟁력 결정요소로부터 기업을 보호한다. 그리고 구매자 또는 공급자와의 협상(bargaining)은 두번째로 효율적인 경쟁기업이 제거될 때까지만 이익을 깎아내릴 뿐이다. 또 경쟁적 압력에 직면해 가장 먼저 시련을 겪게 될 기업은 효율적이지 못한 경쟁기업이다.

② 차별화전략

두번째 본원적 전략인 차별화전략은 기업이 제공하는 제품이나 서비스를 차별화함으로써 산업 전반에 걸쳐서 그 기업이 독특하다고 인식될 수 있는 그 무엇을 창조하는 것이다. 차별화에는 고객에 대한 서비스, 디자인, 상표 이미지와 기술 등 여러 방법이 있을 수 있다. 또한 기업이 여러 분야에서 차별화할 수도 있다. 그러나 차별화 전략을 채택한다고 해서 원가를 무시해도 좋다는 얘기는 아니고, 다만 원가가 제일의 전략적 목표가 아니라는 것뿐이다.

원가우위전략과는 다른 방법을 통해서 이기는 하지만, 차별화는 일단 성취되기만 하면 공급자, 구매자, 잠재적인 진출기업, 대체품, 산업 내 경쟁기업과 기존 기업 사이의 경쟁과 같은 산업 경쟁을 유발하는 다섯 가지 요소에 대항해 기업을 보호해주기 때문에 산업 평균 이상의 수익을 제공해준다.

고객들의 상표 충성도와 가격의 비탄력성으로 인해 경쟁에 시달리지 않아도 되며, 이윤을 증가시키므로 낮은 원가체계를 반드시 가져야 할 당위성이 없어진다. 그리고 경쟁기업이 차별화된 기업의 특성을 극복해야 하는 필요성 및 고객의 충성도로 인해 진입장벽은 점점 더 높아진다. 구매자는 비교할 만한 대체품이 없기 때문에 가격에 대해 비탄력적으로 되고 협상 능력을 행사하지 못한다. 차별화 전략을 채택해 고객의 충성도를 높인 기업은 경쟁기업의 대체품에 비해 좀더 나은 지위에 있게 된다.

이와 같은 본원적 전략은 또한 서로 다른 지도자의 유형을 요구하며, 서로 다른 조직 문화와 분위기, 그리고 서로 다른 종류의 인재를 필요로 한다. 〈표 5-2〉는 지금까지 설명한 두 가지 본원적 전략의 특징을 요약한 것이다.

<표 5-2> 두 가지 본원적 전략의 특징

본원적 전략	기술과 자원	조직요건
원가우위	• 지속적인 자본조달과 자본투자 • 공정 공학기술(process engineering skills) • 노동력에 대한 집중적 감독 • 제조에 용이하게 설계된 제품 • 유통 시스템의 원가 절감	• 철저한 원가관리 • 빈번하고 자세한 통제보고 • 구조화된 조직과 책임 • 양적 목표달성 정도에 기초한 자극 임금제도
차별화	• 강력한 마케팅 능력 • 제품공학 • 창의적 재능 • 기초 연구분야의 우수한 능력 • 질적 또는 기술상의 기업 명성 • 동일 산업 내에서의 오랜 역사나 다른 산업에서 얻은 기술의 독특한 결합 • 유통경로로부터의 협동	• R&D, 제품 개발, 마케팅 분야의 상호 조정 • 양적 측정에 대신한 주관적 측정과 자극 임금제도 • 고도로 발달된 기술, 과학자, 창의적인 인재를 유인할 수 있는 좋은 분위기

③ e-전략의 차이 : 원가우위와 차별화의 동시추구[28]

포터의 주장에 따르면 두 가지 본원적 전략인 원가우위전략과 차별화전략은 양립될 수 없다. 왜냐하면 원가우위전략은 낮은 원가를 유지하기 위해 추가적인 제품 특성이나 서비스를 없앤 표준화된 제품을 소비자에게 제공해야 하는 반면, 차별화전략은 소비자에게 특별한 혜택을 제공하기 위해 추가적인 비용이 소요되기 때문이다. 따라서 두 가지 본원적 전략은 경쟁력 결정요소에 대응해 생존하고자 하는 상호 대체적인 전략으로 볼 수 있다. 즉 기업은 차별화 전략과 원가우위전략 가운데 하나를 취사선택해서, 자신에게 유리한 전략적 포지셔닝을

---

28 Dong-Sung Cho & Yong-Sauk Hau, "E-Generic Strategies for e-business environment," The *E-bussiness* Review, 2001, 논문 내용 부분 인용.

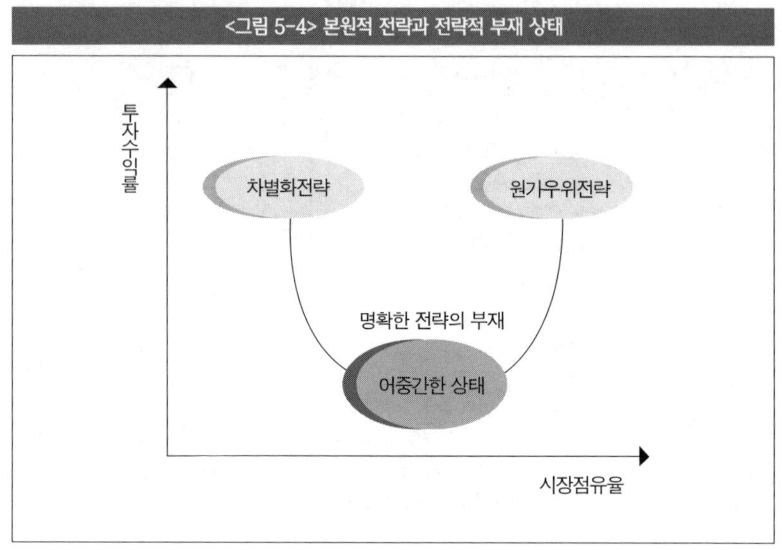

해야만 한다.

반면 본원적 전략 가운데 어느 하나도 수행하지 못하는 어중간한 상태에 있는 기업은 〈그림 5-4〉에서 볼 수 있는 것처럼, 아주 보잘것없는 전략적 상황에 놓여 있는 셈이다. 즉 그 기업은 시장점유율, 자본투자, 원가우위, 차별화 등이 결여되어 있는 상태인 것이다.

어중간한 상태에 놓여 있는 기업은 대부분 낮은 수익성에 시달린다. 그들은 낮은 가격을 요구하는 대규모 고객을 잃거나, 원가우위를 확보하고 있는 경쟁기업에 밀려 이익을 포기해야 한다.

예컨대 적재용 트럭 산업에서 미국 내에서뿐만 아니라 세계적으로도 높은 시장점유율을 점하던 클라크 장비회사(Clark Equipment Co.)가 이런 어중간한 상태에 빠지게 되었다. 도요타(Toyota)와 고마츠(Komatsu) 등 일본 제조업체가 대량 고객만을 대상으로 생산원가를 최소화하고, 수송비를 상쇄하고도 남음이 있었던 일본의 저렴한 철강 가격을 이용해 최저가격으로 침투하는 전략을 채택했기 때문이다. 클라크는 다양한 제품 라인과 원가절감에 대한 관심 부족으로 인해 높은 시장점유율을 점하고 있기는 했지만 원가우위를 확보하지 못하고 있었다. 반면 대형 적재용 트럭에 중점을 두고 R&D에 많은 투자를 아끼지 않았던 하이스터(Hyster)사에서는 기술상의 명성과 제품 차별화를 통해 강력한 위치를 구축했다. 따라서 클라크의 수익이 하이스터에 비해 낮게 나타난 것이다.

집중화나 차별화는 시장점유율의 저하나 절대판매액의 감소까지 초래하므로, 본원적 전략 가운데 어떤 것을 선택하느냐의 문제는 필연적으로 기업의 능력과 한계에 달려 있다. 각 본원적 전략을 성공적으로 수행하는 데는 서로 다른 자원과 능력 및 조직의 관리방식이 적용되어야 하며, 두 전략 모두에 적합한 능력을 가진 기업은 극히 드물다.

일단 어중간한 상태에 빠져들게 되면 그 상황에서 벗어나기 위해 많은 시간과 지속적인 노력이 소요된다. 어려움에 처한 기업은 두 가지의 본원적 전략 사이에서 우왕좌왕하는 경향을 볼 수 있고, 그와 같은 일관성 결여로 말미암아 실패 가능성이 높아진다.

이런 점에서 우리는 시장점유율과 수익성과의 관계를 알 수 있다. 일반적으로 집중화되거나 차별화된 기업과 원가우위를 지닌 기업의 수익성이 가장 높고, 어중간한 상태에 빠진 기업은 수익성이 낮다. 따라서 〈그림 5-4〉에서 보는 것처럼 U자형의 관계가 존재한다.

그러나 e-전략에서는 차별화전략과 원가우위전략 가운데 하나를 취사선택해 집중화할 필요가 없다. 왜냐하면 e-비즈니스에서는 IT의 전략적 활용을 통해 차별화와 함께 원가우위를 이룰 수 있기 때문이

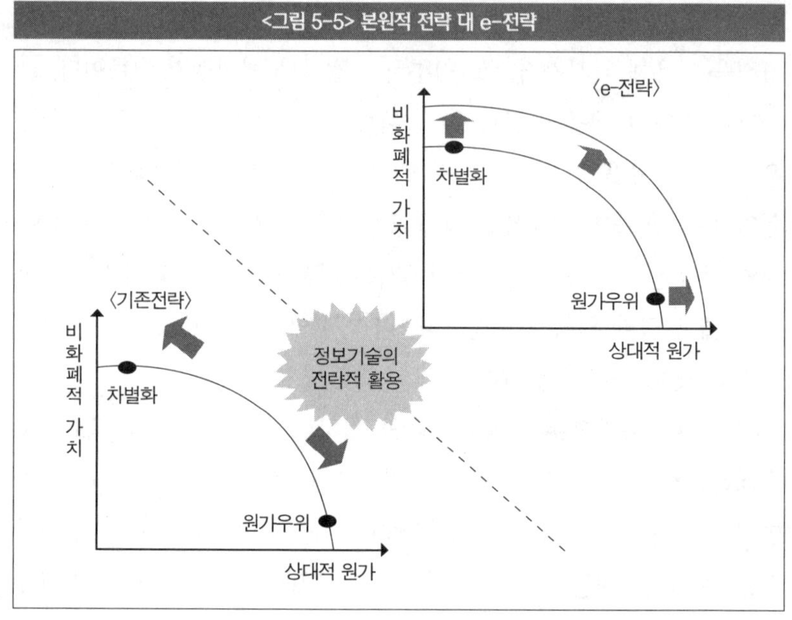

다. 이를 좀더 구체화하면 〈그림 5-5〉와 같다. 이 그림에서 볼 수 있는 것처럼 정보와 지식이 사회경제적 가치창출의 원천인 현재와 같은 디지털 네트워크 경제에서 e-기업은 정보기술의 전략적 활용을 통해 차별화와 동시에 원가 절감을 통한 원가우위를 꾀할 수 있다.

한 가지 예로, 웹을 이용할 경우 미국 은행의 소매금융 거래당 평균 비용은 지점 직원을 통한 거래에 비해 90%나 절감된다고 한다. 즉 오늘날 e-기업은 인터넷을 통해 웹사이트상에서 소비자와 직거래를 함으로써, 막대한 유통비용을 절감할 수 있다. 그리고 소비자들에 대한 정보수집이 신속히 이루어짐으로써 마케팅 비용까지 절감할 수 있다. 또이와 같은 각종 비용절감은 e-기업의 제품과 서비스 향상의 밑거름이 되어, 동시에 차별화를 가능케 한다.

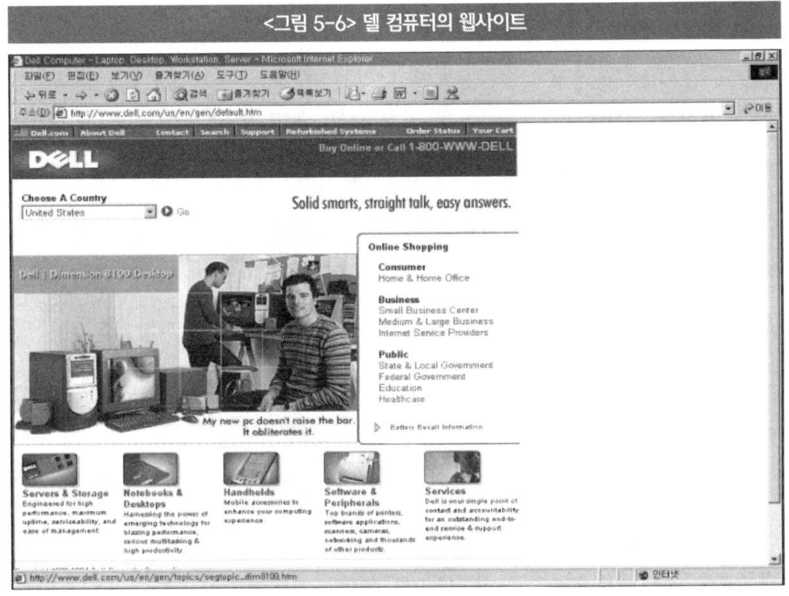

<그림 5-6>과 같은 델 컴퓨터(www.dell.com)는 원가우위와 차별화를 동시에 달성한 대표적인 예라고 할 수 있다. 1996년 7월에 처음으로 온라인 웹사이트를 통해, 사업을 시작한 델 컴퓨터는 웹사이트를 통해 고객들이 각자의 요구에 맞는 컴퓨터를 직접 주문할 수 있도록 배려했다. 그리고 주문 내역을 바꿀 때마다 가격이 어떻게 변하는지 고객이 직접 볼 수 있도록 했다. 또 고객은 편한 시간에 자신의 주문처리 상태를 확인할 수 있었고, 심지어 온라인을 통해 기술 지원까지 받을 수 있었다. 게다가 온라인상의 델 컴퓨터 상점은 24시간 열려 있었으며, 소매상에 대한 반응 또한 폭발적이었다. 매주 웹사이트를 방문하는 사람들이 몇 십만 명에 달했으며, 그 결과 델 컴퓨터에게 몇 백만 달러의 이익을 안겨주었다. 그리고 델 컴퓨터는 개인용 컴퓨터

산업에서 직접 모델(direct model)의 선구자로서 경쟁우위를 창출했다. 즉 다른 경쟁자들은 주로 유통업자나 소매상 또는 도매상 등을 이용해 제품을 판매하는 반면, 델 컴퓨터는 온라인 웹사이트를 통해 고객에게 직접 주문을 받았다. 게다가 델 컴퓨터는 일단 주문을 받으면 컴퓨터의 명세서를 신속히 만들고 이를 최단시간 안에 제품화해 고객에게 직접 완성품을 배송함으로써 엄청난 유통비용의 절감 및 소비자 만족을 이룩할 수 있었다. 한 마디로 델 컴퓨터는 웹사이트를 전략적으로 활용함으로써, 차별화와 함께 원가우위를 동시에 달성한 대표적인 예로 볼 수 있다.

그런데 여기에서 주의해야 할 점은, 원가우위를 통한 1980년대 일본기업들의 제품 차별화는 대표적인 e-기업인 델 컴퓨터의 경우와는 매우 다르다는 점이다. 도요타의 JIT(just in time) 시스템으로 대표되는 종합적 품질경영(total quality management : TQM) 또는 종합적 품질관리(total quality control : TQC)는 관리계획→관리실행→관리평가가 주된 경영활동인 관리중심의 경영에 따른 결과이며, 전략경영의 결과가 아니다. 그러나 e-비즈니스는 전술한 것처럼「전략지향적 비즈니스」이므로, e-비즈니스를 통한 원가우위와 차별화의 동시달성은 전략계획→전략실행→전략평가 프로세스 중심의 전략경영의 결과인 것이다.

결론적으로 디지털 혁명과 인터넷 혁명을 발판으로 한 정보기술의 눈부신 발전으로 인해 기본적으로 정보의 저장·분배·접근·비교 등 정보관련 활동을 매우 효율적이며 효과적으로 수행할 수 있게 되었다. 그에 따라 e-기업들이 차별화와 원가우위를 동시에 수행할 수 있는 결과를 낳았다. 따라서 e-비즈니스 전략은 차별화전략이나 원가우위전략 가운데 하나를 선택하는 기존의 전략과는 달리 차별화와 원가를 동시에 추구함으로써, 궁극적으로 생산성 한계를 지속적으로 확장하는 데 전략적 초점이 있는 것이 본원적 전략과의 가장 큰 차이점이다.

(2) 자원준거론의 전략 대 e-전략

기업의 차별적 성과를 설명하는 최근의 시각은 개별기업의 특이성에 중점을 두는 자원준거 관점이다. 자원준거 관점의 이론적 핵심은 기업을 유형자원과 무형자원의 독특한 집합체로 파악하는 것이다. 즉 기업은 오랜 기간에 걸쳐 나름대로 독특한 자원과 능력을 결합하고 구축해가는데, 바로 이들 자원과 능력의 차별적 역량에 근거해 경쟁우위를 얻을 수 있다는 것이다.

특히 자원준거 관점은 기존연구들이 상대적으로 등한시했던 조직능력, 핵심역량, 기업문화, 경영자의 능력 등과 같은 무형자산을 중요하게 다루고 있다. 이런 자산은 대부분 무형적이며 암묵적이므로 경쟁기업이 쉽게 구입하거나 모방하기가 어렵다. 따라서 기업의 경쟁우위는 바로 이러한 특징을 지닌 자원과 능력을 통해 뒷받침될 때만 지속될 수 있다는 것이다.

이 관점에 따르면, 산업조직론과는 달리 기업의 성공은 기업을 둘러싼 환경요인이 아니라 기업이 보유하고 있는 내부의 특수한 자원에 따라 결정된다. 동일한 산업에 속한 기업이라 할지라도 기업마다 환경변화에 대응하는 방식이 다른데, 그 이유는 바로 기업이 보유한 저마다의 자원이 다르기 때문이다. 따라서 기업이 성공하기 위해서는 환경변화를 빨리 파악하고 이에 적합한 전략을 수립하는 것도 중요하지만, 이보다 더 중요한 것은 수립된 전략을 실행하는 일이라고 본다.

따라서 자원준거론에서는 사업성공의 핵심요인으로서, 다음과 같은 핵심역량이 차지하는 비중이 매우 크다.

① 핵심역량

기업을 한 그루의 나무라 할 때 줄기와 큰 가지들은 핵심제품이 되고, 잎과 꽃과 열매는 최종제품이 될 것이다. 기업의 핵심역량(core capability)이란 바로 이들 제품에 영양을 보충해주고 더욱더 튼튼히 자랄 수 있는 토대를 마련해주는 뿌리라 할 수 있다. 따라서 기업의 꽃과 열매인 최종제품을 풍성하고 알차게 수확하려면 그 기업의 뿌리인 핵심역량, 즉 전략적 자산의 확보와 증식이 이루어져야 한다.

가치사슬상의 특정 요소에 대한 기술 및 생산능력을 강조하는 핵심능력(core competence)과는 달리, 핵심역량은 가치사슬 전체를 포괄하는 광범위한 개념이다. 핵심능력의 개념에서 보면, 오토바이에서 시작해 잔디 깎는 기계, 소형선박용 모터, 자동차 등과 같은 상이한 사업분야로 진출한 혼다(Honda)의 성공요인은 엔진과 동력 전달기관에 대한 핵심능력을 보유한 데서 찾을 수 있다. 그러나 엔진에 대한 혼다의 핵심능력이 중요하긴 하지만, 이것만으로는 이 회사가 지금까지 20여 년에 걸쳐 광범위한 사업 분야에서 성공을 거두어온 사실을 모두 설명할 수 없다. 왜냐하면 GM과 같은 경쟁기업도 엔진에 관해서는 탁월한 디자인 및 제조 능력을 확보하고 있기 때문이다. 혼다가 이런 기업과 구별될 수 있는 것은 핵심능력 외에 「대리점 관리능력」이나 「제품 구현능력」과 같이 좀더 광범위한 핵심역량을 강조하고 있다는 점이다. 즉 핵심역량은 하드 스킬(hard skill)뿐만 아니라 소프트 스킬(soft skill, 즉 마케팅이나 고객 서비스 등)까지도 포함하는 특정 회사만의 차별적 강점을 의미하는 것으로 이해되어야 할 것이다. 이처럼 핵심역량은 남들이 쉽게 모방할 수 없는 차별적 능력을 의미하기 때문에 시장에서의 리더십 장악을 가능하게 해준다. 또 기업이 특정 사업 분야뿐만 아니라 그것을 바탕으로 관련되는 사업 분야에서도 성공할 수 있는 기회를 제공해준다.

이러한 내용을 종합해볼 때 핵심역량은 본질적으로 최종제품이나 사업단위의 시장전략 및 제품 믹스에 구애받지 않는, 좀더 근본적인 조직능력이라고도 할 수 있다. 그리고 기존의 자원준거관점에서 말하는 협의의 핵심역량 외에 조직능력까지도 포함하는 광의의 개념으로 이해해야 한다.

② e-전략의 차이 : 환경변화에 대한 전략적 분석 및 활용의 중요성

기본적으로 e-비즈니스 사업이 성공하기 위해서는 자원준거론에서 주장하는 전략의 결정요소인 핵심역량이 반드시 필요하다. 즉 디지털 정보 기술과 인터넷 네트워크 기술을 통해 제품 및 서비스를 소비자에게 제공할 경우 다른 기업과 충분히 차별화시킬 수 있는 핵심역량이 없는 e-기업은 궁극적으로 전자시장에서 생존할 수 없다. 최근 제품이나 서비스 또는 조직능력과 같은 핵심역량도 없이 단지 인터넷에 웹사이트를 만들고 사업에 뛰어들어, 이미 예상된 실패를 맛보고 있는 수많은 인터넷 벤처기업들이 좋은 예라고 볼 수 있다.

그러나 e-전략의 경우, 자원준거론에서 주장하는 것처럼 핵심역량의 보유만으로 사업의 성공이 보장될 수는 없다는 점에서 큰 차이가

있다. 왜냐하면 e-비즈니스의 기본적인 골격이 되고 있는 디지털 정보 기술과 인터넷 네트워크 기술은 그 어느 때보다도 빠르게 변화하고 있기 때문이다. 이 변화는 결국 전자시장의 구조와 시장 참가자들에게 엄청난 기회인 동시에 생존과 직결되는 위협으로 작용하고 있다. 따라서 e-전략에서는 단지 기업의 핵심역량을 증대해 이를 전략적으로 잘 활용하는 것에만 초점을 두어서는 안된다. 오히려 전자시장의 기술적 환경 변화와 이에 따른 경쟁자의 대응을 면밀히 분석해, 환경변화에 따라 필연적으로 수반하는 변화에 전략적으로 대응함으로써 이를 기회로 이용할 수 있는, 환경 변화의 전략적 분석과 활용이 기업 핵심역량의 증대 못지않게 중요하다고 볼 수 있다. 즉 e-전략에서 기업을 둘러싼 전자시장의 환경적 요소는 기업의 전략계획, 전략실행, 전략평가 등 일련의 전략경영 프로세스상에서 항상 고려되어야 할 핵심요소라고 볼 수 있다. 그리고 핵심역량은 e-기업이 사업의 성공을 위해 기본적으로 갖추어야 할 기본요소라고 할 수 있다.

제5장의 앞 부분에서 언급한 브리태니커의 사례는 신경제, 즉 디지털 네트워크 경제에서 환경 변화의 전략적 분석과 활용이 기업 자체의 핵심역량 증대에 못지않게 중요하다는 점을 잘 보여주고 있다.[29]

인터넷 시대에 무용지물로 전락될 위기에 처한 브리태니커는 결국 1999년 10월 일반인이 서른두 권의 백과사전을 온라인을 통해 무료로 열람할 수 있도록 하는 승부수를 던졌다. 즉 브리태니커 백과사전의 존폐 위기에서 고육책으로 마지막 승부수를 띄운 것으로 볼 수 있다.

브리태니커는 인터넷 시대의 총아인 아마존이나 야후 등처럼 전자

---

29 *The Korea Times Daily*, 1999년 10월 21일 기사 수정 인용.

시대에 새로운 도약을 시도하고 있다. 〈그림 5-7〉과 같은 브리태니커의 웹사이트(www.britannica.com)는 백과사전 외에 신문, 통신사, 70여 개의 잡지사에도 자동 연결된다. 또 e메일이나 일기예보, 주식시황 등을 알아볼 수 있는 서비스도 첨가돼 있다. 브리태니커는 인터넷을 전담하기 위해 브리태니커닷컴(Britannica.com)사를 만들었다. 브리태니커닷컴의 댄 야니아스(Dan Yanias) 회장은 『오늘은 지식을 갈구하는 사람들에게 기념비적인 날』이라고 평가했다.

그러나 일부에서는 브리태나카의 웹사이트에서 정보를 찾으려면 곳곳에 게재된 광고를 지나야 하므로 일반인들이 적지 않은 불편을 겪게 될 것이라고 지적했다.

230여 년 역사를 자랑하는 브리태니커 백과사전은 한 질에 1,250달러로 지난 1989년 전성기에는 6,500만 달러어치가 팔렸으며 직원도

〈그림 5-7〉 브리태니커의 웹사이트

2,300명이나 됐으나, 요즘은 사세가 기울어 겨우 350여 명이 회사를 꾸려나가고 있다.

브리태니커가 유구한 역사 속에서 보유해왔던 핵심역량만을 너무 과신하지 않고, 환경 변화에 따른 전략적 분석을 바탕으로 변화를 기회로 활용하려는 의지가 좀더 일찍 선행되었더라면, 오늘날과 같은 지경에 처하지는 않았을 것이다.

B2B 이후는 C2B?

지난 3월 오토바이텔, 오토웹 등 미국 굴지의 자동차 전자상거래 회사와 업무제휴를 맺기 위해 미국을 방문 중이던 한모 인터넷 회사 사장은 이들 회사의 주가가 불과 1주일 사이에 반으로 폭락하는 것을 보고 제휴 조건도 제시하지 않은 채 급거 귀국했다. 그는 귀국 즉시 개인을 위한 자동차 구매대행 사업을 중단하고, 기업을 위한 온라인 자동차 구매대행 · 정비대행 · 운영대행 사업을 시작했다.

1주일 후 국내 신문에서도 인터넷 시장에서 기업이 개인을 고객으로 하는 B2C 시대가 가고, 기업이 기업을 고객으로 하는 B2B 시대가 온다는 소식을 전했다. 그러자 B2C를 주로 하던 기존의 전자상거래 관련 벤처기업의 주가가 폭락했다.

그로부터 반 년도 안 된 오늘날, 신문에는 B2B 사업도 머잖아 인기를 잃고 새로운 사업이 등장할 것이라는 기사가 보도되고 있다. 컨설턴트들도 앞으로 어느 분야가 등장할 것인가를 놓고 설왕설래하고 있다. 이에 대한 정답은 과연 무엇이겠는가.

언뜻 가상공간에서 이루어지는 인터넷 사업에는 무한한 사업기회가 있는 듯이 보이지만, 경제학의 기본 틀을 적용하면 가능한 사업기회를 쉽게 파악할 수 있다. 경제이론에서는 시장에서 경제활동을 담당하는 주체로서 기업(B), 가계(C), 정부(G)를 들고 있다. 따라서 이 세 가지 주체를 조합하면 다음과 같이 아홉 가지 사업 대안이 나온다. 즉 B2C, B2B, B2G, C2C, C2B, C2G, G2C, G2B, G2G 등이다.

인터넷 시장에서 제일 먼저 선을 보인 사업은 소비자를 고객으로 하는 유통업, 즉 B2C였다. 그리고 그 선두주자는 1995년 설립된 온라인 서점인 아마존 닷컴이었다. 지난 다섯 해 동안 봇물 터지듯이 나타난 온라인 회사들 역시 주로 일반 소비자를 고객으로 한 전자상거래 기업이었다.

실물시장에서는 물리적 공간을 비롯해 언어나 국경선 등 수많은 제약으로 인해, 세계 시장은 물론 국내 시장도 수많은 세부 시장으로 분할된다. 따라서 실물시장에서는 전세계를 지배하는 기업을 찾아보기 어렵고, 국가나 지역별로 다수의 기업이 경쟁하는 것이 보통이다.

반면에 인터넷 시장은 공간적 한계를 극복하고 있을 뿐 아니라 영어로 언어가 통일되어 있고, 국경선에 존재하는 관세 장벽도 적용되지 않는 등 전세계를 하나로 묶는 위력을 발휘하고 있다. 따라서 인터넷 시장, 또는 인터넷을 대상으로 하는 산업에서는 마이크로소프트와 같은 선두주자가 시장을 독점하는 현상이 보편적이다. 이처럼 2등, 3등이 의미 없는 인터넷 시장에서는 새로운 회사의 창립이 곧 실패를 의미하는 것이다.

따라서 B2C 시대가 갔다는 신문기사는 정확한 표현이 아니다. 이보다는 무주공산과 같은 인터넷 시장에 지난 다섯 해 동안 여러 기업이 진출해서 선도적인 위치를 차지한 결과 남은 영역이 없어졌고, 이제는 창업을 통한 성공 가능성이 없다는 해석이 더 타당하다.

B2C 다음으로 인터넷 기업들의 관심을 끌게 된 시장은 기업을 고객으로 하

는 유통업이었고, 이 시장에서 본격적인 각축전이 벌어졌다. 다만, 저가나 편의성 등 자신의 이익을 추구하는 소비자가 합리적으로 판단하고 결정하는 B2C 사업과 달리, 구매나 물류 등의 내부 기능을 인터넷 기업이 외부에서 대행해주는 B2B 사업은 구매 책임자와 같은 내부기능 담당자로부터 거부당할 가능성이 높다. 세무자료가 노출되는 것을 꺼리는 경영자도 B2B 사업을 회피하려는 경향을 보인다.

B2B 사업이 이와 같은 구조적 한계를 극복하고 자리를 잡으려면 앞으로도 최소한 다섯 해는 더 필요하다. 그러므로 B2B 사업이 한계에 이르렀다는 표현은 옳지 않으며, 여러 가지 한계를 극복하면서 본격적으로 사업을 벌일 때가 왔다고 보아야 한다.

다만, 인터넷 기업은 B2C나 B2B 이외의 새로운 사업 영역에서 선두주자가 되기 위한 노력을 해야 한다. 앞에서 제시한 아홉 가지 영역 가운데 세번째로 각광을 받을 사업은 C2B다.

토플러가 1980년에 이미 갈파했듯이, 정보화 시대의 특징은 기업에서 고객으로 나가는 일방적 관계가 아니라 고객에서 기업으로 연결되는 역방향, 그리고 양자를 통합한 쌍방향이다. 따라서 고객 정보를 기업에게 제공해서 새로운 제품과 서비스를 만드는 데이터베이스 마케팅뿐 아니라, 고객과 기업이 함께 새로운 시장과 새로운 산업을 만들어내는 환경창조 경영이 인터넷 시대를 선도하는 전략으로 등장할 것이다.

—〈한국일보〉 2000년 8월 8일

e-비즈니스의 추세와 e-마켓에서의 변화

앞에서 언급한 것처럼 e-비즈니스의 성공을 위해서는 환경 변화에 대한 전략적 분석과 활용이 매우 중요하다. 따라서 이번 절에서는 이를 위해 e-기업들이 간과해서는 안 될 e-비즈니스의 주요 추세와 전자시장에서의 변화, 즉 전자시장에서 시장·소비자·공급자(기업)의 변화를 살펴봄으로써, 다음 장에서 제시될 e-전략 패러다임에 대한 이해의 폭을 넓히도록 하겠다.

1. e-비즈니스의 추세[30]

e-비즈니스의 성공을 위한 전략 패러다임을 이해하기 위해서는 무엇보다도 e-비즈니스의 추세와 패턴을 단순한 유행과 구별해 명확히

이해하는 것이 필수다. 왜냐하면 유행은 그 속성상 급속히 파급되나 곧 시들어버리기 마련이며, 추세는 서서히 발전해 5~10년 이상 지속되다가 급속도로 진보하기 때문이다. 「웹」은 이와 같은 추세의 가장 좋은 예 가운데 하나다. 웹은 1989년 스위스의 외딴 연구실에서 시작되어, 모자이크 브라우저가 등장하면서 대중에게 급속히 전파되었다. 웹이 오늘날처럼 발전하리라고는 그 누구도 상상조차 못했다.

우수한 경영자는 사업의 주요 흐름을 파악하려면 사업의 추세를 먼저 이해해야 한다. 만약 경영자가 추세를 파악하지 못한다면, 그 기업은 거대한 폭풍우 속에서 바람과 물결이 어디로 흘러가는지도 모르고 항해를 계속하는 풍전등화와 같은 운명에 놓일 것이다.

따라서 여기에서는 많은 조직들을 e-기업으로 변모시키고 있는 e-비즈니스의 주요 추세에 대해 살펴보도록 하겠다.

(1) 신속한 서비스

고객들은 서비스의 속도를 특정 기업과 거래하는 주요 요인 가운데 하나로 여긴다. 고객들은 지연을 싫어하며, 엄밀히 말해 서비스를 기다리는 것 자체를 매우 싫어한다. 자동차를 운전하면서 오일을 바꾸거나 패스트푸드를 즐길 수 있는 사업이 성공한 가장 큰 이유는 고객들이 서비스를 기다릴 필요가 없기 때문이다. 온라인상에서 자동차를 구입하고 은행업무를 보는 새로운 추세 또한 마찬가지의 이유다.

이와 같은 추세가 e-기업에게 주는 의미는 명약관화하다. 즉 e-비

---

30 Kalakota & Robinson, *e-Business : Roadmap for success Success*, Addison-Wesley, 1999, pp. 30~42.

즈니스 기업이 성공하기 위해서는 고객이 제품이나 서비스를 고르고 선택한 후 주문을 하고 이 주문이 이루어질 때까지의 모든 프로세스상에 사용되는 시간을 단축시켜야만 한다는 것이다. 결국 모든 프로세스상에서의 지연은 결코 용납될 수 없는 것이다.

그렇다면 왜 이러한 프로세스상의 지연이 일어나는가. 종종 프로세스상의 업무처리가 중복되기 때문이다. 즉 고객이 제품을 주문하는 절차에서, 일정한 양식을 작성하고 이를 다시 확인해야 한다거나, 제품의 생산이나 배달에 있어서 관련부서의 업무가 비효율적으로 중복되어 있는 경우 프로세스상의 지연은 필연적으로 발생할 수밖에 없다. 따라서 기업들은 업무의 중복으로 인한 프로세스상의 지연을 막기 위해 통합 시스템(intergrated system)에 엄청난 자금을 사용하고 있다.

결국 위와 같은 현상이 기업들에게 주는 시사점은, 경쟁이 한층 더 치열해지고, 기업의 마진율이 떨어지며 유사한 제품들이 쏟아져나오는 시장환경 속에서 시간에 굶주린 고객들의 욕구를 충족시키려면 e-비즈니스의 적용을 통해 제품이나 서비스를 기다리는 고객들의 시간을 단축시켜야만 한다는 점이다. 분명히 고객들은 업무상의 실수나 지연 등으로 고객의 시간을 뺏는 기업에게 등을 돌릴 것이며, 자신들의 시간을 절약해줄 경쟁기업에게로 갈 것이다.

따라서 경영자들이 서비스 지연과 관련된 문제를 이해하고 진단하는 것은 무척 중요하다. 그러므로 과연 통합 시스템이 서비스 속도를 향상시킬 수 있는지의 여부에 대한 충분한 분석이 필요하다. 그러나 불행하게도 몇몇 e-기업의 경영자들은 빠른 서비스의 제공을 요구하는 고객들의 목소리에 늦게 귀를 기울이고 있는데, 이러한 기업의 사업은 그리 오래 가지 못할 것이다.

(2) 셀프서비스의 증대

불편함과 빈약한 서비스는 고객에게 매우 안 좋은 이미지를 오랫동안 남기므로, 고객은 자신들의 시간을 가치 있게 사용하기 위한 다른 방안을 찾기 마련이다. 오늘날 구매력이 급속히 신장된 고객들은 구매 프로세스에 중개인을 개입시키기보다는 중간인의 도움 없이 하루 24시간 이용할 수 있는 시스템을 이용해 스스로 정보를 탐색하고 제품을 구매하는 셀프서비스(self-service)를 선호한다.

e-비즈니스 상에서 소비자의 셀프서비스로 인해 비즈니스에는 실제로 많은 변화가 일어나고 있다. 판매자와 구매자들이 온라인에서 직거래를 통해 스스로 자신들의 욕구를 충분히 충족시킬 수 있다는 것을 인식하기 시작한 후, 부동산·보험·여행·자동차 구매에서부터 경매 및 소매에 이르기까지 중개인이 사라지고 있다. 그리고 실제로 몇몇 사업에서는 중개인 완전히 없어진 것이 확실하다.

전자상거래는 고객의 셀프서비스를 가능하게 만든 가장 큰 원인이며, 시장의 선도주자들은 가능하면 언제나 고객들이 셀프서비스를 할 수 있도록 하는 편리한 수단을 제공해주고 있다. 한 가지 예로 게이트웨이 컴퓨터(Gateway Computer)의 경우, 고객들은 중개인이나 판매사원과는 한 마디도 할 필요가 없이, 온라인에서 자신이 원하는 물품을 결정하고, 결정된 필요품목을 온라인으로 주문한 후 새로운 결제시스템을 이용해 대금을 지불하고 나면 편리하게 제품의 구매를 끝낼 수 있다.

셀프서비스의 또 다른 좋은 예는 온라인 무역(online trading)이다. E*트레이드(E*TRADE)나 e슈왑(eSchwab)과 같은 회사들은 브로커의 도움 없이 시간과 장소에 구애받지 않고 고객들이 자신의 은행계좌에 접근해 업무를 볼 수 있게 함으로써 고객의 편의를 증진시킨다.

이와 같은 셀프서비스의 활용은 온라인 여행산업에서도 급격히 증가하고 있다. 레저나 사업을 위한 여행객 가운데 점점 더 많은 사람들이 인터넷을 통해 호텔이나 숙박시설을 예약하고 있다. 따라서 결과적으로 마이크로소프트 익스피디아(Microsoft Expedia), 프리뷰 트래블(Preview Travel), 인터넷 트래블 네트워크(Internet Travel Network : ITN) 등의 서비스가 고객들 사이에 매력적인 선택으로 각광받게 되었다. 이러한 서비스를 이용함으로써 고객들은 좀더 빠르고 손쉽게 웹사이트를 통해 호텔을 예약할 수 있다. 즉 전자매체를 통해 기업들은 고객의 여행 및 숙박 예약신청과 확인절차를 자동화할 수 있다. 이에 따라 기존의 물리적인 방법에서 수반되는 많은 비용을 줄일 수 있고, 고객의 욕구를 좀더 신속히 충족시켜줄 수 있다.

서비스 산업의 기업들에게 셀프서비스에 대한 고객의 이와 같은 욕구는 많은 영향을 끼치고 있다. 왜냐하면 서비스가 현실화되기 위해서는 새로운 기반구조가 먼저 구축되어야 하며, 새로운 프로세스를 능률적으로 수행하기 위한 새로운 규약이 만들어져야만 되기 때문이다. 그러므로 이와 같은 서비스를 제공하지 않던 기존기업들은 불리한 위치에 놓여 있다. 왜냐하면 그들의 기존 어플리케이션 · 프로세스 · 시스템을 셀프서비스가 가능하도록 신속히 전환해야만 하는데, 그리 쉬운 일이 아니기 때문이다.

(3) 통합 솔루션의 제공

e-비즈니스 환경에서 소비자들은 단편적인 소매나 전자유통 채널 (electronic distribution channel)을 필요로 하지 않는다. 소비자들은 원스톱(one stop) 쇼핑 욕구를 풀어줄 통합된 서비스를 제공하는 비즈니스를 원한다. 대표적인 예가 바로 원스톱(one-stop, 또는 all-under-one-roof) 솔루션에 대한 소비자들의 요구다. 즉 고객들은 「선택」의 문제를 풀기 위해 점점 더 통합 솔루션(integrated solution)을 찾고 있다. 왜냐하면 자신의 선택과정을 훨씬 쉽게 하고 싶어하기 때문이다.

월마트는 통합 솔루션 측면에서 성공한 대표적인 예다. 월마트는 시간에 쫓기고 가격에 민감한 소비자들을 위해 통합된 소매상으로 마케팅을 했다. 따라서 월마트의 원스톱 쇼핑의 실시는 고객의 충성도, 거래당 물품 수, 평균 거래규모를 크게 증가시켰다.

다른 소매상들은 월마트의 전략을 벤치마킹해 같은 창고나 웹사이트를 이용해 같은 소비자에게 더 많은 판매를 하거나 쇼핑을 좀더 쉽게 할 수 있게 하는 전략을 수행하고 있다.

또 토이즈(Toys)는 삶의 경로 통합(life-path integration)의 대표적인 예라고 볼 수 있다. 여기에서 삶의 경로란 기본적으로 고객의 삶의 경로와 함께 성장하는 비즈니스를 의미한다.

결론적으로, 위와 같은 현상이 e-기업에게 의미하는 것은 e-비즈니스 성공을 위해서는 단편적인 제품보다는 소비자의 의사결정을 더욱 쉽게 할 수 있는 통합 솔루션을 제공해야 한다는 점이다.

(4) 판매와 서비스의 통합

　대부분의 사업에서 고객을 확보하고 유지하는 것은 매우 중요하다. 고객의 확보와 유지를 통한 수익 증대는 여전히 경쟁력 확보의 필수 요건이다. 여러 연구에 따르면 기업은 보통 5년마다 자신의 고객 중 절반을 잃으며, 새로운 고객을 확보하는 데에는 기존의 고객을 유지하는 비용보다 열 배나 많은 비용이 든다고 한다.

　그러므로 고객을 지속적으로 유지하기 위해 기업들은 더 잘 정비된 판매 및 서비스의 통합과 신기술을 이용해 고객과의 관계를 발전시키고 관리하고 있다. 경쟁의 차별화 수단으로서 고객과의 관계를 극대화하는 개념은 1980년대 후반부터 주의를 끌기 시작했는데, 이 때에야 비로소 경영자들은 몇 개의 규격화된 제품만으로는 모든 고객을 만족시킬 수 없다는 것을 절실히 깨닫게 되었다.

　e-비즈니스의 경우 고객과의 관계는 사업 성공을 위한 가장 중요한 요소 가운데 하나이며, e-비즈니스의 판매와 서비스는 각각의 고객에게 알맞게 맞추어져야 한다. 이와 같은 e-비즈니스 시장환경에서 e-기업이 고객과의 관계에서 가장 주목해야 할 점은, 전통적으로 서기업이 제품 판매 이후 구매고객을 서비스 대상 그룹에 포함시킨 다음 기업에 서비스를 제공하던 방식과는 달리, e-비즈니스 고객들은 먼저 기업에 서비스를 원하며 그 다음에 구매를 하게 된다는 점이다. 그러므로 오늘날에는 서비스가 판매보다 먼저 시작되어야 하며, 고객이 회사와 갖는 모든 상호작용 속에 그대로 서비스가 내재되어야만 한다.

　소비자와의 관계는 e-기업이 성장하는 데 핵심요소다. 따라서

e-기업은 소비자의 욕구, 행동, 생활방식을 끊임없이 연구해, 이를 기업의 가치창출에 활용할 수 있어야만 한다. e-기업은 판매와 서비스 통합을 통해, 고객과의 지속적이며 우호적인 관계를 형성함으로써 기업의 가치뿐만 아니라 소비자의 가치 또한 창출해야만 하는 것이다.

(5) 서비스의 일관성과 신뢰성

e-비즈니스는 기본적으로 고객과 직접적인 접촉이 없는 인터넷 웹 사이트상에서 일어난다. 따라서 e-기업들은, 고객들이 기존의 물리적인 방식으로 이루어지던 사업에서 육안으로 직접 제품을 보고 서비스를 제공받던 것보다 더 일관성 있고 신뢰성 높은 서비스를 제공해야만 한다. 이와 같은 추세는 e-비즈니스에 참가하고 있는 전체 기업들에게 매우 중요한 의미를 제공한다. 왜냐하면 e-비즈니스가 아무리 높은 효용과 비용절감 효과를 가져다 준다 할지라도 고객들이 e-기업들로부터 제공받는 서비스를 믿을 수 없다면, 궁극적으로 고객들은 e-비즈니스 시장에 참여하기 어렵기 때문이다. 즉 e-기업들의 서비스에 일관성과 신뢰성이 없다면, 결국 고객 없는 e-비즈니스 시장만이 남게 될 뿐이다.

따라서 e-기업이 기업의 목표를 달성하기 위해서는 고객들에게 제공되는 서비스를 일부 부서에서만 담당할 것이 아니라, 전사적인 차원에서 전략적으로 관리함으로써, 고객에게 신뢰를 제공해야만 한다. 이는 몇몇 기업에만 국한되는 것이 아니라, e-비즈니스 시장에 참여하는 전체 기업의 과제라고 할 수 있다.

(6) 서비스의 탄력적인 수행과 편리한 배달의 제공

오늘날 급속히 변화하고 있는 사회환경 속에서 소비자의 다양한 욕구를 충족시키기 위해 e-기업들은 혁신적인 제품과 서비스를 만들 수밖에 없게 되었다. 이에 따라 가정으로의 직접 배달을 비롯해 다양한 방식의 독특한 서비스의 수행은 고객에 대한 직접 판매가 폭증하면서 점점 더 그 중요성이 더해가는 추세이다.

고객에게 정확한 제품을 정확한 시간에 제공하는 서비스를 수행하기 위해 e-기업들은 공급사슬을 효율화해야 한다. e-기업의 공급사슬 합리화의 대표적인 예가 바로 e-SCM(electronic-supply chain management)이다.

e-SCM은 기업의 제조부분과 유통부분의 중요한 추세로서, 공급사슬에서 시간과 재고를 비롯한 낭비요소를 제거함과 동시에 급속히 진보되고 있는 정보기술을 이용해 고객과 공급자 사이에 실시간으로 정보접근을 가능하게 한다. 즉 고객에게 한층 더 가깝게 다가갈 수 있도록 하는 가상 공동작용(virtual coordination)을 통해 긴밀한 파트너십을 형성하게 한다.

(7) 아웃소싱의 전략적 활용

오늘날처럼 치열한 경쟁 사회에서 e-기업이 기업의 모든 부분에서 핵심역량을 보유하는 것은 사실상 거의 불가능하다고 볼 수 있다. 따라서 e-기업들은 핵심역량이 있는 비즈니스 프로세스는 보유하고 나머지는 아웃소싱을 함으로써, 오히려 모든 것을 보유하는 경우보다 많은 이익을 얻고 있다. 이와 같은 아웃소싱의 전략적 활용은 e-기업 사이에 크게 주목할 만한 추세다.

전통적으로 아웃소싱은 데이터 처리 프로세스, 임금정산 및 지불 프로세스 등을 저렴하고 효율적으로 처리할 수 있는 외부에 맡김으로써 프로세스상에서 발생하는 비용을 절감하는 데 주로 사용되었다. 그러나 e-비즈니스의 시장환경에서 국제화가 확산되고 네트워크 기술이 널리 보급됨에 따라, e-기업들은 아웃소싱이 진정한 가상기업 (virtual enterprise)을 창조할 수 있는 하나의 방법이라고 인식하고 있다. 또 아웃소싱은 기업의 문화를 바꾸고, 기업으로 하여금 세계 수준의 역량과 기술을 수행할 수 있도록 하는 방법으로도 인식되고 있다.

이와 같은 추세에 비추어봤을 때, 혼자서 좌충우돌하는 e-기업은 성공확률이 그다지 높다고 볼 수 없다. 아웃소싱은 e-비즈니스의 핵심 개념인 가상기업의 기초를 제공하는 매우 중요한 역할을 한다고 볼 수 있다. 그리고 공정의 복잡성, 시장의 규제 또는 규제 해체, 급속한 기술의 진보, 끊임없는 성장에 대한 필요성은 e-기업에게 비즈니스의 모든 기능별 영역에서 핵심능력을 요구하고 있다. 그러므로 아웃소싱 전략은 새로운 비즈니스 세계에서 가장 주목받을 만한 전략 가운데 하나라고 볼 수 있다.

(8) 프로세스의 접근성 및 투명성 증대

기업의 생산 프로세스를 시스템 접근법(system approach)에 입각해 분류해보면 〈그림 6-1〉과 같이 투입 프로세스(input process), 변형 프로세스(transformation process), 산출 프로세스(output process)

의 세 가지 과정으로 나눌 수 있다.

전통적인 기업의 경우, 〈그림 6-1〉과 같은 프로세스에서 고객은 이른바 「블랙박스(black box)」라 일컬어진다. 왜냐하면 고객은 변형과정에서 자신이 주문한 제품이 어떻게 생산되는지 전혀 알 수 없으며, 아예 제품의 생산 과정에 대한 접근이 불가능하기 때문이다. 뿐만 아니라, 제품의 배달 서비스에도 고객은 자신이 주문한 제품이 어디쯤, 어떤 방법으로 배달되고 있는지 알 수 있는 방법이 없었다.

그러나 현재 프로세스에 대한 접근과 프로세스가 어떻게 진행되고 있는지를 알 수 있는 프로세스의 투명성이 점점 더 요구되고 있는 것은 e-비즈니스의 주요한 추세 가운데 하나다. 즉 e-비즈니스의 소비자들은 자신들이 주문한 제품이나 서비스 처리 과정이나 배달과정에 대해 실시간으로 정보를 얻고 싶어한다. 따라서 e-기업은 기존의 폐쇄적이던 「블랙박스」를 개방해야 한다. 그리고 나아가 고객이 기업의 프로세스에 쉽게 접근하고 원하는 정보를 얻을 수 있도록 프로세스에 대한 접근성도 높여야 한다. 결국, e-기업들은 제품과 서비스의 생산과 배달에서도 기존 비즈니스보다 더 긴밀한 관계를 갖고 고객이 원하는 정보를 제공해야만 e-비즈니스 시장에서 장기적인 경쟁력을 확보할 수 있다.

(9) 학습조직과 조직구성원의 중요성 증대

e-기업이 지속적으로 성장을 거듭하고 더 좋은 서비스를 제공하며 제품의 가격을 낮추기 위해서는, e-기업의 전체 조직이 빠르게 변화하는 초고속 정보화 시대에도 발전할 수 있는 조직이 되어야만한다. 그오 같은 조직이 바로 학습조직(learning organization)이다. 그리고 이런 학습조직의 근간은 바로 조직구성원, 다시 말해 종업원이다. 물론 학습조직의 필요성은 지식경영과 함께 이미 몇년 전부터 이야기되어왔으나, e-기업에게 학습조직의 필요성은 아무리 강조해도 지나치지 않다.

학습조직의 경우 지식의 창출과 끊임없는 혁신은 종업원의 머리 속으로부터 창출된다. 따라서 e-기업의 경영자들 사이에서는 그 어느 때보다도 종업원의 장기적 보유에 대한 문제가 중요한 사항으로 대두되고 있는 추세다. 이와 함께 합리적인 보상 시스템 확립, 공정한 승진절차, 종업원이 효율적인 동기부여도 더욱더 중요해지고 있다.

결국 이와 같은 추세는 지식노동자들에 대한 지난날과 같은 명령과 통제 위주의 관리는 더 이상 아무런 효과가 없으며, 오히려 역효과만을 낳을 수밖에 없는 시대적 환경에서 비롯된 것이라고 볼 수 있다. 그리고 신지식을 창조할 수 있는 기업문화와 기업문화의 골격이 되는 조직구조, 그리고 훌륭한 조직구성원은 e-비즈니스를 수행하는 기업의 요구조건이기보다는 이제는 전제조건이다.

(10) 기업 전체 시스템 통합의 필요성 증대

e-비즈니스 환경에서 기업의 지속적인 경쟁력을 유지하기 위한 기업전체 시스템 통합의 필요성이 중요한 이슈로 떠오르고 있다. 통합은 성공의 핵심요소다. 통합으로 인해 기업은 기업의 각 시스템 사이에 정보를 개방해 공유할 수 있으며, 정보의 사용자에게 언제 어느 곳에서나 정보를 이용할 수 있게 해준다. 이와 같은 정보 사용의 즉시성과 편리성은 기업에게 많은 경쟁력을 제공할 수 있다.

그러나 그 동안 여러 부서로 나뉘어 정보의 즉각적인 사용과 공유가 어려웠던 기존 시스템을 통합하는 데에는 기본적으로 많은 투자가 필요하다. 이는 e-기업으로의 발전을 위해서 필수적인 것이라고 할 수 있다. 그리고 여기에서 주의해야 할 점은 이와 같은 기업 전체 시스템 통합의 목적이 앞에서 언급한 학습조직의 효율을 높이기 위한 환경을 정비하는 것이지, 통합 자체가 목표는 아니라는 점이다. e-기업들 가운데 시스템 통합 후 오히려 예전보다 성과와 효율이 떨어지는 사례를 종종 볼 수 있다. 이것은 통합시스템을 사용하는 조직구성원 중심으로 시스템 통합이 이루어지지 않고, 시스템 통합 자체에 너무 급급한 결과라고 볼 수 있다.

결론적으로, e-기업이 지속적인 경쟁우위를 획득하기 위해서는 기업 전체 시스템 통합을 통해 정보사용의 효율성과 효과성을 증대시켜야 하며, 이와 같은 시스템 통합은 학습조직 본연의 목적인 신지식 창출로 연결되어야만 한다.

지금까지 e-비즈니스에서 나타나고 있는 열 가지의 주요 추세에 대해 알아보았다. 그렇다면 이런 추세들은 e-기업에게 어떤 의미를 부여하며, 궁극적으로 무엇을 요구하고 있는가?

이에 대한 해답을 찾기 위해 위의 열 가지 추세가 지닌 공통점에 눈을 돌려야만 한다. 열 가지 추세의 공통점은 결국 효율성(efficiency), 효과성(effectiveness), 통합(integration)의 세 가지로 요약할 수 있다. 따라서, 궁극적으로 e-기업이 성공하기 위해서는 e-기업의 모든 조직과 프로세스가 효율성, 효과성, 그리고 통합을 통해 시너지 효과를 창출함으로써, 기업의 가치와 소비자의 가치를 동시에 창출해야 한다. 그러므로 e-기업은 이를 위해 기업의 모든 유·무형 자원을 전략적으로 활용함으로써, 장기적으로 e-비즈니스 고객을 감동시킬 수 있는 감동경영을 이끌어내야 할 것이다.

2. e-마켓에서의 변화[31]

e-마켓은 누구에게나 완전히 개방된 사이버 공간이며, 진입과 퇴출이 자유롭고, 다수 대 다수 접속에 따른 정보 공유가 범세계적으로 가능하다. 이런 특성으로 「완전한 시장」 가설이 현실화되는 새로운 시장 공간이다. 물리적 시장과 가상공간 시장은 서로 대립되는 시장으로 제로섬(zero-sum) 게임의 관계에 있다. 기존의 불안전한 물리적 시장

---

31 신일순 외 5인, 《전자상거래의 확산에 따른 시장환경의 변화와 정책대응방안》, 정보통신정책연구원, 1998.

은 완전 시장에 의해 상당 부분 도태될 운명에 처해 있으며, 실제로 미국의 경우 기존의 물리적 시장이 인터넷 시장에 의해 빠른 속도로 잠식되고 있다. 인터넷 환경에서 짧은 기간에 신화적 성공을 거둔 기업들이 e-마켓의 성장을 견인하고 있으며, 실제로 그 시장 규모가 기하급수적으로 커지고 있다.

e-마켓은 이미 기업경영의 새로운 패러다임이 열리는 장으로서 가히 「상업혁명」이라고 할 만한 변화가 진행되고 있다. 앞으로 e-비즈니스의 혁신성은 산업 전반에 지속적인 영향을 미칠 것이다.

생산방식이 바뀌고 물류방식이 고도로 정보화되고 있으며 물리적인 공간의 가치도 바뀔 수밖에 없다. 그리고 소비자의 구매 패턴이 바뀌면 생활방식도 바뀌게 된다. 따라서 e-비즈니스가 유발하는 시장인 e-마켓에서의 변화 및 소비자와 공급자(기업)의 변화를 정확히 인식해 새로운 경쟁양상에 대비하는 것은 기업의 성공과 생존에 직결된 가장 중요한 문제가 아닐 수 없다. 그러므로 이번 절에서는 e-마켓에서 변화 및 e-마켓에서 일어나고 있는 소비자와 공급자(기업)의 변화에 대해 살펴보도록 하겠다.

(1) e-마켓에서의 시장 변화

효율적인 유통경로의 조건은 거래 방식의 표준화가 쉽고 판매자와 구매자 사이의 정보탐색이 용이해야 한다는 것이다. e-비즈니스가 거래비용 측면에서 기존상거래에 비해 절대적인 우위를 가지므로 도매의 소매상이 존립 기반이 동시에 취약해지고 유통기관이 전면적으로 재편된다.

- 물리적인 시장은 전반적으로 축소되는데 e-마켓, 특히 인터넷 시장은 물리적 공간을 차지하지 않으므로 e-마켓이 성장하면 할수록 공간을 점유하는 물리적 시장은 줄어든다. 기존 상점은 e-마켓과 다른 새로운 부가가치를 창출하지 못하면 도태하게 된다.

- 인터넷 환경에서는 도·소매 기능이 e-비즈니스에 흡수되는 만큼 전문 물류업의 영역이 더 커진다. 소매상·도매상 점포의 다수가 사라질 경우 그 점포의 상품들이 모두 물동량이 되므로 물류산업 전체가 지난날에 비해 급속도로 성장하게 된다.

- 기업과 기업 사이의 산업재 중계기능 가운데 대부분이 e-비즈니스에 의해 흡수된다. 산업재는 거의 표준화되어 있고, 이런 시장에서는 제조업자가 직접 인터넷에서 직판체제를 구축하기가 용이하기 때문이다.

- 소매업 가운데 가장 취약한 업종은 전문점이다. 표준화된 공산품을 취급하는 전문점은 모두 취약하다. 그리고 대형 복합구색 소매업으로서 저가의 박리다매 정책을 취하는 업종 전체가 위기를 맞고 있다. 대형점포에서 식품을 제외한 공산품의 매출이 줄어들면 대형점포를 유지하기가 어렵게 된다.

- 표준화 정도가 높고 소수에 의해 대량 생산되는 서비스재 시장(예: 은행)은 e-마켓에 급속히 편입된다. 다수에 의해 소량 생산되는 소비재의 경우(예: 변호사)에도 사이버 쇼핑몰을 구성해 다수 소비자의 대량 소비에 대응할 수 있으므로 인터넷 시장에 점진적으로 흡수된다.

- 비포장 농수산물이나 표준화가 어려운 경우 인터넷 편입이 어려우며, 표준화 노력에 따라 인터넷 시장으로서의 점진적 흡수가

가능해질 수도 있다.

(2) e-마켓에서의 소비자 변화

- 구매자들은 구매절차에서 상품을 선택하기 전에 시장을 먼저 선택해야 한다. e-비즈니스의 도입에 따라 시장 선택이라는 최초 분기점에 「가상시장」이라는 새로운 시장이 하나의 분기 방향으로 자리를 잡게 되었다.
- e-마켓이 성숙될수록 소비자는 1차적 선택대안으로 e-마켓을 먼저 고려하게 된다. 도입기 시점에서의 e-마켓은 상품취급 범위가 그리 넓지 않으나 성숙기로 이행될수록 대다수 상품영역에서 물리적 시장과 결합하게 된다. 시간 편의, 구매과정에서의 편의, 가격 편의가 현저히 커지므로 e-마켓을 잘 이해하게 된 소비자들은 구매목적 충족을 위해 1차적 대안으로 전통적인 상거래 시장보다 e-마켓을 먼저 고려하게 될 것이다.
- 사이버 쇼핑몰에서는 유인구매보다는 목적구매, 충동구매보다는 계획구매를 한다. 소비자가 전통적인 상거래 시장보다 e-마켓을 먼저 고려하게 된다는 것은 소비자들의 구매 형태가 대체로 목적구매와 계획구매로 이행하게 된다는 뜻이다. e-마켓에서는 원천적으로 소비자들이 의도적 노출을 해야 하므로 유인구매나 충동구매가 어렵다.
- e-마켓에서는 수동적 소비자에서 능동적 소비자로 바뀐다. 시장 선택이라는 최초 분기점에서 e-마켓을 우선적으로 고려한다는 것은, 시장정보가 능동적으로 바뀌고 목적구매 및 계획구매를 하게

된다는 뜻이다. 이렇게 되면 의사결정이 합리적으로 이루어지게 되고 사회 전체적으로 소비의 합리화를 가져올 수 있다.

- e-마켓에서는 시장정보원이 다양해진다. 다수 대 다수 접속에서는 제조업체가 제공하는 정보에만 의존할 필요가 없다. 구매 조언 전문직업도 있고, 전자 게시판에 오른 불특정 다수의 의견을 얻을 수도 있으며, 전자 소비자 리포트(Consumer Report)지를 통해 정보를 얻을 수도 있다.

- e-마켓에서는 정보의 과부하를 회피하려는 소비자 요구가 생긴다. 그에 따라 정보검색, 정보처리, 구매를 대행하는 전문 에이전트가 성업하게 된다.

- 웹사이트의 브랜드 가치가 형성된다. 정보처리 관점에서 보는 브랜드의 역할은 소비자의 정보처리 과정을 단축시키는 데 있고, 이를 통해 소비자가 믿고 구매할 수 있게 되는 것이다. e-비즈니스에도 일반시장에서와 마찬가지로 평소 찾던 사이트를 다시 찾게 된다.

- 1 대 1 양방향 통신에서는 「맞춤주문의 양산(mass-customization)」 현상이 일어나고 소비자들은 자유롭게 개성을 추구할 수 있게 된다. 개성화가 진행되면 유행이나 패션이 급속히 변하거나 그런 변화를 감지할 수 없게 된다.

- 사이버 시장에 고객 개인의 전용 상점을 갖게 해주는 개인화(personalization) 소프트웨어를 통해 소비자의 개성은 더 강화된다. 개인전용 상점의 구색이 확대되면 소비자는 다른 상점에 갈 필요가 없다. 따라서 개인화는 개성화를 더 부추기게 된다.

- 전자 게시판이 불평행동(VOC)의 공간으로 바뀌고 네티즌의 에티

켓, 즉 네티켓(netiquette)네티켓이 강조된다. e-마켓에서는 구전 파급 효과가 크고 소비자의 파워는 전통상거래에서 훨씬 더 커진다. 불순한 동기의 정보들도 들어오므로 네티켓이 강조된다.

(3) e-마켓에서의 공급자(기업) 변화

- e-비즈니스에 적합한 산업과 상품은 정보통신기술에 기반의 제품이나 서비스를 일컬으며 흔히 디지털 상품으로 불린다. 이들은 제품이나 서비스의 전부 또는 일부를 표준화시키거나 모듈화시킬 수 있다. 속성이 표준화된 제품이나 서비스에 대해서는 수요자가 직접적인 경험이 없어도 품질이나 스타일에 관해 확신할 수 있으므로, 이들 분야에서는 e-비즈니스의 비중이 빠른 속도로 증가할 것이다.
- e-비즈니스에서는 시간과 공간의 한계를 벗어나 글로벌화가 이루어지기 때문에 수요가 다양할 뿐만 아니라 동태적으로 변한다고 할 수 있다. IT의 발달에 힘입어 e-비즈니스에서는 고객이 직접 제품과 서비스에 대한 반응을 기업에 전달할 수 있으므로 고객의 소리를 유통단계에서 여과 없이 들을 수 있다.
- e-비즈니스에서는 상표자산의 가치가 더욱 증대될 것으로 예상된다. 그리고 이와 아울러 확립된 상표자산을 활용하기 위한 전략의 일환으로 라인 확장이나 상표확장이 활발하게 이루어질 것으로 보인다. 상표확장의 경우 브랜드 자체의 고유한 연상(brand-specific association)에 맞도록 확장 해야 수요자의 선호가 높아질 것이다. 공급자와 수요자의 장기적인 관계에 중점을

둔 관계 마케팅(relation marketing)의 중요성이 부각되고있으며, 이를 확보하고 유지 및 관리함으로써 고객자산을 형성해야 한다. 고객자산을 구축하기 위해서는 고객의 기호에 제품과 서비스를 맞추어 고객 중심의 제품을 생산하고, 불만족한 고객이 떠나지 않도록 고객만족을 지속적으로 추구해야 한다.

- 사이버 거래에서는 쌍방향 커뮤니케이션을 통해 수요자의 반응을 온라인으로 수집할 수 있어 시장조사 방식이 근본적으로 변화하게 된다. 신제품 개발단계에서 고객의 욕구를 직접 파악할 수 있고, 시장에 출시한 후에는 광고 및 판매촉진 활동에 대한 수요자의 반응을 조사해 지각도(perceptual map)상에서 목표 시장세분화의 이상적 좌표에 근접하도록 포지셔닝할 수 있다. 구매 후 수용자의 품질이나 스타일에 대한 반응을 빠른 시간 안에 알 수 있으므로 기존제품이나 서비스의 속성을 조정하거나 새로운 상품의 개발을 추진할 수 있을 것이다. 관련기업 사이의 정보 교환 방식에서도 좀더 체계적인 고객관리가 이루어진다. 이와 가은 데이터베이스는 이용하는 기업 사이의 협력관계를 형성시키는 네트워크 외부효과(network externality effect)를 창출한다. 나아가 개별고객을 대상으로 1 대 1 마케팅을 전개하기 위해서는 고객정보를 체계적으로 수집하고 관리하는 데이터 웨어하우스(data warehouse)의 역할이 매우 중요하다.

- 내부적인 e-기업의 변화는 기업의 조직측면에서 그 변화의 양상을 조명해볼 수 있다. e-비즈니스를 위해 기업은 무엇보다도 자신의 조직구조를 전자상거래 환경에 맞게 변화시켜야 한다. 이를 위해서는 〈그림 6-2〉에서 볼 수 있는 것처럼 조직의 개선-조직

의 변화-조직의 재정비 등 3단계 순환과정을 통해 단계적이며 체계적인 변화를 이루어, 조직의 변화에 대한 적응력과 충격의 흡수성을 높여야 한다. 여기에서 중요한 것은 이와 같은 조직 구조의 변화가 일회성으로 끝나서는 안 된다는 점이다. 또 생물체가 환경의 변화에 따라 적응성을 높이기 위해 자신의 신체기관을 부단히 변형시키듯이, 급속히 변화하는 전자상거래 환경에 적응성을 높이기 위해 기업도 환경에 따른 적절한 조직구조의 변화를 부단히 지속해야 한다. 각 단계에 따르는 주요 세부 고려사항을 요약하면 〈표 6-1〉과 같다.

궁극적으로 e-비즈니스에서는 전자시장이 점점 효율화됨에 따라 크고 복잡한 조직을 유지하는 것이 비경제적일 수밖에 없다. 따라서 다운사이징, 아웃소싱, 분산식 경영을 통해 기업의 구조가 단순하게

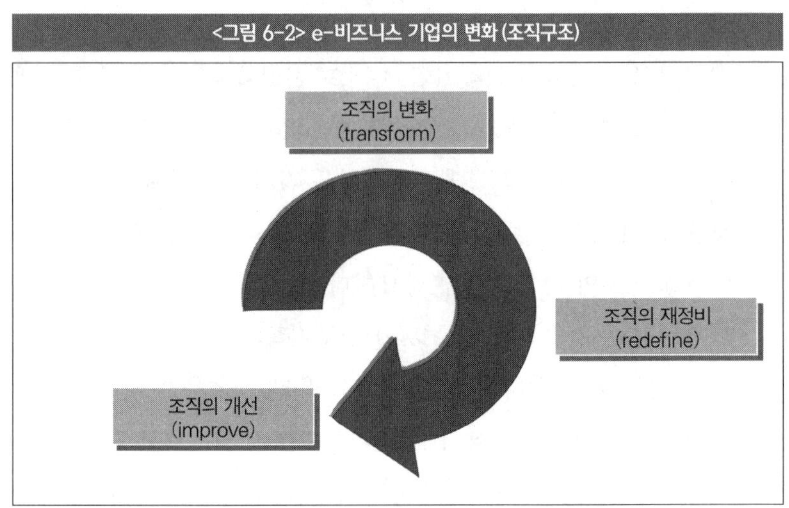

<그림 6-2> e-비즈니스 기업의 변화 (조직구조)

단　계	주요 세부 고려사항
1단계 : 조직의 개선 (improve the organization)	• 생산품 판매 촉진 • 새로운 영업 채널 • 직접 보상 • 출시 • 고객 서비스 • 브랜드 이미지
2단계 : 조직의 변화 (transform the organization)	• 고객 관계 • 조직 학습 • 정보 공유
3단계 : 조직의 재정비 (redefine the organization)	• 새로운 생산품 • 새로운 비즈니스 모델

변화해 가는 추세는 더욱 가속화될 것이다. 그러므로 앞으로의 기업 형태는 고객, 협력업체, 정부, 주주, 직원 및 경쟁자들과 복잡하게 얽힌 관계를 잘 관리할 수 있는 작고 간결한 조직의 모습을 보이게 될 것이다.

인터넷 시대의 신경제 이론

경영학은 경제학이라는 기초학문을 기반으로 꽃을 피운 실천학문이다. 따라서 경제학의 패러다임이 바뀌면 당연히 경영학의 이론도 바뀔 수밖에 없다. 그 예를 들어보자.

경제학에서 사용하는 개념 가운데 수요의 가격탄력성이라는 용어가 있다. 이것은 가격이 올라가면 수요가 감소하고 반대로 가격이 내려가면 수요가 증가하는 것을 전제로 가격 변화율에 대한 수요 변화율의 크기를 보여주는 지수다.

그런데 우리 주변에는 이런 상식과 달리 수요와 가격을 같은 방향으로 움직이는 제품이 있다. 언젠가 새로운 아스피린을 개발한, 독일의 한 제약회사가 시장을 빨리 장악하기 위해 100정들이 한 병당 1달러라는 제품을 최저 가격으로 출시한 적이 있었다.

그러나 기대와는 달리 소비자들이 외면하자 가격을 다시 5달러로 높였더니 예상 외로 높은 판매성과를 올렸다고 한다. 그 밖에도 패션 제품 등에서 이와 같은 현상이 나타나는 것을 볼 수 있다. 이와 같은 현상이 나타나는 사업에서는 경영학 이론도 이에 맞게 수정되거나 전면적으로 개편되어야 한다.

수확체감의 법칙 역시 기존 경제학에서 널리 받아들이는 개념이다. 이것은 생산을 계속하다 보면 같은 비용을 쓰는 데에도 불구하고 생산효율이 떨어져서 예전만큼의 생산량이 나오지 않는 현상을 말한다. 경영학에서는 수확체감의 법칙을 전제로 조직관리에서의 통제범위 이론, 생산관리에서의 생산시설입지 이론, 마케팅에서의 분할시장 이론 등 수많은 이론이 개발되어 널리 사용되고 있다.

그런데 지난 20년 사이에 수송 수단의 발달로 생산비용과 물류비용 사이의 균형이 깨졌다. 그 과정에서 생산과정에서 일반적으로 받아들여지던 재고관리 이론이 무너지고, 이제는 즉시생산(JIT) 시스템 등 새로운 이론이 등장했다.

최근 10년 동안에는 정보통신 기술의 비약적인 진보로 인해 이런 현상이 더욱 가속화되고 있다. 그러나 최근에 일어난 가장 커다란 변화는 컴퓨터와 정보통신이 결합한 인터넷 혁명이다. 인터넷은 마치 공기처럼 사용자에게 다가와서, 정보통신에 관한 일체의 비용을 제로 수준으로 떨어뜨리고 있다.

그 결과 정보통신의 제약으로 인해 발생하던 수확체감의 법칙은 이제 수확불변의 법칙, 즉 생산량이 늘어도 이에 따른 한계비용은 변화가 없는 모습으로 바뀌고 있다.

여기에서 한 걸음 더 나아가 생산량이 무한대로 증가함에 따라 생산단위당 초기 투자비용은 점점 줄어드는, 수확체증의 법칙이 나타나는 것이 인터넷상에서 일어나는 사업의 특징이라 할 수 있다.

이처럼 인터넷 시대로 접어들면서 경제 분야에서 나타나고 있는 수확체증이라는 현상은 기존에 우리가 받아들였던 모든 경영 이론을 한번 뒤집어 생각해보도록 강요하고 있다.

통제범위 이론에 따르면 한 사람이 거느리는 아랫사람의 수가 5~10명을 넘으면 안 된다고 한다. 그러나 오늘날 e-메일로 결재하는 경영자는 10명뿐 아니라 100명, 1,000명도 능히 관리할 수 있다. 이와 같은 변화를 받아들이는 기업에서는 피라미드와 같은 수직적 조직을 버리고 수많은 사람들이 한 사람에게 보고하는 수평적 조직을 채택하고 있다.

생산시설입지 이론 역시 새로운 시각을 필요로 한다.

이 이론에 따르면 공장이나 사무실은 근로자를 포함한 생산요소 소재지와 고객이 있는 시장을 연결하는 선 위에 위치해야 한다. 철강산업처럼 생산이 중요하고 원료의 크기가 최종제품보다 큰 산업에서는 생산요소 소재지에, 소비재산업의 경우 마케팅이 중요하거나 석유화학산업처럼 최종제품의 크기가 원료보다 큰 산업에서는 시장에 가깝게 장소를 결정해야 한다.

그러나 인터넷으로 모든 시장이 연결되어 수확체증이 일어나고 있는 오늘날에는 기존 이론이 의미를 잃는다. 특히 마케팅이 중요한 은행산업의 경우 과거에는 사무실을 대도시에 두었으나 오늘날에는 이와 같은 장소의 제약을 받지 않고 있다.

분할시장 이론도 새로운 시각이 필요한 점에서는 마찬가지다. 기존에는 기업이 갖고 있는 능력을 최대한 발휘할 수 있도록 시장을 분할해 틈새시장에서 독점적인 위치를 차지하는 것이 관건이었다.

그러나 시장 사이의 장벽이 사라지고 세계가 하나의 시장으로 통합되면서 규모의 범위가 무한대로 증가하는 오늘날에는 모든 틈새시장에서 독점적인 위치란 존재할 수 없게 되었다.

따라서 이제는 독점력이 아니라 경쟁력을 기초로 한 시장전략을 세워야 한다.

그러나 경영학 이론 가운데 가장 커다란 변화를 필요로 하는 분야는 경영전략이다. 경영전략은 기업이 오랜 기간에 걸쳐 고수익을 올릴 수 있는 핵심요소를 찾아내는 작업이다.

지난날에는 미래에 대해 비전을 가지고 있는 최고경영자가 급격히 변화하는 경영환경 속에서 그 기업만이 보유하고 있는 핵심역량을 찾아내는 데 초점을 두었다. 그러나 오늘날 인터넷으로 경영환경이 바뀌고 있는 상황에서는 수확체감을 전제로 한 핵심역량은 의미를 상실하게 되었다.

그 대신 수확체증 현상을 경쟁자보다 앞서서 활용하고 유지할 수 있는 메커니즘을 갖출 수 있는 경영자가 전략가로서 평가받는 시대가 온 것이다.

—〈한국일보〉 2000년 8월 22일

e-전략 패러다임

1. e-경쟁전략의 핵심개념

기업이 전자시장에서 지속적인 경쟁우위를 창출하기 위해서는 다음과 같은 점이 경쟁전략의 핵심 요소로 고려되어야 한다. 그래야만 경쟁전략의 성공 확률을 높일 수 있다.

(1) 소비자들만이 확실한 승자다

이미 기존 시장에서도 공급이 수요를 초과해, 판매자 시장(seller's market)에서 구매자 시장(buyer's market)으로 시장체제가 변화하면서 소비자가 힘을 갖게 되었다. 그러나 전자시장에서 소비자가 갖고 있는 힘은 단순한 힘의 수준을 넘어선 막강의 힘(hyper-power)이라고 표현할 수 있다.

(2) 해체논리가 성립된 세계에서의 「사업」이란 인위적인 허상이다

해체논리가 성립된 세계에서의 「사업」이란 인위적으로 만든 허상에 불과하다고 볼 수 있다. 이 경우 사업이라는 단어보다는 「특정 정보의 흐름과 일부 물리적인 기능들의 단계」라는 말이 더 적절하다. 따라서 각 기업의 각 「사업」이 기업의 전쟁터라기보다는 기업의 각 「단계」마다 서로 상이한 싸움터가 된다.

(3) 「빨리 뒤쫓아가는 자」는 확실한 패자다

급속하게 변하고 있는 e-마켓에서 선도기업을 신속히 뒤쫓아가기만 하는 것은 무의미하다. 왜냐하면 아무리 뒤쫓으려고 해도 항상 뒤져 있을 것이기 때문이다.

전통적인 시장환경에서는 「후발주자의 이점(second mover's advantage)」이 존재했으나, e-마켓에서는 그렇지 않다. 즉 시기상조라는 말을 다섯 번 듣는 것이, 단 한 번 늦는 것보다 훨씬 바람직하다.

(4) 싸움의 끝을 이해하는 사람은 승자가 아니다

e-마켓에서는 경쟁사보다 단지 한두 걸음 정도 먼저 내딛는 사람이 승자가 될 것이다. 즉 경쟁기업을 엄청난 차이로 따돌리기보다는 박빙의 차이로 승부가 날 것이다.

따라서 싸움의 끝은 없으며, 항상 자기혁신과 발전을 게을리하지 않는 기업만이 승리의 기쁨을 맛볼 수 있을 것이다.

2. e-전략 패러다임

앞 절에서 e-경쟁전략의 핵심개념에 대해 살펴보았다. 이번 절에서는 급변하는 e-비즈니스 환경과 추세 속에서 기업이 성공적으로 e-비즈니스를 수행하기 위한 e-전략 패러다임을 제시해보려 한다.

(1) e-전략 패러다임 대「V-erw」전략 패러다임

앞에서 말한 e-비즈니스의 주요 추세에 비추어봤을 때, e-전략에서는 무엇보다도 전체 기업 시스템의 통합을 바탕으로, 정보기술및 웹의 전략적 활용과 업무 프로세스의 개혁을 통해 비즈니스의 효율과 효과를 극대화하는 것이 가장 중요하다고 볼 수 있다. 그런데 현재 연구되고 있는 e-전략의 추세는 IT의 전략적 활용이나 웹상에서의 비즈니스 전략 등 단지 한쪽만을 강조하는 경향이 두드러지고 있다. 그러나 여기에서 간과하지 말아야 할 점은 단지 e-비즈니스의 특정 부분만의 효율성과 효과성을 고려한 전략은 한계가 있다는 점이다. 최근 기존 비즈니스의 많은 기업들이 새로이 e-비즈니스에 뛰어들고 있으나, e-비즈니스로 전향한 후 실패를 하는 경우가 많다. 이런 기업들의 전략을 분석해보면 e-비즈니스의 특정 부분에만 전략의 초점을 맞추어져서, 오히려 기업 전체 시스템 사이에 균형과 조화가 깨짐으로써 부정적인 시너지 효과가 발생해 실패하는 경우가 대부분이다. 즉 아무리 IT를 전략적으로 활용하는 기업이라 할지라도 기업의 프로세스가 e-비즈니스에 맞게 정비되지 않는다면 지속적인 경쟁우위를 확보하기가 매우 어려우며, 그 반대의 경우도 마찬가지다.

따라서 e-기업이 치열한 경쟁에서 생존하며 성공적으로 사업을 수행하기 위해서는, e-비즈니스의 특정 부문에만 초점을 맞추는 전략보다는 각 필수전략이 서로 조화와 균형을 이루어 긍정적인 시너지 효과를 창출할 수 있는 통합적인 전략모형이 필요하다. 이와 같은 e-비즈니스의 통합전략 패러다임이 바로 「V-erw(value creation mechanism with e-process innovation strategy, reach & richness strategy, and web utilization strategy)」 모형이다.

〈그림 7-1〉에서 볼 수 있는 것처럼, 「V-erw」 e-전략 패러다임은 e-비즈니스를 성공적으로 수행하기 위해서는 기본적으로 가치창조

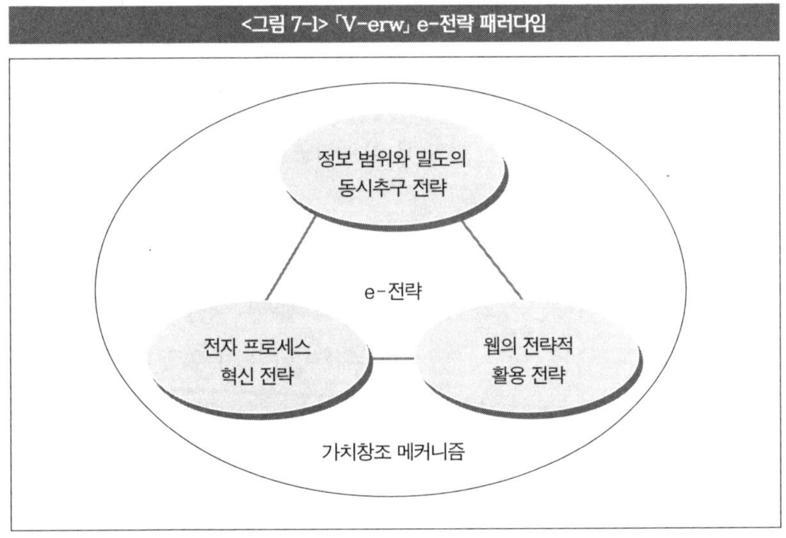

<그림 7-1> 「V-erw」 e-전략 패러다임

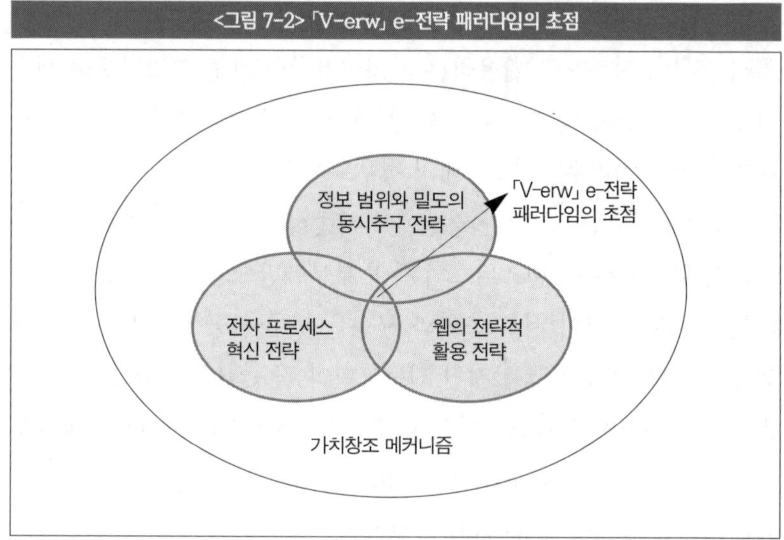

메커니즘(value creation mechanism)을 바탕으로, 전자 프로세스, 혁신 전략, 정보범위와 밀도의 동시추구 전략(reach & richness strategy), 웹의 전략적 활용 전략이 수행되어야 한다. 그리고 이와 같은 필수전략들이 서로 조화와 균형을 이룸으로써 긍정적인 시너지 효과를 얻을 경우에만 e-비즈니스 경쟁이 치열한 e-마켓에서 기업은 지속적인 경쟁우위를 달성할 수 있다.

따라서 〈그림 7-2〉처럼 벤다이어그램을 통해 표시해보면, 「V-erw」 e-전략 패러다임의 초점은 가치창조 메커니즘을 바탕으로 세 가지 전략이 함께 조화를 이루는 교집합 부분이라고 할 수 있다.

여기에서 「V-erw」 e-전략 패러다임의 바탕인 가치창조 메커니즘과 세 가지 주요 전략에 대해 살펴보면 다음과 같다.

① **가치창조 메커니즘 (value creation mechanism)**

가치창조 메커니즘은 기존 전략 연구의 한계점을 바탕으로 제시된 새로운 통합 전략 패러다임인 「ser-M」 모형의 중심 개념인 「메커니즘」의 일종이다. 따라서 가치창조 메커니즘을 이해하기 위해서는 「ser-M」 통합전략 패러다임에 대한 이해가 선행되어야 한다.

가) 「ser-M」 통합전략 패러다임

기업을 성공시키는 요인에 대한 견해는 다양하다. 그러나 1971년 앤드류스(Andrews)가 규범적 관점에서 외부여건, 내부능력, 기업철학, 사회적 책임 등 네 가지 요소를 전략의 핵심개념으로 제시한 이래 전략이론은 크게 세 가지 관점에서 발전되어왔다.

첫번째 관점은 특정 기업이 속해 있는 산업의 구조적 특성, 국가의 경영환경, 동일한 기업의 집합인 개체군의 밀도나 분포 또는 정부의 산업정책 등과 같이 기업을 둘러싼 환경적인(environment, e) 요인이 기업의 성공을 결정짓는다는 것이다. 이 패러다임에 따르면 기업의 성공 여부는 기업의 내부요인보다는 기업이 속한 산업이나 국가의 구조적 특성이나 정부정책과 같은 기업 외적 요인에 따라 좌우된다.

두번째는 이와 반대로 기업의 성공이 환경요인이 아니라 기업이 보유하고 있는 내부의 특수한 자원(resource, r)에 따라 결정된다는 자원거점론적 관점이다. 동일한 산업에 속한 기업이라 할지라도 기업마다 환경변화에 대응하는 방식이 다른데, 그 이유를 각 기업이 보유한 자원의 차이로 본다. 따라서 기업이 성공하기 위해서는 환경변화를 빨리 파악하고 이에 적합한 전략을 수립하는 것도 중요하지만, 이보다 더 중요한 것은 수립된 전략을 잘 실행하는 것이다. 그리고 전략을

성공적으로 실행하기 위해서는 필요한 자원을 보유하거나 창출해야
한다.

기업의 성공요인을 설명하는 세번째 관점은 전략을 수립하고 실행
하는 주체(subject, s)의 사고방식과 행동이 기업의 성공을 결정짓는
가장 중요한 요인이라는 주장이다. 특히 기업의 최고경영자는 의사소
통 패턴이나 전략 및 조직구조 등을 통해 기업의 성공에 간접적인 영
향을 미칠 수 있다. 그뿐만 아니라 기업의 미래모습인 비전을 제시하
고 이를 구성원들에게 전파시키는 과정에서 조직의 몰입도(commit-
ment)를 높임으로써 기업의 성공에 직접적인 영향을 미칠 수도 있다.

이처럼 위에서 설명한 기존의 전략 패러다임들은 각기 환경(e), 자
원(r), 주체(s)의 관점에서 기업의 성공요인을 설명하고 있다. 그러나
현실세계에는 기업을 둘러싼 환경이 변화하고 최고경영자가 교체되
며 기업이 보유한 자원이 바뀜에도 불구하고 특정 산업에서 지속적으
로 경쟁우위를 유지하는 기업이 존재한다. 이와 같은 경쟁우위의 지
속성(sustainability)을 충분히 설명하기 위해서는 동태적인 이론이 필
요하다.

기존의 패러다임들을 동태적 이론의 조건으로 평가해보았을 때, 경
쟁우위를 지속적으로 유지시켜주는 근본 원인 및 이들 요인이 시간의
흐름에 따라 어떻게 상호작용해서 지속성을 강화시키는지 설명하지
못하고 있다.

예컨대 환경중심 패러다임의 경우 산업구조의 매력성은 특정 시점
에서 기업의 성공을 설명하는 요인에 불과하다. 그리고 자원중심 패
러다임(resource-based perspective)의 경우도 기업 성공에 좀더 중
요한 요소인 자원을 획득하고 축적할 수 있는 능력이 무엇이며, 그 능

력이 어떠한 과정을 통해 창출되었느냐에 대해서는 설명이 미흡하다. 그리고 기존의 패러다임들은 환경·자원·주체 등 각 요인 사이의 상호작용을 충분히 인식하지 못하고 있다. 예컨대 환경변화에 따라 자원의 가치가 바뀔 수 있다는 것이다. 즉 기술, 경쟁기업의 행동, 소비자의 욕구 등 환경이 변화함에 따라 자원의 가치는 증가하거나 감소한다. 또 환경과 주체도 별도로 고려될 수 없는 요인이다. 미래에 환경이 어떻게 변화할 것인지, 그리고 환경변화가 기업에 미치는 영향이 무엇인지에 대한 답은 최고경영자가 가진 개념적 틀에 따라 다를 것이다. 즉 객관적으로 주어지는 환경 그 자체는 의미가 없으며, 최고경영자가 환경변화를 어떻게 해석하고 대응하는가에 따라 기업 사이에 전략의 차이가 나타나는 것으로 보아 환경과 주체도 함께 고려해야 함을 알 수 있다.

앞의 내용을 종합해볼 때 기업의 지속적인 성공을 설명하기 위해서는 환경·주체·자원 등 각각의 요인을 상호독립적인 별개의 요소로 볼 것이 아니라 이를 통합한 동태적 전략이론이 필요하다.

나)「ser-M」패러다임의 도입[32]

기업은 지속적으로 성공하기 위해 끊임없이 환경과 상호작용하게 된다. 이 때 기업의 최고경영자(s)가 환경(e)의 의미를 파악하고 그 변화에 적합하거나 변화를 선도할 수 있는 방향으로 전략을 수립 및 실행하기 위해 필요한 자원(r)을 활용하거나 창출하는 과정에서 메커니즘(mechanism, M)이 형성된다. 이처럼 메커니즘은 환경·주체·자

---

[32] Cho and Lee, "A Paradigm in Strategy Theory : ser-M," *Working Paper*, 1995, Seoul National University의 내용을 정리했음.

원 등의 요인이 상호작용하는 과정에서 형성된 것으로, 이 메커니즘 이야말로 기업의 지속적 성공을 설명하는 「ser-M」 패러다임의 중심 개념이라 할 수 있다.

기업의 지속적 성공을 설명하는 동태적인 전략이론으로서 메커니즘 패러다임의 기본구조는 내용·과정·시간의 세 가지 차원으로 이루어진다. 지금부터는 이와 같은 메커니즘의 기본 구조와 특성 등에 대해 구체적으로 살펴보기로 한다.

기본구조

내용 차원 : 조정 메커니즘(coordinating mechanism)

기업은 기업가나 경영자와 같은 의사결정의 주체가 환경변화에 대응해 기업이 보유한 자원을 활용하는 과정을 통해 효율적인 자원배분을 달성한다. 이와 같은 관점에서 기업의 본질은 시장을 대신해 여러 가지 경제적 활동을 조정하는 메커니즘이다(그림 7-3 참조). 그런데 기업마다 직면한 환경, 의사결정의 주체, 보유하고 있거나 활용할 수 있는 자원 등이 상이하기 때문에 이들에 의해 형성되는 메커니즘도 기업마다 차이가 있다. 이는 특정 기업이 다른 기업보다 경제활동을 훨씬 효율적으로 조정할 수 있다는 뜻이다. 즉 주체가 환경변화에 대응해 자원을 활용하는 메커니즘이 경쟁기업보다 효율적인 기업은 지속적으로 경쟁우위를 유지할 수 있는 것이다.[33]

---

33 McGrath, Venkatraman and MacMillan, "The Evolution of Organizational Capabilities : Some Preliminary Propositions," *Working Paper*, 1991, Snider Entrepreneurial Center, University of Pennsylvania.

하나의 기업 안에 여러 개의 메커니즘이 존재할 수도 있다. 한 기업이 여러 개의 전략 사업단위(strategic business unit : SBU)를 갖고 있는 경우에는 의사결정의 주체, 직면한 환경, 활용할 수 있는 자원이 SBU별로 다르기 때문에 각기 별도의 메커니즘이 형성된다.

지속적인 경쟁우위의 원천이 바로 기업이 보유한 특유의 메커니즘임을 보여주는 예를 들어보자. 이타미(Itami), 노나카(Nonaka) 다케우치(Takeuchi)가 후지제록스(Fuji-Xerox), 혼다, 캐논(Canon), NEC, 엡슨(Epson)의 신제품 개발과정을 연구한 결과를 보면 알 수 있다. 이들 기업이 경쟁사에 비해 유연하고 신속한 신제품 개발을 할 수 있었던 것은 촉매자로서 최고경영자의 역할, 자율적인 프로젝트 팀, 중복된 개발단계(overlapping development phases), 지속적인 학습, 정교한 통제체제, 부품업체나 외부 R&D 기관과의 유연한 관계 등과 같은 요인 때문이었다.[34]

특히 대부분의 미국 기업들이 순차적인 단계에 따라 신제품 개발과정을 진행시키는 반면, 이들 기업은 신제품 개발단계를 중복시킴으로써 신속하게 신제품을 개발할 수 있었다. 일반적으로 신제품 개발단계를 중복시키면 부서 사이의 갈등이나 마찰 때문에 개발속도가 늦어질 수 있지만, 일본 기업들은 이들 부서를 효율적으로 조정하는 메커니즘을 정립함으로써 오히려 신제품을 빨리 시장에 내놓을 수 있었다.

자동차산업의 신제품 개발과정을 대상으로 한 클라크(Clark)와 후지모토(Fujimoto)의 연구에서도 위의 연구와 유사한 결과를 발견할 수 있었다. 신제품을 개발하는 과정이 중복되고 쌍방적 커뮤니케이션 경로를 갖고 있으며 대면접촉을 통해 그때그때 정보를 전달하는 메커니즘을 가진 기업이, 신제품을 개발하는 과정이 순차적이고 일방적 커뮤니케이션 경로를 갖고 있으며 서류(컴퓨터 네트워크 포함)를 통해 한꺼번에 정보를 전달하는 메커니즘을 가진 기업보다 신제품 개발의 원가, 속도, 품질 면에서 우수했다. 그리고 자동차 기업 사이의 이같은 차이는 오랜 시간에 걸쳐 축적된 기업 특유의 요인 때문에 생긴 것으로, 쉽게 변하지 않는 성질을 갖고 있었다.[35] 이 연구들은 결국 기업 특유의 메커니즘이 지속적인 경쟁우위의 원천임을 입증하고 있다.

과정 차원 : 학습 메커니즘(learning mechanism)

메커니즘은 환경변화에 주체가 대응해 자원을 활용하는 과정에서 학습되고, 이 학습과정(learning process)을 통해 메커니즘도 진화하

---

34 Itami, Nonaka and Takeuchi, "Managing the New Product Development Process : How the Japanese companies learn and unlearn," in K. B. Clark, R. H. Hayes and Lorenz(ed), *The Uneasy Alliance*, 1985, Harvard Business School Press.

35 Clark, K.B. and T. Fujimoto, *Product Development Performance*, Harvard Business School Press, 1991.

게 된다. 여기에서 말하는 학습에는 개인의 학습(individual learning)과 조직의 학습(organizational learning)이 모두 포함된다. 예컨대 의사결정의 주체가 최고경영자 한 사람이라면 개인 학습과정을 거치게 되지만, 습득되는 경험과 지식이 조직에 전파되어 메커니즘에 체화된 후에는 조직 학습과정을 거치게 된다.[36]

메커니즘은 환경변화에 대응해 주체가 기존의 자원을 이용하는 지식활용(exploitation) 과정을 통해 형성될 수도 있고, 기존자원의 새로운 배합(recombination)이나 실험(experimentation)을 통해 새로운 자원과 능력을 개발하는 지식탐색(exploration) 과정을 통해 형성될 수도 있다. 이때 지식활용 과정은 기업이 이미 보유하고 있는 자원을 활용하므로 새로운 자원을 개발하는 지식탐색 과정보다 상대적으로 투입에 대한 결과를 확실히 예측할 수 있고 효과도 빨리 나타난다. 따라서 단기적으로는 기존자원을 활용하는 것이 새로운 자원을 개발하는 것보다 비용이나 효과 면에서 훨씬 유리하다.

노나카는 서구 경영학자들이 초점을 둔 정보유통(information process) 관점 대신에 정보창출(information creation) 관점을 제시했다. 일본 기업들이 세계시장에서 성공할 수 있었던 것은 새로운 지식을 창출하는 그들만의 독특한 경영 메커니즘 때문이라고 주장했다.[37] 마쓰시타, 혼다, 캐논 같은 기업들은 R&D뿐만 아니라 생산·마케

---

[36] 이 때 개인의 학습이 두뇌에 저장되는 반면 조직의 학습은 규칙·절차·전통·정책 등 제도적 메커니즘에 축적된다(Stata, 1989). 그리고 개인의 학습 결과가 축적되는 장(場)을 「도식(schemata)」이라고 하는 반면, 조직의 학습 결과가 축적되는 제도적 메커니즘을 「루틴(routines)」이라고 한다(Nelson and Winter, 1982).

[37] Nonaka, I., "The Knowledge-Creating Company," *Harvard Business Review*, November -December, 1991.

팅·기획·서비스·품질관리 등 다양한 배경을 가진 사람들로 신제품 개발팀을 구성하고, 신제품 개발단계를 순차적이 아닌 중복적으로 운영하며, 부품업체와 밀접한 관계를 통해 공동으로 프로젝트를 운영하는 경영을 통해 새로운 제품을 지속적으로 시장에 출시할 수 있었던 것이다.[38] 노나카의 연구는 일본 기업의 성공사례를 통해 지식활용과 지식탐색을 적절히 조화함으로써 기업이 성공할 수 있다는 가설을 설명하고 있다.

지식활용과 지식탐색이라는 상반된 학습과정을 거치게 되는 메커니즘은 학습과정을 통해 「자기강화(self-reinforcing)」되는 특성이 있다. 특정 시점에서 의사결정 주체가 환경변화에 대응해 자원을 활용한 결과가 긍정적이면 이 경험은 피드백(feedback)되어 메커니즘을 강화시킨다. 그러나 만약 결과가 부정적이라면 이와 같은 경험은 피드백되어 메커니즘을 약화시킨다. 이와 같은 자기강화 현상은 경쟁력 있는 능력은 더욱 강화시키고 경쟁력이 없는 능력은 계속 약화시키므로 학습이 진행됨에 따라 메커니즘은 더욱 정교하게 특화(specialization)되고 제도화되며 궁극적으로는 루틴화(routinization)된다.[39]

---

38 노나카는 지식창출의 근본요인을 「정보 여유(information redundancy)」라는 개념으로 설명했다. 정보 여유란 개인이나 그룹 또는 조직이 자신의 기능을 수행하는 데 필요한 최소한의 정보량을 초과한 상태를 말한다(Morgan, 1986: Nonaka, 1990). 그의 주장에 따르면 이와 같은 정보 여유는 정보유통의 관점에서는 불필요한 것으로 간주되지만, 정보창출의 관점에서는 지식을 창출하는 근본요인이 된다.

39 Levinthal, D. A., "Learning and Schumpeterian Dynamics," *Working Paper*, Wharton School, University of Pennsylvania, 1993; Levinthal, D.A. and J.G. March, "The Myopia of Learning," *Strategic Management Journal*, vol. 14, 1993; Levitt, B. and J.G. March, "Organizational Learning," *American Review of Sociology*, vol. 14, 1988; Nelson, R. R. and S. G. Winter, *An Evolutionary Theory of Economic Change*, Harvard University Press, 1982.

하나의 기업 안에 여러 개의 메커니즘이 존재할 경우, 학습과정을 통해 메커니즘 사이에 차이가 발생할 수도 있다. 같은 기업 안에 존재하는 메커니즘들은 각기 직면한 환경, 의사결정 주체, 자원 등이 조금씩 다르기 때문에 별도의 진화과정을 거친다. 그러나 동일한 주체나 공동의 자원을 사용할 경우에는 서로 영향을 미치게 된다.[40] 메커니즘들은 공동의 자원을 놓고 서로 경쟁하게 되는데, 학습과정이 진행됨에 따라 상대적으로 환경변화에 적합한 메커니즘은 강화되고 환경변화에 부적합한 메커니즘은 약화된다(Levinthal and March, 1993). 따라서 학습과정은 시간 흐름에 따라 메커니즘들을 서로 차별화하고 이들 사이의 격차를 벌여놓을 것이다.

학습과정으로서의 메커니즘은 급속히 변하기보다는 점진적으로 변하는 특성을 갖고 있다(Levitt and March, 1988). 메커니즘은 외부충격에 따라 급작스럽게 변하기보다는 의사결정 결과를 통해 파생된 경험과 지식이 축적되면서 조금씩 변한다. 공부를 못 하는 학생이 하루아침에 공부를 잘 할 수 없기 때문에 지속적인 노력이 필요하듯이, 기업 특유의 메커니즘도 지속적인 투자와 경험를 통해 점진적으로 변한다.

시간 차원 : 선택 메커니즘(selecting mechanism)

시간 차원에서 메커니즘의 본질은 선택과정(selection process)이다. 메커니즘은 환경변화에 적응하기 위해 주체가 자원을 활용하는 과정에서 형성된다. 그리고 이렇게 형성된 메커니즘은 학습을 통해 진화하지만 장기적으로는 환경에 따라 선택된다. 환경에 따라 메커니

---

40 Dierickx, I and K. Cool, "Asset Stock Accumulation and Sustainability of Competitive Advantage," *Management Science*, vol. 35, 1989.

즘의 선택은 학습과정에 내재하는 자기파괴적(self-destructive)인 특성 때문이다.

앞에서 설명한 것처럼 메커니즘은 기존의 자원을 이용하는 지식활용 과정과 새로운 자원을 개발하는 지식탐색 과정을 거쳐 형성된다. 지식활용은 단기간에 경쟁우위를 확보하기 위해 필요하며, 지식창출은 장기적으로 경쟁우위를 유지하는 데 필요한 과정이다. 따라서 기업이 성공하기 위해서는 이 두 가지 과정 사이에 적절한 균형을 유지해야만 한다. 여기에서 지식활용과 지식탐색을 조화시킨다는 것은 결국 단기(short-term)와 장기(long-term), 확실성(certainty)과 불확실성(uncertainty), 효율성(efficiency)과 유연성(flexibility)의 문제를 적절히 조화시킨다는 뜻이다.

그런데 지식활용과 지식탐색은 본질적으로 상반된 특성을 갖고 있다. 지식활용은 주체가 이미 보유하고 있는 자원을 활용하는 것이므로, 투입에 대한 결과를 비교적 확실히 예측할 수 있고 효과도 단기간에 빨리 나타난다. 반면에 지식탐색은 주체가 아직 알지 못하는 자원을 개발하는 것이므로, 투입에 대한 결과를 예측하기 힘들고 효과도 장기간에 걸쳐 서서히 나타난다. 따라서 제한된 합리성을 가진 의사결정 주체들은 미래의 불확실한 높은 성과보다는 현재의 낮지만 확실한 성과를 선호하게 되고, 이에 따라 메커니즘도 지식탐색보다는 지식활용을 통해 지배적으로 형성된다.[41] 결국 현재 기업이 보유하고 있는 자원을 활용해 단기간의 성과를 지향하는 지식활용을 통해 형성된 메커니즘은 미래의 새로운 환경에 적응할 수 없으며 새로운 환경에

---

41 March, J., "Exploration and Exploitation in Organizational Learning," *Organization Science*, vol. 2, 1991.

적합한 다른 메커니즘에 의해 대체되는 것이다.

지식활용이 지식탐색을 지배하는 경우 외에도 메커니즘은 학습이 가지는 「축적(cumulativeness)」이라는 특성 때문에 환경 변화에 유연하게 대응하기 어렵다(Levinthal, 1993). 앞에서 살펴본 것처럼 지식활용이든 지식탐색이든 간에 학습과정은 「자기강화」되는 특성이 있다. 환경−주체−자원 사이의 상호작용에서 나온 결과는 피드백되어 메커니즘을 강화시키는데, 이와 같은 상호작용의 결과들이 축적될수록 메커니즘은 전문화·특화·제도화된다. 그런데 메커니즘이 특화되면 될수록 효율성은 증가하나 환경변화에 대한 유연성은 떨어지므로 새로운 환경변화에 따라 도태될 가능성이 높아진다.[42]

노나카도 캐논과 혼다의 사례를 들면서 「정보 여유(redundancy)」가 지식을 창출하는 요인이지만, 지나친 정보 여유는 집단사고를 유발시켜 오히려 창조적 사고를 방해할 뿐만 아니라 높은 원가부담과 구성원의 탈진(exhaustion)이라는 부작용을 초래해 오히려 지식창출을 저해한다고 주장했다.[43]

지금까지 설명한 메커니즘 패러다임의 기본구조를 정리하면 〈그림 7-4〉와 같다. 그림에서 보는 것처럼 특정 시점의 환경에 대응해 주체

---

42 Hannan M. T. and J. Freeman, *Organizational Ecology*, Harvard University Press, 1989; Kelly, D. and T. L. Amburgey, "Organizational Inertia and Momentum : A Dynamic Model of Strategic Change," *Academy of Management Journal*, vol. 34, 1991; Singh, J. V., R. J. House and D. J. Tucker, "Organizational Change and Organizational Mortality," *Administrative Science Quarterly*, vol. 31, 1986.

43 Nonaka, I., "Redundant, Overlapping Organization : A Japanese Approach to Managing the Innovation Process," *California Management Review*, vol. 32, 1990.

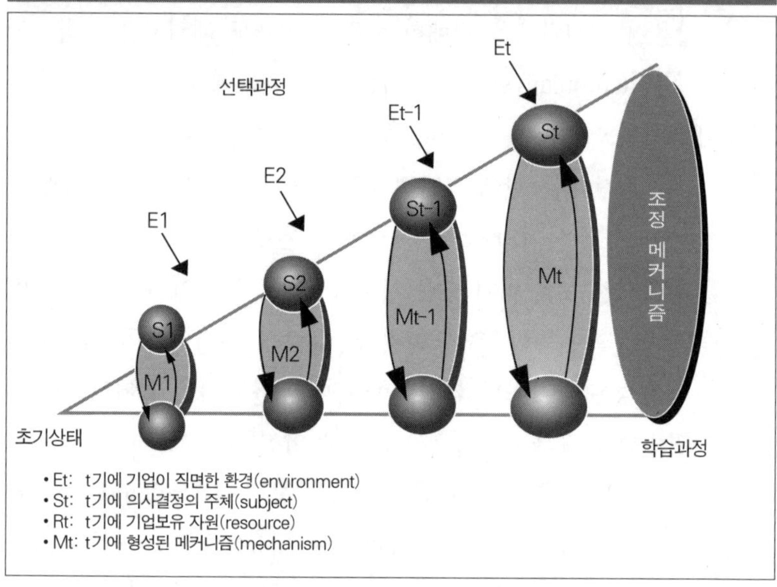

가 자원을 활용하는 과정에서 창출된 메커니즘은 시간 흐름에 따라 경험과 지식이 축적되면서 진화하는데, 각 단계마다 새로이 직면하는 환경에 따라선택된다. 이 모델에 따르면 비록 동일한 산업에서 동일한 초기상태에서 시작한 기업이라 할지라도 시간 흐름에 따라 학습 및 선택과정을 거치므로 점점 더 차이가 커지게 된다.

특 성

내용 차원에서 조정, 과정 차원에서 학습, 시간 차원에서 선택이라는 기본구조를 갖는 메커니즘은 이들 기본원리로부터 파생되는 다음과 같은 특성을 갖고 있다.

인과적 모호성

메커니즘은 환경·주체·자원 사이의 복잡한 상호작용을 통해 형성된다. 미시경제학에서는 경제주체들이 완전한 합리성 및 완전한 정보를 갖고 있는 것으로 가정한다. 다시 말해 미시경제학의 세계에서 경제주체들은 자신들과 관계되는 모든 경제적·기술적 정보를 갖고 있으며, 과거와 현재는 물론 미래도 정확히 예측할 수 있다.[44]

그러나 전략이론의 세계에서 의사결정 주체는 제한된 합리성을 갖고 있다. 따라서 그들은 미래의 환경변화를 정확히 예측할 수 없을 뿐만 아니라, 과거의 역사나 현재 환경으로부터도 정확하게 정보를 추론하거나 분석할 수 없다.[45] 또 주체는 기업이 보유한 다양한 자원을 정확히 파악할 수도 없다.[46] 특히 시간이 흐름에 따라 학습이나 선택을 거쳐 진화하거나 도태되는 과정에서 살아남은 메커니즘은 점점 더 복잡해지고 이에 따라 인과적 모호성도 더욱 증가하게 된다. 이처럼 특정 시점에서 환경·주체·자원 등 세 가지 요인이 어떤 과정을 거쳐 어떻게 메커니즘을 형성한 것인지를 인과적으로 규명하는 것은 매우 어렵다.[47]

---

44 Kreps, D. M., *A Cource in Micromic Theory*, Princeton University Press, 1990.

45 Amit, R. and P. J. H. Schoemaker, "Strategic Asset and Organizational Rent," *Strategic Management Journal*, vol. 14, 1993.

46 자원의 종류를 물리적 자원·인적 자원·조직 자원으로 나눌 때(Barney, 1991), 공장·원료·자금 등 물리적 자원은 파악하기 쉬운 반면, 개인에 체화된 기술이나 경험 같은 인적 자원과 계획·조정·통제 등과 같은 조직자원은 상대적으로 파악이 어렵다.

47 Barney, J. B., "Firm Resources and Sustained Competitive Advantage," *Journal of Management*, vol. 17, 1991; Lippman, S. and R. P. Rumelt, "Uncertainty Imitability : An Analysis of Interfirm Differences in Efficiency under Competition," *Bell Journal of Economics*, vol. 13, 1982; Reed, R. and Defillippi, "Causal Ambiguity, Barriers to Imitation and Sustainable Competitive Advantage," *Academy of Management Review*, vol. 15, 1990.

이와 같은 인과적 모호성 때문에는 경쟁자들이 성공한 기업이 보유하고 있는 메커니즘을 완벽하게 모방하는 일이 적어도 단기적으로는 불가능하다. 따라서 단기적으로 메커니즘은 인과적 모호성이라는 특성 때문에 경쟁자들과 차별화되는 경쟁우위를 유지할 수 있는 기반이 된다. 그러나 만약 특정 시점에서 형성된 메커니즘을 지속적으로 개선하지 않는다면, 경쟁자들이 성공요인을 모방하기 위해 기업의 행동을 계속 관찰하고 추론하는 과정에서 메커니즘이 내포하고 있는 인과관계가 점차 밝혀질 것이다.

무선전화기를 처음 시장에 내놓은 모토로라(Motorola)나 휴대용 녹음기 워크맨(Walkman)을 처음 발명한 소니(Sony)의 경우, 혁신적인 제품개발로 각각의 산업에서 선도적인 위치를 확보했지만 그 후 많은 경쟁자들이 비슷한 제품을 출시하는 바람에 경쟁우위를 계속 유지할 수 없었다.[48] 이들 기업이 경쟁우위를 계속 유지할 수 없었던 이유는, 혁신적인 아이디어가 신제품을 탄생시켰지만 이와 같은 신제품 개발과정이 메커니즘에 체화되기도 전에 경쟁자들이 벤치마킹이나 리버스 엔지니어링(reverse-engineering) 등을 통해 모토로라와 소니의 경쟁우위를 모방했기 때문이다.

따라서 메커니즘에 기반을 둔 경쟁우위가 지속적으로 유지되기 위해서는 메커니즘을 개선하는 끊임없는 투자와 노력이 필요하다(Reed and Defillippi, 1990). 만약 특정 시점에서 형성된 메커니즘이 환경변화에 대응해 지속적으로 개선되지 않는다면, 시간이 흐름에 따라 인과적 모호성의 정도가 낮아지고 경쟁자들도 쉽게 모방할 수 있을 것이다.

---

48 Williams, J. R., "How Sustainable Is Your Competitive Advantage?," *California Management Review*, 1992.

경로의존성

메커니즘들은 저마다 기업 고유의 역사를 갖고 있는데, 학습과정을 통해 과거의 메커니즘이 현재의 메커니즘에 영향을 미치므로 메커니즘은 경로의존성(path dependence)이라는 특성을 갖게 된다(Levitt and March, 1988; Barney, 1991; Teece, Pisano and Shuen, 1990).

미시경제학에서는 제품 가격이나 생산요소 가격이 변하면 기업도 자신의 이익을 극대화하는 방향으로 민첩하게 생산방식과 기술을 바꿀 수 있다고 가정한다(Kreps, 1990). 그러나 실제로 환경-주체-자원의 상호작용을 통해 형성된 메커니즘은 과거의 경험 및 투자 등에서 나온 결과에 따라 현재의 메커니즘이 영향을 받기 때문에 급격한 환경변화에 쉽게 적응할 수 없다. 세 살 버릇이 여든까지 간다는 속담이 있듯이, 환경이 변하더라도 과거에 해온 습관이나 스타일은 쉽게 변하지 않는다는 원리다.

메커니즘이 경로의존성이라는 특징을 갖게 된 원인 가운데 하나는 의사결정 주체가 가진 몰입(commitment) 현상 때문이다. 의사결정 주체는 완전한 합리성을 갖지 못하기 때문에 자신이 내린 과거의 의사결정에 얽매일 수가 있다. 예컨대 대규모 신규투자를 했을 경우 진행되는 과정에서 프로젝트가 경제적 타당성이 없는 것으로 결론내려졌다 할지라도 과거에 투자된 대규모 매몰비용(sunk cost) 때문에 경영자가 프로젝트를 포기하지 않을 수도 있다.[49]

메커니즘의 경로의존성은 경쟁자들이 성공기업을 모방하는 것을 어렵게 만드는 요인 가운데 하나다. 다시 말해 경쟁자들이 현재 시점

---

49 Ghemawat, P., *Commitment : the Dynamics of Strategy*, Free Press, New York, 1991.

에서 성공기업의 메커니즘을 분석했다고 할지라도 그 기업의 메커니즘을 충분히 이해할 수 없다. 왜냐하면 메커니즘은 기업 역사의 산물이기 때문에 현재의 메커니즘을 이해하기 위해서는 과거에 그 기업이 어떻게 해왔는가도 분석해야 하기 때문이다.

메커니즘의 경로의존성이 내포하고 있는 또 다른 전략적 시사점은 기업이 결정하는 현재의 의사결정은 단순히 현재에만 영향을 미치는 것이 아니라 미래에도 영향을 미친다는 것이다(Teece, Pisano and Shuen, 1990). 특히 현재 시점에서 시행되는 대규모 투자의 경우에는 전통적으로 재무관리에서 고려하는 회수기간이나 할인기간보다 훨씬 오랜 동안 기업의 전략에 영향을 미치게 된다.

관 성

관성(inertia)은 메커니즘의 경로의존성과 관련이 있다. 메커니즘은 과거의 행동에 제약을 받기 때문에 쉽게 기존경로에서 다른 경로로 변화하기가 힘들다. 또한 과거에 투자된 매몰비용도 메커니즘을 쉽게 변할 수 없게 만드는 요인 중의 하나이다. 메커니즘은 학습과정을 통해 환경에 적응하는 과정에서 특화되고 메커니즘이 특화되면 될수록 효율성은 증가하나 환경변화에 대한 유연성은 떨어지므로 환경변화에 대한 관성은 높아지게 된다(Hannan and Freeman,[50] 1984; Singh, House and Tucker, 1986; Kelly and Amburgey, 1991).

메커니즘이 갖고 있는 관성이라는 특성은 기업 차원뿐만 아니라 사회 전체적인 차원에서 시사점을 던져준다. 우선 기업 차원에서는 특

---

50 Hannan M. T. and J. Freeman, "Structural Inertia and Organizational Change," *American Sociological Review*, vol. 49, 1984.

정 시점에서 형성된 메커니즘의 경우 시간이 지남에 따라 관성을 갖게 되므로 환경변화에 따라 메커니즘이 도태되지 않고 지속적으로 경쟁우위를 유지할 수 있도록 메커니즘의 유연성을 제고시켜야 한다. 특히 지식활용보다는 지식탐색에 노력을 기울임으로써 지식활용을 통해서만 메커니즘이 형성되는 것을 방지하고 새로운 환경에 적응하는 데 필요한 지식과 자원을 확보할 수 있어야 한다.

사회 전체적으로 볼 때 관성은 한 가지 메커니즘에 따라 시장이 지배되는 것을 방지한다. 일단 형성된 메커니즘은 관성을 갖기 때문에 환경변화에 민감하게 대응할 수 없다. 따라서 환경변화가 일어나면 새로운 환경에 선택되기 위해 메커니즘 사이에 경쟁이 일어난다. 만약 기존의 메커니즘이 지속적으로 혁신을 거듭하지 않는다면, 환경변화에 따라 나타난 새로운 메커니즘이 기존의 메커니즘을 대체하게 된다. 이처럼 환경변화는 메커니즘이 지속적으로 자기 혁신을 할 수 있도록 자극하며, 이에 따라 사회 전체적인 효용도 증대된다(Schumpeter, 1942; Hannan and Carroll,[51] 1992; Hannan and Freeman, 1989).

다) 가치창조 메커니즘의 개념

「가치창조 메커니즘(value creation mechanism)」이란 기업이 환경적응 메커니즘을 바탕으로 환경창조 메커니즘과 자원창조 메커니즘을 결합해 유·무형의 가치를 창조하는 메커니즘을 말한다. 즉 e-비

---

[51] Schumpeter, J. A., *Capitalism, Socialism and Democracy*, Harper, New York, 1942; Hannan M. T. & G. R. Carrol, *Dynamics of Organizational Populations: Density, Competition and Legitimation*, Oxford University Press, New York, 1992.

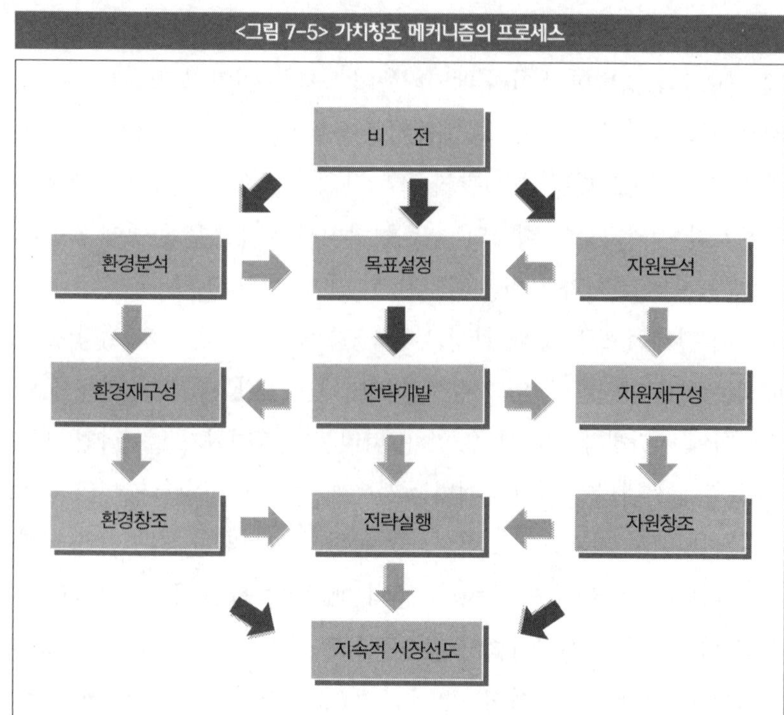

즈니스 기업의 사활을 좌우하는 관건이 환경적응 메커니즘이라면 기업의 경쟁우위, 즉 다른 e-비즈니스 경쟁기업을 물리치고 업계 선두 위치를 유지할 수 있도록 하는 e-전략의 결정요소는 바로 「가치창조 메커니즘」인 것이다.

〈그림 7-5〉에 요약된 가치창조 메커니즘의 프로세스에서 볼 수 있는 것처럼, 기업이 환경을 재구성하는 과정에서 외부환경은 서서히 그 기업에게 유리한 환경으로 창조·정립된다. 그리고 이를 실현하는 과정에서 내부능력 역시 재구성 단계를 거쳐 새로운 내부능력으로 창조된다. 이 과정을 통해 자연스럽게 달성된 성과는 궁극적으로 그 기

업을 업계에서 선도적인 위치로 끌어올려주며, 다른 경쟁기업이 모방만으로는 도저히 따라잡을 수 없는 간격을 형성시켜준다. 그리고 이와 같은 가치창조 능력의 핵심은 그 기업을 이끌어가는 최고경영자의 비전과, 그 비전을 현실과 연결시켜 환경과 내부자원을 재구성하는 능력이다. 그리고 이 같은 비전과, 환경·자원 재구성 능력을 갖춘 경영자야말로 오늘날 e-비즈니스의 영웅이라고 할 수 있다. 따라서 다음에서는 이와 같은 비전과 환경 및 자원의 재구성 능력에 대해 살펴보기로 하겠다.

비 전[52]

비전의 개념

기업의 비전이란 무엇인가? 비전은 앞으로 기업이 달성하고자 하는 모습을 이미지화한 것으로, 앞으로 우리 기업은 어떤 모습이어야 하며 이를 위해서는 어떻게 해야 할 것인가에 대한 기업구성원의 공감대다. 비전은 기업의 현재와 미래를 연결시켜주는 고리로서 기업이 추구해야 할 최고의 가치가 무엇인지를 제시해줄 뿐만 아니라, 이를 통해 기업구성원들에게 활력을 불어넣고 담당 업무에 의미를 부여하는 역할을 한다.

기업가라는 영웅이 가진 비전은 어떤 구조이며, 이 구조는 영웅이 갖추고 있어야 할 자질과 어떤 연관을 맺고 있는가?

비전의 첫번째 요소는 미래에 환경이 어떻게 변화할 것이며, 그와 같은 환경변화가 기업에 미치는 영향은 무엇인가를 판단할 수 있는

---

52 조동성, 『21세기를 위한 전략경영』, 서울경제경영, 1998, pp. 657~660.

「개념적 틀」 또는 「관점」이다. 『사람은 보이는 것을 보는 것이 아니라, 볼 수 있는 것만 보는 것이다』라는 알베르트 아인슈타인(Albert Einstein)의 말처럼 사람이 무엇을 관찰할 수 있는가를 결정하는 것은 바로 그 사람의 관점, 즉 개념적 틀이고 이 틀이 바로 기업가가 갖고 있는 독창적 통찰력이다.

기업의 최고경영자 또는 리더는 스스로의 독창적 통찰력을 통해 기업과 자신을 둘러싼 환경의 변화를 파악하고 예측함으로써 기업이 나아갈 방향을 결정한다. 이 때 최고경영자는 경쟁기업의 경영자와는 다른 관점에서 그들이 미처 파악하지 못한 변화를 감지해 새로운 사업의 기회를 포착할 수 있어야 한다.

비전을 구성하는 두번째 요소는 「정보」와 「지식」이다. 비전은 순간적인 발상이나 영감을 통해 우연히 만들어지는 것이 아니라, 방대한 정보의 수집과 분석, 그리고 다양한 경험과 지식의 습득을 통해 형성되는 것이다. 즉 비전은 무한한 가능성의 세계인 미래에 대한 끊임없는 물음과 이에 답하기 위한 정보와 지식을 수집하고 축적하는 과정에서 창조된다. 이 때의 가치는 미래에 대한 물음에 직접적인 영향을 미칠 뿐 아니라, 어떤 정보를 수집할 것이며 수집된 정보 가운데 어떤 것이 적합한가를 평가하는 데에도 영향을 미친다.

비전을 구성하는 세번째 요소는 어떤 행동이 바람직하고 가치있는 것인가를 결정하는 데 도움을 주는 「인간의 보편적인 가치」다. 본래 가치란 개인의 선호에 바탕을 두고 선택된 규범이다. 그러나 여기에서 말하는 가치란 특정 개인의 선호가 아니라 모든 기업구성원들의 공유된 선호에 바탕을 둔 규범 형태를 띤다. 따라서 가치는 기업의 모든 구성원에게 공통적인 방향감각과 일상 행동의 지침을 제공하는 역할을 한다. 보편적 가치를 공유하고 있는 기업이라야 환경과 기업의 변화에 맞게 새로이 결정된 전략을 실행할 수 있는 힘을 모으게 된다.

최고경영자는 이와 같은 보편적 가치를 이끌어낼 수 있어야 한다. 이를 위해 최고경영자가 갖춰야 할 자질로는 고결성, 영웅적 성품, 성실성의 세 가지를 들 수 있다. 기업가는 우선 기업을 발전시키고 구성원들의 복지를 향상시키려는 순수한 동기가 있어야 한다.

그리고 이 동기를 충족시키기 위해서는 조직을 이끌어갈 수 있는 강력한 지도력과 아울러 조직 전체를 포용할 수 있는 힘이 있어야 한다. 그리고 이 두 가지를 행할 때에는 성실한 자세로 임해야 한다. 최고경영자가 이와 같은 자질을 갖추고 있다면, 조직 전체의 힘을 모아 한 방향으로 결집시킬 수 있는 보편적 가치는 자연스럽게 형성되는 것이다.

비전의 조건

이와 같은 구조를 가진 비전은 어떤 속성을 갖추어야 할 것인가? 기업의 최고경영자와 구성원들이 공유한 개념적 틀이나 가치가 모두 비전이 되는 것은 아니다. 비전이 되기 위해서는 독특한 특성이나 다음과 같은 조건을 갖추어야 한다.

첫째, 비전은 장기적인 관점에서 기업구성원들에게 미래의 이상향, 다시 말해 꿈을 제시해야 한다. 이 때 비전은, 기업이 아무리 노력해도 영원히 도달할 수 없는 환상도 아니고 미래에 대한 완벽한 예언도 아니다. 비전에 담긴 미래는 현재 존재하지 않고 불확실하지만, 믿음을 갖고 추구하면 언젠가 도달할 수 있는 가능성의 세계다.

그리고 비전은 현재의 연장선상에서 바라본 「예상되는 미래」가 아니라, 경영층과 모든 구성원들의 꿈과 의지가 담긴 「원하는 미래」인 것이다. 경영자의 꿈은 빛나는 눈동자와 용솟음치는 정열을 통해 구성원의 가슴에 불을 당기고 그들을 긴장시키고 흥분시킨다.

둘째, 비전은 사물이나 현상의 본질을 꿰뚫어보는 통찰력을 필요로 한다. 경쟁사를 단순히 모방한다고 해서 비전이 만들어지는 것은 아니다. 그리고 비전은 당장 눈에 보이는 전략이나 전술에 급급해서도 안 된다. 나무보다는 숲, 부분보다는 전체, 눈에 보이는 것보다는 눈에 보이지 않는 근본적인 게임의 규칙을 잘 다루어야 한다. 이를 위해서는 경쟁의 원리와 핵심 경쟁요인을 파악해 혁신, 즉 새로운 게임의 규칙을 창조하는 것이 중요하다.

셋째, 기업의 비전은 꿈과 혁신만으로는 현실화되지 않는다. 개인의 비전은 개인의 의지만으로 실천할 수 있지만, 기업은 비전에 대한 기업구성원 모두의 공감대가 형성되어야 하기 때문이다. 따라서 비전이 조직에 의해 받아들여지기 위한 마지막 속성은 기업구성원의 공감대다. 즉 최고경영자가 가진 미래에 대한 꿈과 혁신적인 자세가 비전으로 형성되는 과정에서 모든 기업구성원들에게 전파되고 공유될 때, 비전은 개인 차원에서 집단 차원으로 승화되면서 비로소 기업 전체의 비전으로 완성되는 것이다.

경영자가 구성원을 설득해 공감대를 형성하기 위해서는 꿈의 목적과 방향을 뚜렷이 설정해야 한다. 그리고 그 내용을 정확히 묘사하고 쉽게 이해할 수 있게 해야 하며, 이를 통해 구성원이 가진 기대를 충족시킬 수 있어야 한다. 이처럼 기업의 비전은 경영자의 꿈과 혁신, 그리고 공감대 형성이라는 세 가지 속성을 갖추어야 한다.

환경과 자원의 재구성 능력[53]

환경과 내부자원

환경은 크게 보아 외부환경과 내부환경으로 구분할 수 있다. 외부환경은 세계 및 국가 경제, 정치제도와 법령, 소비자와 경쟁자처럼 기업의 외부에 존재하는 경영환경을 구성하는 요소를 말한다. 반면에 내부환경은 보유생산시설, 직영판매망, 자금력, 조직구성원 등 기업이 내부에 보유하고 활용할 수 있는 것으로서 흔히 자원이라 일컬어진다. 혹자는 외부환경은 기업에게 영향을 미치면서도 기업이 통제력을 발휘할 수 없는 요소, 내부자원은 기업 스스로가 통제력을 발휘할 수 있는 요소라고 보는 주장도 있다.

그러나 다음에서 살펴보는 것처럼 기업이 통제력을 발휘할 수 없는 요소란 없다는 점에서 이 같은 주장은 받아들여질 수 없다. 환경과 자원은 다음 세 가지로 나누어볼 수 있다.

존재하지만 불필요한 환경과 자원: 기업의 외부나 내부에 실제로 존재하지만 해당기업의 활동에 전혀 영향을 끼치지 않는 환경과 자원을 말한다. 기업체의 입장에서 볼 때 이 같은 환경이 외부환경이라면 무시하면 된다. 그러나 이 같은 환경이 내부환경, 즉 기업이 내부에 보유하고 있는 자원이라면 이를 없애는 과정이 필요하다.

---

53 조동성, 『21세기를 위한 전략경영』, 서울경제경영, 1998, pp. 660~663.

존재하면서 필요한 환경과 자원: 기업의 외부나 내부에 실제로 존재할 뿐만 아니라 해당기업이 목적을 추구하는 데 꼭 필요한 환경과 자원을 말한다. 기업체의 입장에서 볼 때 이런 환경과 자원은 자신에게 더 유리하도록 강화하거나 이를 적극 활용하는 방안을 마련해야 한다.

존재하지 않지만 필요한 환경과 자원: 현재 기업의 외부나 내부에 존재하지 않지만 기업이 목적을 추구하는 데 꼭 있어야 하는 환경과 자원으로, 해당기업의 입장에서 볼 때 이런 환경과 자원은 새로이 만들어야 한다.

위의 세 가지 환경과 자원 가운데 그 동안 기업에게 특히 중요하게 인식되어온 것은 존재하면서 필요한 환경과 자원, 존재하지 않지만 필요한 환경과 자원의 두 가지다. 이들을 어떻게 강화·활용하고, 어떻게 만들어낼 것인가가 기업이 산업 내에서 선도적 위치를 차지하는 과정에서 가장 핵심적인 요인으로 간주되어왔다. 이처럼 기업이 외부환경과 내부자원 가운데 필요한 환경과 자원을 강화하고 만들어내는 과정을 환경 재구성 및 자원 재구성 과정이라고 부를 수 있다.

그리고 이 같은 환경과 자원 재구성의 결과 새로이 형성되는 환경과 자원은, 그것이 외부의 환경이건 내부의 자원이건 간에, 이전에는 존재하지 않던 것이라는 점에서 「창조된 환경과 자원」이라고 할 수 있다. 그런데 환경과 자원을 재구성하는 과정에서 고려해야 할 세 가지 중요한 변수가 있다.

행위의 주체

환경과 자원의 재구성 과정에는 반드시 그와 같은 변화를 선도하고 추진하는 주체가 있게 마련이다. 대부분의 기업에서 이 주체는 최고경영자다. 최고경영자는 기업의 새로운 미래 모습인 비전을 제시하고 목표를 제시할 뿐만 아니라 실제로 이를 달성하기 위한 변화를 주도하는 선도자로서의 역할도 한다.

물론 주체의 범주를 넓게 살펴보면 최고경영자의 의지를 실행에 옮기는 종업원, 특정 과업의 수행을 위해 조직된 태스크포스 팀(task-force team)도 포함된다. 그리고 더 넓게 보면 기업이라는 조직 그 자체가 주체 역할을 할 수도 있다.

변화의 매체

변화의 매체는 행위의 주체가 환경과 자원을 재구성해나가는 수단으로, 이것은 기업이 가진 능력이나 처한 상황에 따라 다양하게 나타난다. 예컨대 정부·연구기관·소비자 같은 외부매체일 수도 있고, 기업 내 제품개발능력·자사유통망·자금력·정보와 같은 내부매체일 수도 있다. 만일 어느 기업이 외부 연구기관과 기술제휴를 통해 신제품 개발에 성공했다면 기업은 행위의 주체가 되며, 외부 연구기관은 변화의 매체가 되는 셈이다.

변화의 객체

변화의 객체는 행위의 주체가 변화의 매체를 이용해 변화시키려는 대상이 된다. 변화의 객체 역시 기업이 처한 상황에 따라 다양하게 나타날 수 있다. 예컨대 소비자·경쟁자·정부 같은 외부객체일 수도 있고, 자체 상품·기업구성원·기업문화와 같은 내부객체일 수도 있다. 만일 기업에게 불리한 법규나 규정을 정부에 대한 로비를 통해 수정함으로써 자신에게 유리하도록 경쟁의 규칙을 바꾼다면 경쟁의 규칙이 변화의 객체가 된다.

행위의 주체는 기업이나 경영자 자신이지만 변화의 매체와 객체는 상황에 따라 달라지는 양상을 띤다. 변화의 매체와 객체를 각각 환경과 자원으로 나누어 다음 네 가지 상황을 살펴보자.

외부매체로써 외부객체를 변화시킨 경우: 정부관리를 설득해 정부정책을 변화시킨 경우다. 기업이 기존법규를 개정해야 진출이 가능한 어느 유망산업에 진입하려 한다고 하자. 이 때 기업은 자신이 그 산업에 진입함으로써 생겨나는 이익을 홍보하고 불리한 점을 희석시킬 수 있는 행동을 한다. 이와 아울러 정부관리에 대한 로비 활동을 통해 법규를 바꿈으로써 그 산업으로의 진입을 시도하게 된다. 이 경우 그 기업은 「정부관리」라는 외부매체를 이용해 「경쟁의 규칙」이라는 외부객체를 변화시킨 셈이다.

외부매체로써 내부객체를 변화시킨 경우: 외부단체와의 기술협력을 들 수 있다. 기업이 자신의 기술만으로는 신제품 개발에 한계가 있다고 보고 우수한 대학연구소와 산학협동을 통해 예전에 생산하던 제품보다 훨씬 성능이 우수한 제품을 개발했다고 하자. 이 경우에는 「기업」이라는 행위의 주체가 「대학연구소」라는 외부매체를 이용해 「신상품」이라는 내부객체를 창조한 것이다.

내부매체로써 외부객체를 변화시킨 경우: 기업이 지니고 있는 기술력으로써 소비자를 변화시킨 경우를 들 수 있다. 예를 들어 소니의 워크맨 사례를 살펴보자. 소니가 워크맨을 만들기 전까지만 해도 소비자들은 음악이란 집안이나 음악실 등 주위 사람들에게 피해를 주지 않는 곳에서만 들을 수 있는 것이라고 생각했다. 그러나 소니가 기술력을 통해 카세트테이프 레코드를 더 작게 만들고 혼자서만 들을 수 있는 이어폰을 개발한 후 이 제품을 소비자들에게 널리 소개한 결과, 음악감상을 할 수 있는 장소가 집안에서 길거리로, 전차 안으로, 산속이나 바다로 확장되었다.

따라서 소니의 예는 「기술력」이라는 내부매체를 가지고 「소비자의 기호」라는 외부객체를 변화시킨 경우에 속한다.

내부매체로써 내부객체를 변화시킨 경우: 요즘 한창 유행하는 경영혁신을 들 수 있다. 기업이 조직혁신의 필요성을 느껴 리엔지니어링이라는 경영혁신기법을 도입하기로 했다고 하자.

우선 기업은 경영혁신을 추진할 수 있는 팀을 내부에 구성할 것이고, 자신들의 조직 자체를 혁신하게 된다. 즉 「경영혁신 팀」과 「경영혁신기법」이라는 내부매체를 이용해 「조직」이라는 내부객체를 변화시킨 것이다.

지금까지 환경이나 자원을 재구성하는 과정을 살펴보았다. 하지만 문제는 여기에서 그치지 않는다. 변화된 환경과 자원은 같은 상태로 머물러 있지 않고 끊임없는 변화의 과정을 거치며 다른 것에도 영향을 미치기 때문이다.

　여기에서 우리는 또 하나의 문제점을 발견하게 된다. 그렇다면 과연 위의 과정을 통해 변화된 환경이나 자원은 서로에게 영향을 미치지 않는 독립적인 관계인가, 아니면 서로에게 영향을 주고받는 상호의존적인 관계인가? 결론부터 말하자면, 양자 모두 상호의존적이다. 재구성된 환경이 자원을 변화시키기도 하고 내부자원이 환경을 다시 변화시키기도 한다. 변화된 환경이 내부자원으로 변하기도 하며, 변화된 환경에 맞는 새로운 자원을 창출하기도 한다. 그리고 변화된 자원이 환경에 영향을 미쳐 환경이 변화되는 경우도 있다.

　이처럼 가치창조 메커니즘은 비전에서 시작해 환경과 자원의 재구성과 창조를 통해 성과에 이르기까지 많은 노력과 복잡한 분석을 필요로 한다. 하지만 위의 단계가 모두 정확히 적용되는 예는 드물다. 기업이 처한 상황이나 능력에 따라 특별히 중요하게 대두되는 과정이 있을 것이고, 무시해도 좋은 과정도 있을 것이다.

② 전자 프로세스 혁신 전략

　전자 프로세스 혁신전략(e-process reformation strategy)이란 비효율적으로 수행되던 기존의 기업의 업무프로세스를 디지털방식으로 개혁함으로써 업무비용과 시간을 효율적으로 절감해 e-기업의 가치뿐만 아니라 고객의 가치를 향상시키는 전략이다. 이러한 전략의 대표적인 예는 전자판매사슬 관리(e-selling chain management)와 e-SCM을 활용하는 전략이다.

　이 두 가지 기법은 기본적으로 기업의 판매사슬이나 공급사슬을 디지털 네트워크 기술을 이용해 디지털 전자방식으로 전환시킴으로써, 판매와 공급에서 효율성과 효과성을 증대시키는 전략이다. 즉 두 전략을 이용할 경우 판매사슬과 공급사슬상의 비효율적인 낭비요소를 크게 제거할 수 있으며, 아울러 급속히 변화하는 고객의 요구에 신속히 대응할 수 있다.

그리고 ERP의 전략적 활용도 전자 프로세스 혁신 전략의 한 가지 예로 볼 수 있다. 현재 ERP는 「e-비즈니스의 골격」으로 평가를 받고 있으며, 따라서 각 e-기업들은 ERP 도입을 위해 많은 돈을 투자하고 있다. ERP를 도입할 경우 고객의 주문 프로세스를 향상시킬 수 있을 뿐만 아니라 기업의 제조·재무·유통·인적 자원 관리부분을 통합해 관리할 수 있다. 아울러 고도의 효율과 효과뿐만 아니라, 기업 시스템의 통합도 이룰 수 있다.

③ 정보의 범위와 밀도의 동시추구 전략[54]

현대와 같은 초고속 정보지식 경제환경에서 e-기업이 전략적 성공을 거두기 위해서는, 무엇보다도 각 기업이 갖고 있는 핵심역량을 디지털 정보화함으로써 정보를 효율적이고 효과적으로 소비자에게 전달해야 한다.

그런데 여기에서 주의해야 할 점은 〈그림 7-6〉에서 보듯이, 정보를 전달하는 과정에서 정보의 범위와 정보의 밀도 사이에는 음의 상관관계가 있다는 점이다. 즉 기업이 갖고 있는 자원은 한정되어 있으므로, 정보의 밀도를 추구하다 보면 정보의 범위가 감소하게 되며, 반대로

---

54 Philip Evans & Thomas S. Wurster, *BLOWN to BITS: How the New Economics of Information Transforms Strategy*, HBS PRESS, 2000, pp. 23~27 수정 인용.

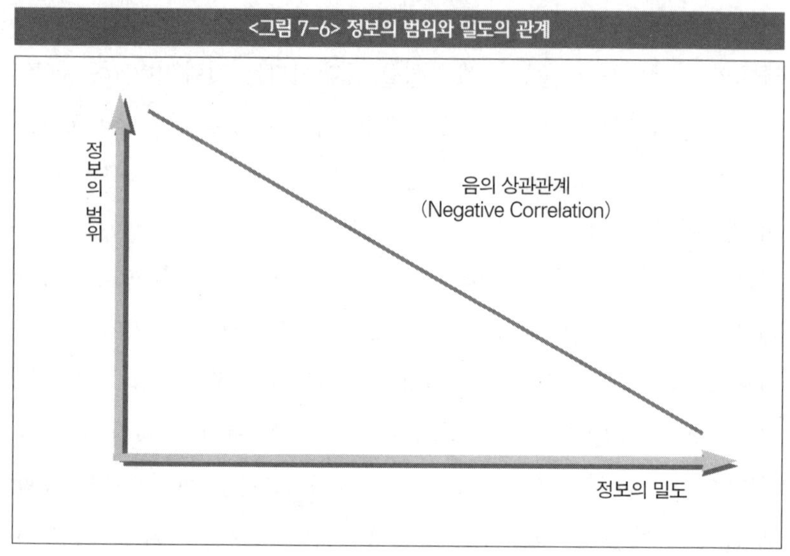

정보의 범위를 추구하다 보면 정보의 밀도가 감소하게 된다. 정보의 범위란 곧 정보를 교환하는 사람의 수를 의미한다. 정보의 밀도는 다음과 같은 여섯 가지 측면에서 그 개념을 파악할 수 있다.

첫째, 포괄성 측면에서 주어진 시간 안에 발송자로부터 수신자까지 전달되는 정보의 양, 둘째 적절성 측면에서 정보가 구미에 맞게 재단될 수 있는 정도, 셋째 상호교환성 측면에서 정보가 상호교환될 수 있는 정도(이 경우 소그룹이 용이함), 넷째 신뢰성 측면에서 정보를 신뢰할 수 있는 정도, 다섯째 보안성 측면에서 정보가 지켜질 수 있는 정도, 마지막으로 시기성 측면에서 정보가 시기적절하게 이용될 수 있는 정도가 바로 정보의 밀도 개념이다.

물론, 인터넷의 사용으로 정보의 범위와 밀도 사이의 음의 상관 관계는 많이 해소되고는 있으나, 이는 궁극적인 해결책이라고 볼 수 없다. 따라서 IT측면에서 e-기업이 추구할 수 있는 전략으로는 정보의 밀도를 추구하는 전략(richness strategy) 또는 정보의 범위를 추구하는 전략(reach strategy)이 있다.

현재 밀도를 추구하는 기업들은 인수 · 합병(mergers and acquisi-tions : M&A)를, 범위를 추구하는 기업들은 활발한 전략적 제휴를 선호하는 추세를 보이고 있다.

일단 밀도 또는 범위를 추구해 경쟁우위를 확보한 기업이 단지 그 자리에서만 안주한다면 아무 의미가 없다.

왜냐하면, 이런 기업은 치열한 경쟁환경 속에서 그 경쟁우위를 지속하기가 매우 힘들기 때문이다. 따라서 이러한 기업들은 궁극적으로 〈그림 7-7〉에서 볼 수 있는 것처럼 밀도와 범위를 함께 상승시키는 방향으로 나아가야 한다.

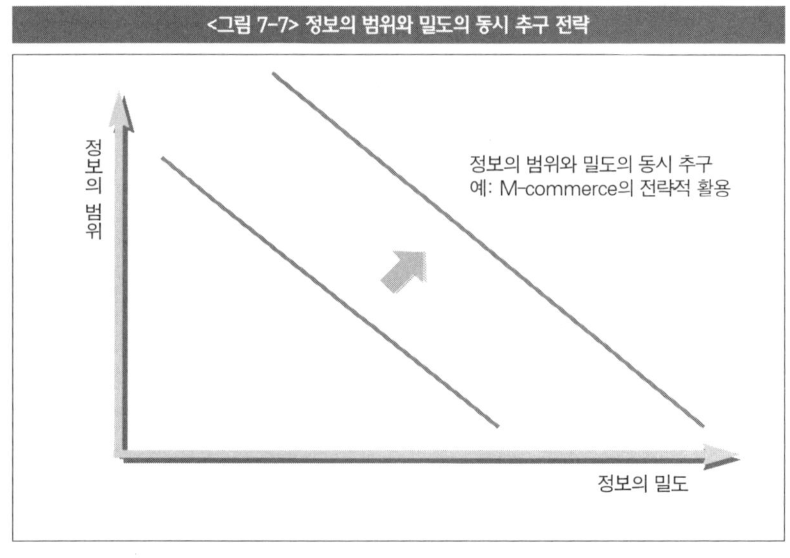

〈그림 7-7〉 정보의 범위와 밀도의 동시 추구 전략

<그림 7-7>의 예처럼 정보기술과 무선인터넷 기술이 향상됨에 따라, 「M-커머스(M-commerce)」를 전략적으로 활용함으로써, 정보의 충실성과 도달성을 동시에 추구할 수 있다. 여기에서 M-커머스란 휴대용 무선기기를 이용한 모든 인터넷 비즈니스 라고 할 수 있다. 특히 최근에는 IMT-2000의 출시를 앞둔 상황에서 M-커머스의 중요성은 크게 주목받고 있는데, 이는 휴대용 통신기기를 가지고 인터넷 비즈니스를 수행할 경우 전략적으로 정보의 충실성과 도달성을 동시에 크게 향상시킬 수 있기 때문이다.

M-커머스의 환경은 기존의 유선 네트워크와는 환경 자체가 다르다. 먼저 무선 인터넷의 가장 큰 특징은 이동성이 보장된다는 것이다. 따라서 시간과 공간의 제약을 탈피해 필요한 정보를 얻을 수 있는 편리성이 있다. 또한 유선 인터넷에 비해 좀더 개인화된 맞춤 서비스가 가능하다.

그러므로 정보기술 측면에서 e-기업에게 가장 바람직한 전략 대안 중 하나는 M-커머스와 같은 이동 무선 인터넷 통신기기를 전략적으로 활용해 정보의 윤택성과 도달성을 동시에 상승시키는 것이라고 할 수 있다.

④ 웹 활용 전략

웹 활용 전략(Web utilization strategy)이란 e-기업이 기본적으로 사업을 수행하는 공간인 웹을 전략적으로 활용함으로써, e-비즈니스 시장에서 그 어느 때보다 힘이 커지고 있는 소비자의 요구를 효율적으로 충족시켜, 고객에게는 유용한 가치를 새로이 제공하고 기업에게는 궁극적으로 유·무형의 수익을 제공하는 전략을 말한다.

이 전략의 대표적인 예로는 e-CRM을 들 수 있다. e-CRM은 웹 상에서 수행되는 판매, 마케팅, 고객 서비스의 통합전략으로 정의될 수 있다.

e-CRM과 같은 전략을 수행함으로써, 무엇보다도 e-기업은 웹을 통해 고객에 대한 직접마케팅(Direct Marketing)을 펼침으로써해 막대한 마케팅 비용과 유통비용을 절감할 수 있다. 또한 이를 통해 전자소비자 정보(electronic customer information)의 효과적인 관리가 가능하므로, 고객과의 우호적이며 장기적인 관계를 지속해나갈 수 있다.

위에서 설명한 「V-erw」 e-전략 패러다임의 가장 중요한 요소는 「가치창조 메커니즘」이라고 할 수 있다. 「가치창조 메커니즘」이 없는 e-기업은 e-마켓에서 지속적인 경쟁우위를 유지하기 어렵다.

최근 많은 기업들이 e-기업으로 변신하기 위해 막대한 투자와 노력을 아끼지 않고 있다. 기업이 가장 먼저 해야 할 일은 과연 자신의 기업이 e-마켓에서 유용한 가치를 창출할 수 있는가를 분석하고 이를 바탕으로 「가치창조 메커니즘」을 구축하는 것이다.

자사의 「가치창조 메커니즘」에 대한 정확한 전략적 분석도 없이, 단지 ERP 시스템 구축이나 웹싸이트에 많은 돈을 투자하는 것은 모래 위에 성을 쌓는 것과 같다.

그리고 실제로 e-비즈니스를 위해 막대한 투자와 노력을 아끼지 않았음에도 불구하고 e-마켓에서 실패한 대부분의 기업들은 「가치창조 메커니즘」에 대한 분석도 없이, IT 시스템 구축에만 집중하는 오류를 범한 경우가 굉장히 많다.

결론적으로 e-기업은 〈그림 7-2〉의 「V-erw」 e-전략 패러다임에서 볼 수 있는 「가치창조 메커니즘」을 우선적으로 구축해야 한다.

그리고 이를 바탕으로 전자 프로세스 혁신전략, 정보의 도달성과 윤택성의 동시추구 전략, 웹 활용 전략의 상호 균형과 조화를 통해 긍정적인 시너지 효과를 창출해야 한다.

그러한 경우에만 e-기업은 치열한 e-마켓에서 지속적인 경쟁우위를 누릴 수 있을 것이다.

산탄총과 소총 이론

1970년대만 해도 경영학은 생산관리, 마케팅 관리, 인사관리, 재무관리, 회계관리 등으로 구성된 관리학이었다. 물론 당시에도 일부 경영대학에서는 경영전략이라는 과목을 개설하고 있었다. 그러나 학생들이 담당교수로부터 들을 수 있었던 과목 소개는 다음과 같은 정도가 고작이었다. 『관리가 반복적이고 일상적인 기업활동을 대상으로 하는 데 반해, 전략은 일회적이고 예외적인 기업활동을 다룬다. 따라서 관리에는 일반화할 수 있는 이론이 있는 반면, 전략에는 일반이론이 없다. 그러므로 전략적 능력을 기르기 위해서는 이론을 배우는 것이 아니라, 현장에서 직접 경험을 쌓거나 사례를 통해 간접 경험을 습득해야 한다.』

이런 인식은 지난 20년 동안 경영전략 이론이 눈부시게 발전하면서 보기 좋게 깨졌다. 그 결과 경영전략은 경영관리와 함께 경영학을 양분하는 핵심분야로 정립되기에 이르렀다. 이처럼 경영전략이 일반이론, 즉 특수한 상황에서만 적용되는 특수기술이 아니라, 모든 산업 및 모든 시장에 적용될 수 있는 기본 논리로 자리잡게 된

데에는 본원적 전략 이론이 결정적 역할을 했다. 이 이론을 창안한 하버드 대학교의 포터 교수는, 모든 산업 내의 기업이 선택할 수 있는 전략이 두 가지 있다고 보았다. 그것은 대량생산능력을 기반으로 한 원가선도 전략, 브랜드와 같은 독특한 이미지나 특수한 기술을 이용한 차별화 전략이었다.

가전산업에서 마쓰시타, 도시바, 삼성전자, LG전자는 대량생산 능력을 이용해 보편적 품질의 제품을 저렴하게 생산하는 원가우위 전략을 선택하고 있다. 반면 소니는 독자적인 기술능력을 토대로 트리니트론 TV, VTR, 워크맨 등 새로운 제품을 꾸준히 개발함으로써 소비자로 하여금 비싼 가격을 기꺼이 지불하게 하는 차별화된 위치를 구축하고 있다. 자동차 산업에서도 제너럴 모터스(General Motos : GM), 포드 · 현대 · 기아가 적당한 품질 수준을 가진 자동차를 싸게 생산하는 원가선도 전략을 선택한 반면, 벤츠(Benz), 롤스로이스(Rolls-Royce)는 경쟁자가 흉내낼 수 없는 고품격 이미지를 가지고 높은 가격을 받는 차별화 전략을 구사하고 있다.

원가우위 전략과 차별화 전략으로 구성된 본원적 전략은 인터넷 환경에서 새로운 해석을 필요로 하게 되었다. 인터넷을 통해 구축된 온라인 사업에서는 생산과 유통에 관한 한계비용이 제로 수준으로 떨어지는 까닭에, 일정 규모에 도달한 경쟁자 사이에는 더 이상 저원가가 경쟁력의 원천으로 작용하지 않게 된 것이다. 반면, 차별화에 따르는 한계비용의 증가는 기존 산업에서와 마찬가지로 나타난다. 다시 말해 기존 환경에서 두 가지 본원적 전략에 공통 기준으로 적용되던 원가는 인터넷 환경에서 그 의미를 상실하고, 이제 모든 본원적 전략에 적용될 수 있는 새로운 기준이 필요해진 것이다.

마케팅에서 사용되는 개념 가운데는 산탄총 전략(shotgun strategy)과 라이플 전략(rifle strategy)이 있다. 산탄총 전략은 다수의 불특정 목표물을 향해 수많은 총알을 쏘아 확률적으로 몇 개를 맞추는 전략이고, 라이플 전략은 특정 목표물을 정조준하는 전략으로서, 이 두 가지 전략 대안의 기준은 거래 대상자 수가 된다.

원가 대신 거래 대상자 수를 기준으로 삼으면 인터넷 환경에서 이루어지는 전자상거래의 경우에도 다수의 거래 대상자를 상대로 정보의 전달 측면을 강조하는 범위 전략과 소수의 거래 대상자를 상대로 정보의 질적 측면을 추구하는 밀도 전략으로 나눌 수 있다.

여기에서 범위란 인터넷상에서 정보를 교환하는 사람 수의 많고 적음을 뜻한다. 반면에 밀도는 수신자에게 전달되는 정보의 양, 정보가 수신자 구미에 맞게 재단되는 정도, 발신자와 수신자 사이에 정보가 교환되는 정도, 정보를 신뢰할 수 있는 정도, 정보의 보안 여부, 정보를 시기적절하게 이용할 수 있는 정도를 의미한다.

범위와 밀도 사이에는 반비례 관계가 있다. 그러므로 기업은 목표, 자원과 능력, 소속 산업의 구조를 고려해 범위와 밀도 가운데 적합한 것을 전략대안으로 선택해야 한다.

범위와 밀도 가운데 하나를 추구해 경쟁우위를 확보한 기업이 그 자리에 안주한다면 치열한 경쟁환경 속에서 경쟁우위를 지속하기가 어렵다. 따라서 궁극적으로는 범위와 밀도를 함께 상승시키는 방향으로 나아가야 한다. 범위와 밀도 수준을 동시에 상승시키기 위해서는 정보 네트워크의 연결성을 증폭시키는 방법과 정보기술의 표준을 구축하는 방법을 사용할 수 있다. 이 두 가지 방법을 구사해 범위와 밀도를 동시에 추구하는 전략이야말로 인터넷 시대를 살아가는 기업의 궁극적인 본원적 전략이다.

—〈한국일보〉 2000년 9월 20일

e-기업의 e-전략 성공사례

1. 〈포천〉지 선정 e-기업의 전략적 성공사례[55]

e-마켓에서의 e-비즈니스가 기업들의 미래를 결정짓는 상황이 급속히 도래하고 있다. 따라서 이와 같은 변화에 적절히 대비하지 못하고 있는 오프라인 업체들은 시장에서 장미빛 미래를 기대하기 어렵다. 반면에 e-비즈니스에 신속히 적응해 이를 전략적으로 활용함으로써 오프라인 업체로서 성공적으로 전자상거래 부문에 진입한 기업들도 있다. 따라서 여기에서는 해마다 500대 기업을 선정해 성공적인 기업들의 경영전략을 분석하는 〈포천(Fortune)〉이 선정한, 기존 오프

---

55 김병준, 「성공적으로 가상시장에 진입한 off-line 업체들의 경영전략」, 정보통신정책연구원, 1999.

라인업체로서 성공적으로 전자상거래 부분에 진출한 10개 기업의 사
례를 간략히 소개하고 경영전략 상의 함의를 분석해보도록 하겠다.

　미국 내 2위의 애완동물용품 공급업체인 펫코(Petco)는 지난 1999
년 7월 애완동물용품을 온라인으로 취급해온 페토피아(Petopia)와 전
략적 제휴를 체결함으로써 이미 20여 개의 전자상거래 업체가 주도하
고 있는 온라인 시장의 진입장벽을 돌파했다. 펫코는 페토피아의 지
분을 20%만 사들이고 전자상거래 분야의 경영권을 페토피아에 일임
하는 전략을 통해 전략적 제휴기업이 가상공간에서의 경쟁에서 유연
하게 경쟁할 수 있는 토양을 제공했다. 펫코 측이 전략적 제휴 대신
자체적으로 전자상거래 사이트를 만들어 운영할 경우 1억 달러의 비
용이 들었을 것으로 예상되므로, 펫코의 연간 매출액이 1억 달러에 이

르는 상황에서 전략적 제휴는 최선의 대안으로 평가된다. 고객들은 페토피아가 마련한 전자상거래 사이트에서 5,000여 개가 넘는 펫코의 제품을 490여 개의 지점을 통해 배달받을 수 있게 되었다. 펫코의 전략적 제휴 전략은 기존의 오프라인 제품업체가 성공적으로 온라인상에 진입한 사례로 평가받고 있다.

사우스웨스트 항공사(Southwest Airlines)는 경쟁이 치열하기로 유명한 미국 항공업계에서 인터넷에 성공적으로 진입한 항공사로 손꼽히고 있다. 사우스웨스트 항공사는 미국 내 항공업체 가운데 가장 손쉽게 이용할 수 있는 홈페이지를 만드는 데 주력하했다. 항공권 예약을 위해 평균 20여 차례 이상의 클릭을 해야 하는 다른 항공사의 홈페이지와는 달리, 사우스웨스트 항공사의 경우 10여 차례의 클릭으로 간편하게 항공권을 예약할 수 있도록 했다. 그 결과 사우스웨스트 항

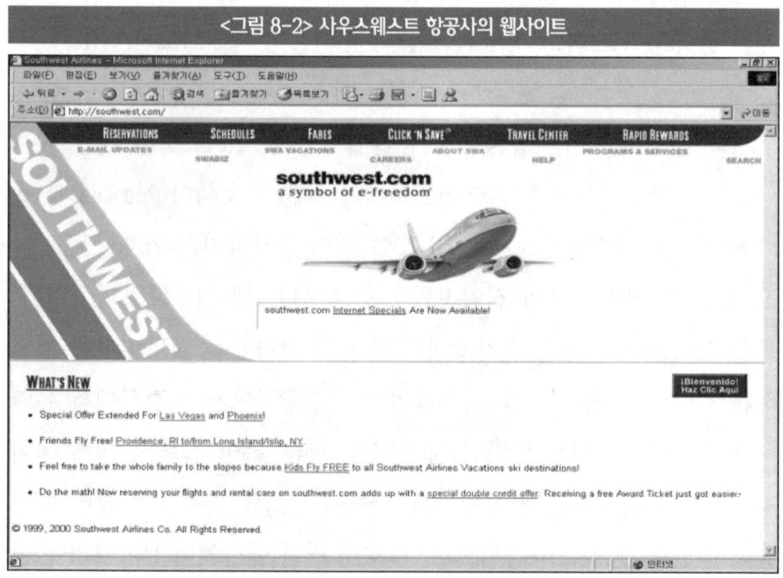

<그림 8-2> 사우스웨스트 항공사의 웹사이트

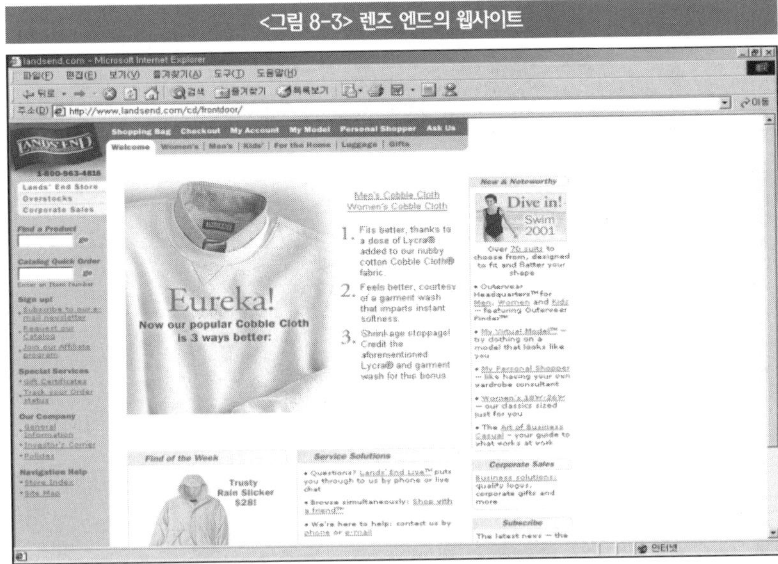

공사의 홈페이지를 방문하는 네티즌 가운데 평균 13.8%가 항공권을 구입하는 것으로 나타났는데, 이는 다른 항공사의 두 배에 가까운 구입률로 평가된다.

랜즈 엔드(Lands End)는 블루플라이 닷컴(Bluefly.com)이나 아마존 (Amazon.com) 등 인터넷의 출현과 더불어 새롭게 등장한 여느 경쟁 사보다도 많은 의류를 온라인에서 판매하고 있다. 또 2001년 한 해 전체 수익의 10%에 이르는 1억 3,600만 달러어치의 의류를 웹사이트를 통해 판매할 계획에 있다. 이는 2000년에 비해 두 배가 되는 수치다. 랜즈 엔드의 전략은 36년 동안 다져진 고객 서비스와 영업활동을 바탕으로 온라인 상점을 가능한 한 친근하고 손쉽게 접근할 수 있도록 하는 것으로 요약된다.

베텔스만(Bertelsmann)은 미국과 유럽에 걸쳐 하루 수백만 권의 책

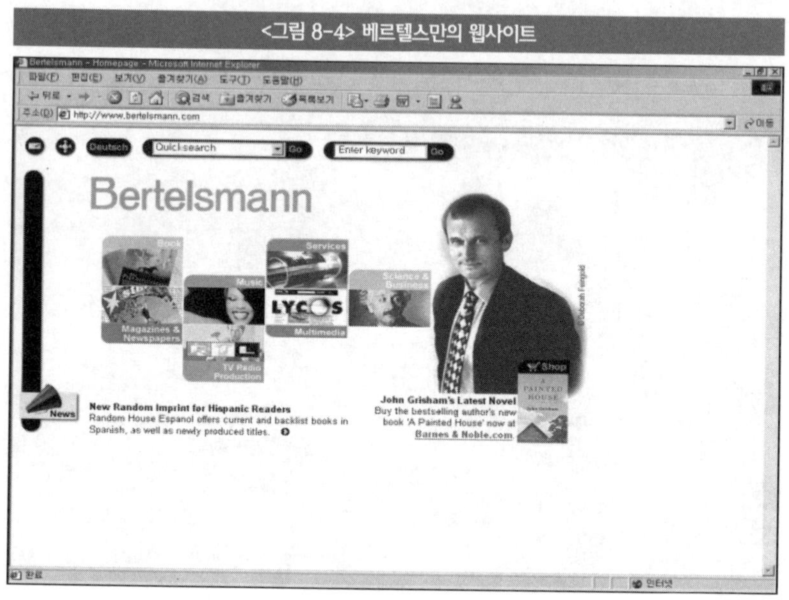

을 출판할 수 있는 출판시설, 물류 센터, 책 클럽 등을 바탕으로 한 해 160억 달러에 이르는 매출을 올리고 있는 독일의 거대 출판회사다. 베텔스만의 전략은 핵심적인 사업들을 인터넷을 통해 통합시키고, 이를 바탕으로 고객들의 편의를 극대화하는 것으로 요약된다. 베텔스만은 최근 랜덤 하우스(Random House)의 2만여 종에 이르는 책들을 디지털화한 데 이어, 새로 출간되는 책들을 디지털화함으로써 고객의 요구에 따라 전자도서의 형태로 다운로드하거나 출력하는 서비스를 하고 있다. 또한 고객들로 하여금 매우 간편한 절차로 책을 출판할 수 있도록 함으로써 기획에서 출판 및 판매에 이르기까지 웹 상에서 자유롭고 간편하게 자신들의 서비스를 이용하도록 하고 있다. 이와 같은 전략으로 베텔스만은 2000년에 8억 1,500만 달러의 순수익을 올려 야후를 능가했다.

미국 내 유력한 증권사인 찰스 슈왑(Charles Schwab)은 고객의 67%가 온라인 거래자로서, 사이버 증권사로의 변화를 통해 성공한 기업이다. 찰스 슈왑은 2001년 4월 온라인 거래를 혁신적으로 개선하고, 증권거래뿐만이 아니라 보험도 취급할 수 있도록 사업영역을 확장했다. 아울러 개인수표와 고지서도 온라인으로 결제하도록 함으로써 고객의 편의성을 증가시켰다. 찰스 슈왑이 온라인을 통해 거래하는 금액은 2,630억 달러에 달해, 경쟁사인 E-트레이드사의 280억 달러를 크게 상회하고 있다. 그리고 찰스 슈왑의 홈페이지를 찾는 네티즌 수는 하루 600만 명에 달한다. 또 하루 수입만 470만 달러를 상회해 아마존의 380만 달러를 능가하는 것으로 나타나고 있다.

그레인저(Grainger)는 70년 역사를 자랑하는 전기공구 및 전기 모

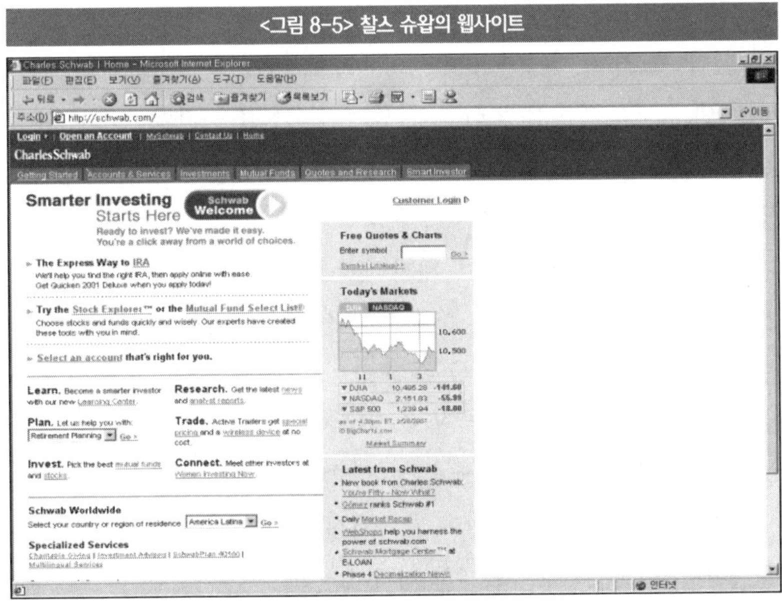

<그림 8-5> 찰스 슈왑의 웹사이트

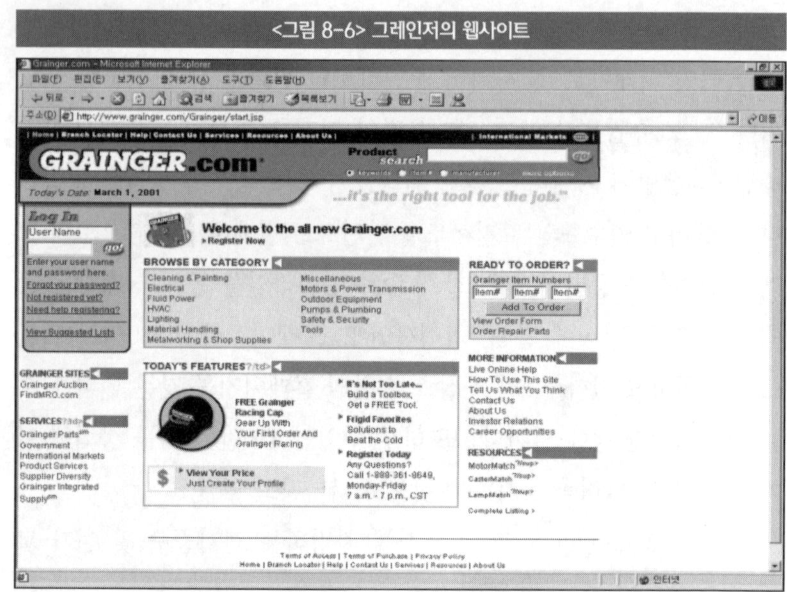

터, 전기조명용품 판매업체로서 인터넷의 출현으로 한때 위기를 맞기
도 했다. 그러나 가상환경에 성공적으로 적응해, 2001년에는 1억
4,000만 달러의 매출을 올려 다른 공급 업체들을 능가할 것으로 예상
된다. 지난날 그레인저의 고객들은 4,000여 페이지가 넘는 두꺼운 카
탈로그를 통해 7만여 개의 제품을 검색한 후 주문해야 했다. 그러나
지금은 인터넷을 통해 22만여 개의 제품을 훨씬 빠른 속도로, 최근 갱
신된 가격과 함께 찾아볼 수 있게 되었다. 인터넷 기술을 이용한 편의
성의 증가가 고객들을 유인한 주된 요인으로 평가되고 있다. 실제로
인터넷을 이용하게 된 후 고객들의 주문이 두 배로 증가했으며, 웹을
통해 주문하는 고객들은 기존 방식에 비해 20%나 더 많은 제품을 주
문하는 것으로 나타났다. 이와 같은 성과에 힘입어 그레인저는 가상
공간에서의 판매를 대폭 확대할 계획이다.

　미국 내 최대 티켓 판매회사인 티켓마스터(Ticketmaster)는 이 분야에서 거의 독점적 지위를 누려왔다. 이 기업은 인터넷의 등장과 함께 이를 이용해 티켓 판매를 시작한 회사들이 늘어나자 한때 독점력이 약화되는 위기를 겪었으나, 곧 고급 전자상거래 사이트를 개설해 이에 대응했다. 티켓마스터는 기존의 방식으로는 독점력을 행사할 수 있는 대규모 경기장 티켓을 담당하고, 웹사이트를 통해서는 200석 규모의 소규모 공연 티켓 판매를 전담해 서비스를 차별화했다. 그리고 e-메일을 통해 신규고객을 창출하는 등 적극적인 마케팅을 통해 과거의 성공을 뛰어넘는 성공을 거두고 있다.

　핑거헛(Fingerhut)은 41만 8000m²의 대단위 물류 센터를 기반으로 물류 및 운송사업에서 큰 성공을 거둔 기업이다. 최근에는 가상공간에 성공적으로 진입해 일반 소비자들을 대상으로 한 소매사업에서도

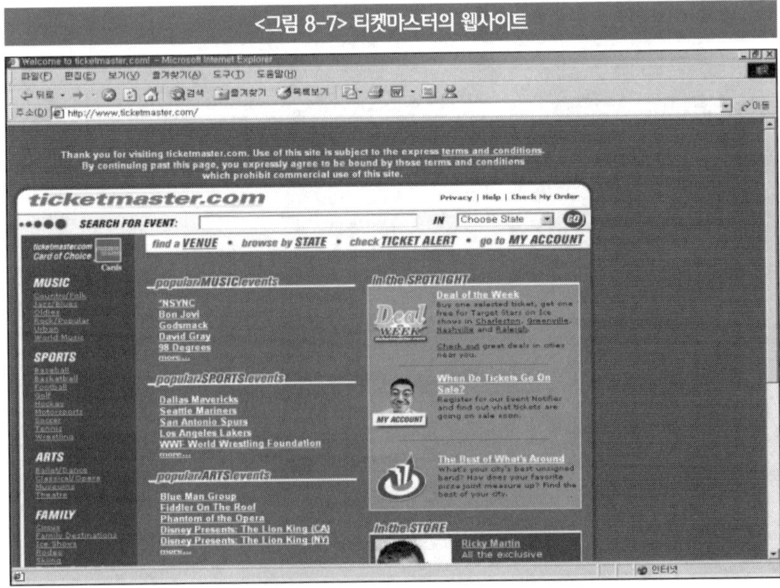

<그림 8-7> 티켓마스터의 웹사이트

성과를 올리고 있다. 주요 기업고객으로 이토이즈(eToys)나 리바이스닷컴(Levis.com), 피얼1닷컴(Pier1.com)을 비롯해, 자체로도 거대한 물류시설을 지닌 51년 역사의 가정용 가구 및 의류기업 미네톤카(Minnetonka) 등이 있다. 핑거헛은 3,100만 명의 고객에 대한 자료를 바탕으로 다양한 종류의 상품과 고객 개인별로 차별화된 서비스를 구사하고 있다. 현재 웹을 통한 매출이 전체의 10%인 1억 5,000만 달러에 이르는데, 가까운 장래에 매출의 100%를 가상공간에서 거둘 수 있도록 사업전략의 방향을 분명히 하고 있다.

웹 시장에서 사무용품 부문의 미국 내 최대 판매자는 인터넷을 통해 새롭게 출현한 기업이 아니라, 이미 이 분야에서 13년 동안 최고의 자리를 차지해온 오피스 데포(Office Depot)다. 오피스 데포는 1997년 웹 시장의 활성화와 더불어 많은 위기를 겪었으나, 기업고객과 일

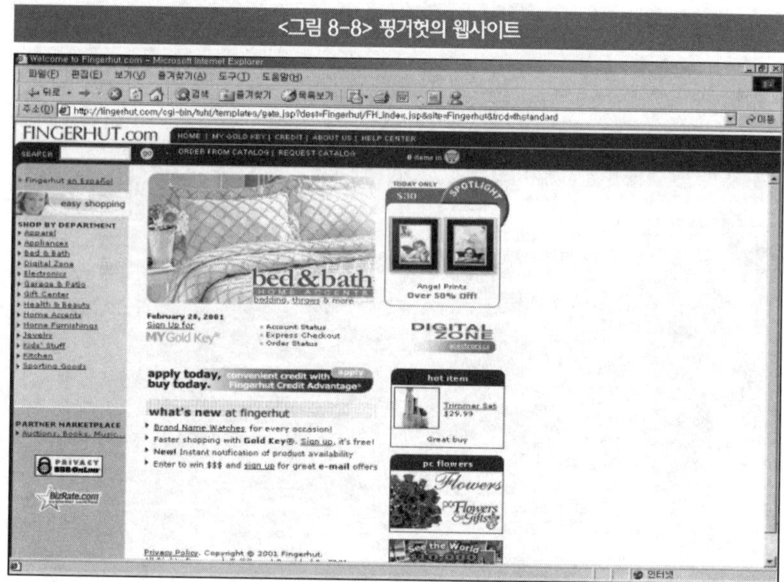

<그림 8-8> 핑거헛의 웹사이트

<그림 8-9> 오피스 데포의 웹사이트

<그림 8-10> U. S. 포스털 서비스의 웹사이트

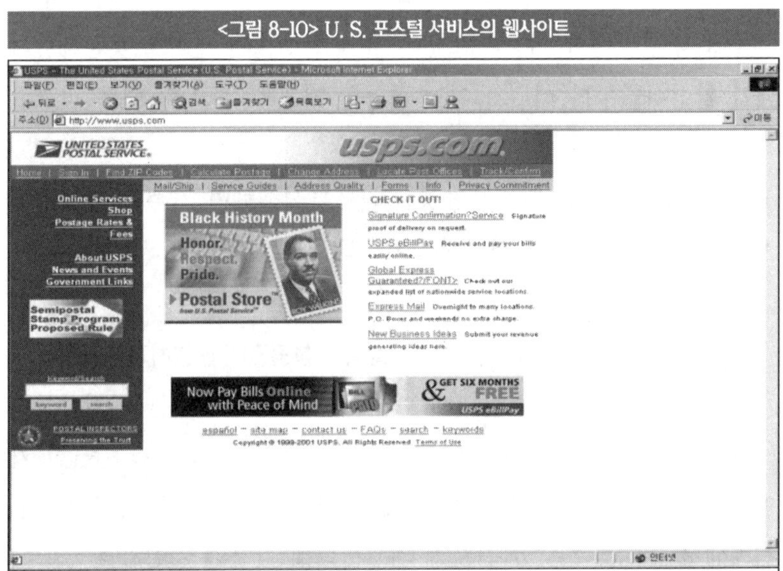

반 소비자들을 대상으로 성공적인 전자상거래 사이트를 구축함으로써 가상공간에서도 우위를 점하게 되었다. 오피스 데포의 전략은 가격경쟁을 하지 않는 것이다. 그 대신 서비스와 사용자의 편의에 초점을 맞춘다. 오피스 데포는 자신의 제품이 차별화되어 있으므로, 수익감소를 초래할지 모를 가격경쟁을 시도하지 않는다. 이를 바탕으로 오피스 데포는 2001년 3,000만 달러의 매출과 3,000만 달러의 순이익을 거두었다.

가장 오래된 서비스 업체 중 하나인 U.S. 포스털 서비스(U.S. Postal Service)는 신흥 전자상거래 업체와의 제휴로 새로운 활로를 찾고 있으며, 저부가가치의 우편물 배송에서 탈피해 고부가가치를 창출할 전자상거래 상품배송을 통해 새롭게 태어나고 있다. 또한 디지털 스탬프 기술을 비롯해 전자상거래상 요청되는 첨단기술의 개발을 바탕으로 이 분야의 우위를 점하고 있기도 하다. 아마존을 비롯해 다수의 기업들이 상품 배송에 이용하고 있는 유에스 포스털 서비스는 전자상거래가 활성화될수록 쇠퇴가 아닌 성공의 기쁨을 누릴 수 있을 것으로 전망된다.

이들 오프라인 업체들의 경영전략을 분석해보면 기존의 기업들에게 다음과 같은 몇 가지 시사점을 제공해주고 있다.

① 실패에서 교훈을 얻고 가능한 한 빨리 가상공간에 진입하라

온라인 서비스 업체와는 달리 기존의 오프라인업체들은 전자상거래가 자신과는 무관한 다른 영역으로 여기기 쉽다. 앞에서 언급한 기업들 역시 초기에는 그와 같은 잘못된 판단으로 실패를 경험했으나, 실패에서 교훈을 찾고 과감하게 전자상거래 시장에 진입함으로써 예전의 실패를 만회함은 물론 과거보다 높은 수익을 올리게 되었다.

② 다른 업체와의 제휴와 협조를 모색하라

전자상거래 시장은 선점자의 이득이 우세한 시장이다. 이런 상황에서 다른 업체와의 제휴와 협조는 새롭게 가상시장에 진입하는 업체에게 진입장벽을 낮추어주는 좋은 전략이 된다. 펫코와 유에스 포스털 서비스는 그와 같은 제휴를 통해 성공적으로 가상거래 환경에 적응했다.

③ 이용자들의 편의를 중시하라

이들 업체의 가장 중요한 공통점은 이용자의 편의를 가장 우선했다는 점이다. 사우스웨스트 항공사가 치열한 항공업계의 경쟁에서 우위를 보이게 된 것도, 베텔스만이 거대한 출판사로서 여전히 군림할 수 있는 것도, 찰스 슈왑이 대표적인 사이버 증권사로 자리잡게 된 것도 인터넷상의 특성을 적절히 활용해 이용자의 편의를 최대한 증대시킨 덕분이었다.

④ 가격경쟁보다는 서비스를 통해 승부하라

규격화된 오프라인 제품과는 달리 이들 기업의 제품은 차별화가 가능하며, 가격경쟁보다는 서비스와 품질을 통한 경쟁이 우위에 있다. 어느 정도 품질을 인정받고 평판이 좋은 기업이라면 수익을 악화시키는 가격경쟁보다는 서비스에서의 차별화가 바람직한 전략이 된다.

2. 한국 GE폴리머랜드의 e-전략의 성공 사례[56]

오늘날 e-비즈니스는 21세기의 메가트렌드로서 전세계 경제에 엄청난 영향을 미치고 있다. 현재 e-비즈니스의 배경이자, 신경제(new economy)로 불리는 디지털 경제는 대다수의 기업에게 동전의 양면처럼 엄청난 기회와 위협을 동시에 제공하고 있다. 즉 디지털 경제 안에서 기업의 성공적인 e-비즈니스로의 전환은 막대한 비용절감과 함께 차별화를 동시에 가능하게 해준다. 그러나 그러한 전환이 실패할 경우 기업은 막대한 피해를 입게 마련이다. 더욱 중요한 것은 모든 기업들이 e-비즈니스로의 전환에 성공하는 것은 아니며, 실제로 많은 기업들이 e-비즈니스로의 전환 후에도, 예상 외로 경쟁우위(competitive advantage)가 기대보다 증대되지 않는 경우도 매우 많다.

따라서 현재와 같은 신경제 안에서 전통적인 오프라인 기업의 성공적인 e-비즈니스로의 전환은 기업의 생존과 발전을 위한 전략적 필수재(the strategic necessity)라고 볼 수 있다.

이 사례연구는 100년 이상의 전통을 자랑하는 전통적인 오프라인 기업인 동시에 최근 성공적인 e-비즈니스로의 전환을 통해 기업의 핵심역량(core competence)을 더욱 강화해 e-비즈니스로의 전환을 준비하고 있는 수많은 기업의 벤치마킹(benchmarking) 대상으로 주목을 받고 있는 GE 코리아(플라스틱 사업부, 한국 GE Polymerland)의 성공적인 e-비즈니스 추진전략에 대해 살펴본 것이다. 이번 절에서는

---

56 허용석, 「인터넷을 사업에 도입한 성공적인 off-line 기업의 이비즈니스 전략의 주요 성공요인 분석: 「ser-M」 패러다임을 바탕으로 한 GE Polymerland의 사례연구」, 서울대학교 경영대학 석사학위논문, 2001.

오프라인 기업이 e-기업으로 어떻게 성공적으로 전환할 수 있으며, 이러한 성공을 이끌어내는 성공요인(success factor)에 대한 단서를 제공하는 데 그 목적이 있다.

(1) GE 코리아의 현황

지난 1979년 정식으로 출범한 GE 코리아는 현재까지 20여 년 동안 각종 기간산업 및 주요 사업 분야에 직접투자 또는 합작투자와 기술협력을 통해 한국경제와의 장기적인 동반자 관계를 구축해오고 있다.

GE의 한국 내 사업은 90% 이상이 한국 기업과의 협력(partnership) 체제로 이루어지고 있다. 여러 분야에서 성공적으로 추진되고 있는 GE와 한국 기업과의 협력사업은 기술 이전, 제품의 국산화, 국내 및 국외에서의 공동 프로젝트 사업, 합작회사 등의 형태로 추진되고 있다.

현재 GE는 한국에서 다섯 개의 합작법인과 두 개의 100% 투자회사를 포함한 7개의 투자회사를 운영하고 있다. 그리고 이러한 투자 외에 한국중공업, 삼성항공 및 국내 가전 회사들과 기술협력, 장기 전략 제휴, 통상거래를 통해 국제협력 단계를 발전시키고 있다. 한국 내 GE의 사업부는 다음과 같다.

① 발전설비 분야(한국중공업)

한국전쟁 이후 지난 20년 간 스팀 터빈의 기술 이전과 공동생산을 성공적으로 추진해왔으며, 최근에는 스팀 터빈의 국산화율이 70~80%에 도달하는 등 기술의 토착화에서 성공단계에 접근하고 있다. 최근에는 최첨단 기술 분야인 가스 터빈의 기술협력까지 추진하고 있으며, 현재 인도네시아의 공동 프로젝트에도 함께 진출하고 있다.

② 항공기 엔진 분야

지난 1983년, F-4와 F-5 제트 전투기용 J-75, J-85 항공기 엔진의 공동생산과 기술 이전부터 시작해, 현재는 LM2500 해상용 제트 엔진과 T-700 헬리콥터 엔진 분야에서 삼성항공 및 대한항공과의 기술협력과 공동생산을 추진하고 있다.

③ 의료기기 사업분야(삼성GE 의료기기)

지난 1984년 설립된 삼성GE 의료기기 사업부는 한국 의료기기 산업의 선두주자로서 초음파 및 CT 장비의 국산화와 함께 아시아 지역의 제품공급 생산기지로 발전하고 있다.

④ 실리콘 사업분야(동양실리콘)

1988년 설립된 한국 · 미국 · 일본 3개국 합작회사로서 한국 내 실리콘 분야의 대표적인 두 회사 중 하나로 성장했다.

⑤ 정보 서비스 분야(GE정보 서비스 코리아)

1991년 GE의 정보기술 및 서비스를 제공하기 위해 합작 회사로 설립되었으며, 현재는 데이터 처리 노드 시스템(node system)을 국내에서 운용함으로써 세계 80여 나라와의 전자상거래 및 온라인 정보처리 서비스를 제공하고 있다.

⑥ 할부금융 분야(GE캐피탈)

1996년 신도GE할부금융(신도리코, 경남리스, 경인리스의 합작)으로 시작해 3년 간 국내 금융사의 축적된 경험을 쌓은 GE는 1998년 그 동안의 합작관계를 접고 GE캐피탈로 새롭게 출발했다.

⑦ 조명분야(GE삼성 조명)

GE의 조명기기 생산 기술을 바탕으로 1988년 설립되었으며, 1998년 삼성과의 합작을 통해 더욱 선진화된 기술로 GE의 세계화 전략에 일익을 담당하고 있다.

⑧ 가전 서비스 분야(GE가전 서비스)

보다 나은 고객 애프터서비스를 위해 1996년 한국의 파트너와 가전서비스 회사를 합작 설립했으며, 수입가전 회사로는 유일하게 서비스 회사를 운영하고 있다.

⑨ 플라스틱 분야(GE Plastic Korea)

1987년 GE가 100% 투자해 설립한 회사로서 국내의 엔지니어링 플라스틱 산업에서 선두에 위치하고 있다. 본 사례연구의 대상인 한국 GE 폴리머랜드는 〈그림 8-11〉과 같이, 생산 중심의 GE 플라스틱과 마케팅 중심의 폴리머랜드가 결합되어 만들어진 플라스틱 사업부 내의 회사다.

한국 GE 폴리머랜드의 주요 제품인 엔지니어링 플라스틱의 시장점유율과 범용수지의 시장점유율은 〈그림 8-12〉, 〈그림 8-13〉과 같다.

현재 엔지니어링 플라스틱의 경우에는 1999년 말 현재 17만 4,000

<그림 8-11> GE 폴리머랜드

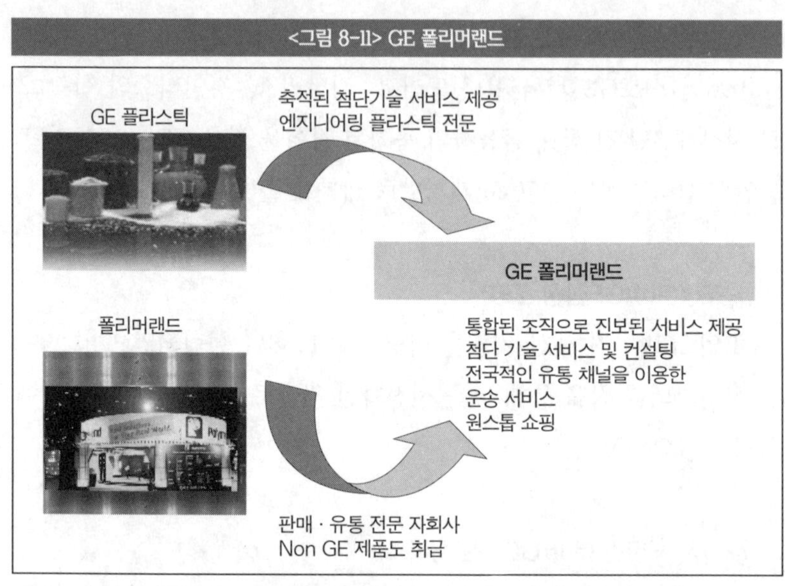

GE 플라스틱
폴리머랜드
축적된 첨단기술 서비스 제공
엔지니어링 플라스틱 전문
GE 폴리머랜드
통합된 조직으로 진보된 서비스 제공
첨단 기술 서비스 및 컨설팅
전국적인 유통 채널을 이용한
운송 서비스
원스톱 쇼핑
판매 · 유통 전문 자회사
Non GE 제품도 취급

<그림 8-12> 엔지니어링 플라스틱의 시장점유율

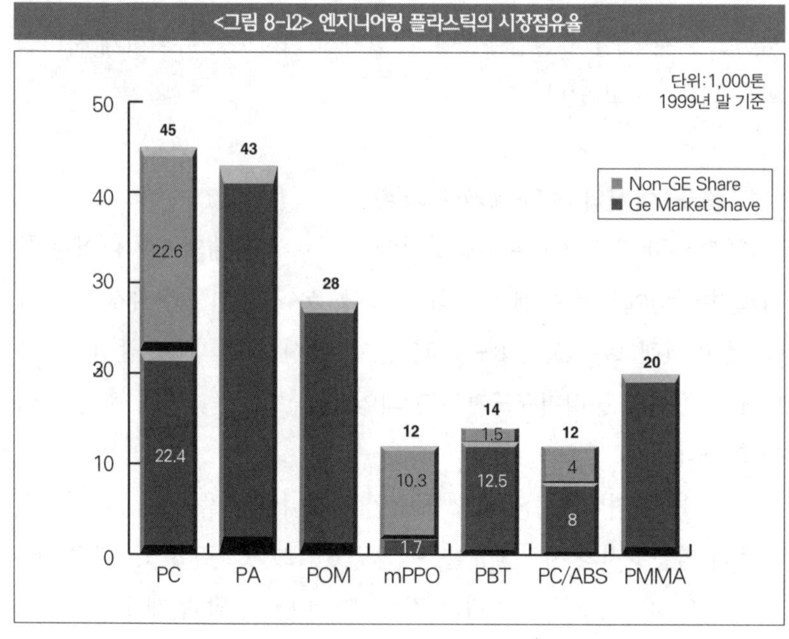

단위:1,000톤
1999년 말 기준
50
40
30
20
10
0
Non-GE Share
Ge Market Shave
45
22.6
22.4
43
28
12
10.3
1.7
14
1.5
12.5
12
4
8
20
PC   PA   POM   mPPO   PBT   PC/ABS   PMMA

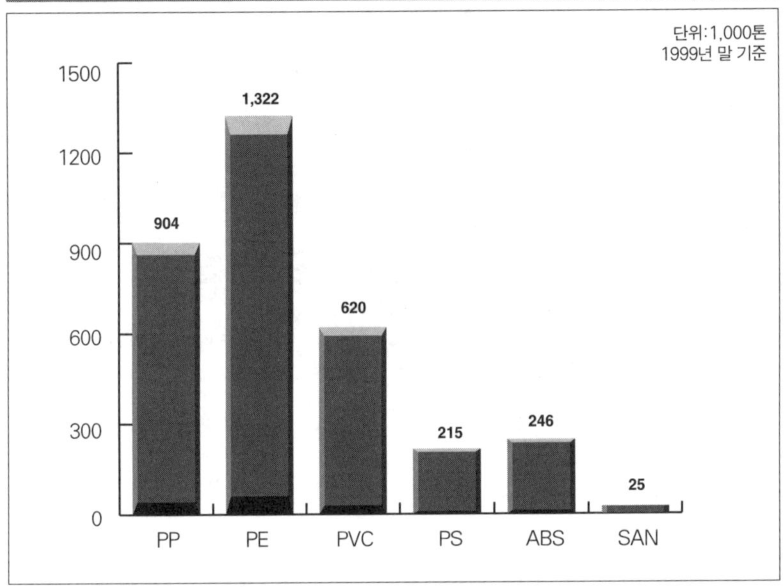

톤의 시장기회가 예상되고 있으며, 범용수지는 333만 2,000톤의 시장 기회가 기대된다.

한국 GE 폴리머랜드는 〈그림 8-14〉와 같은 지역에서 사업을 전개하고 있다. 한국 GE 폴리머랜드는 주문의 30% 정도를 온라인 주문으로 전환한 미국 GE 폴리머랜드에 비해, e-비즈니스로의 전환을 시작한지 채 2년도 안 된 2000년 12월 현재 주문의 89%를 온라인화해, 플라스틱 사업부 안에서뿐만 아니라, GE 전체 사업부에서도 성공적인 e-비즈니스 추진사례로 손꼽히고 있다. GE 플라스틱 사업부의 CEO인 개리 로저스는 이런 성공적인 e-비즈니스의 추진으로 GE 내에서 가장 영예로운 상 중 하나인 베스트 CEO 상을 수상했다. 본 사례는 이렇게 성공적으로 e-비즈니스를 추진하고 있는 한국 GE 폴리머랜

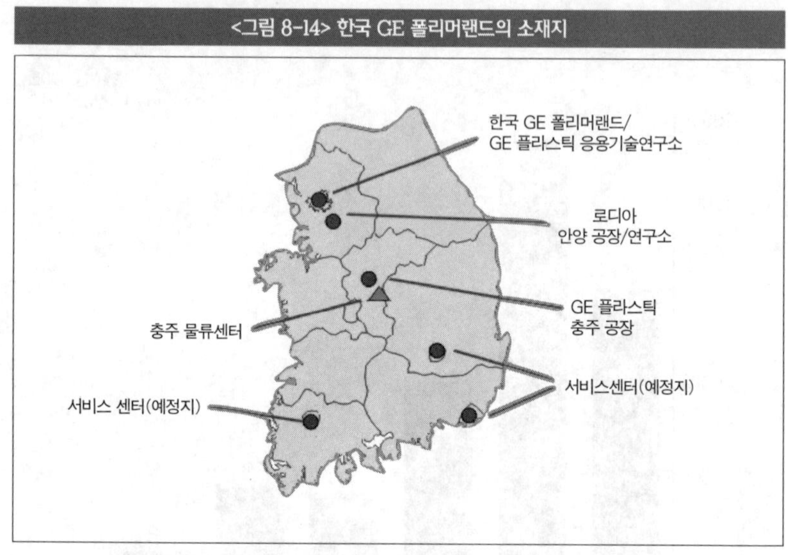

드의 e-비즈니스 담당 이사인 정인수 이사와의 직접 인터뷰와 2차 자료조사를 통해 연구된 것으로, 연구기간은 2000년 10월 30일~2001년 5월 17일까지의 조사를 바탕으로 한다.

(2) GE의 e-전략의 수립배경

〈그림 8-15〉에서 보듯이, 현재 e-비즈니스는 GE 전체 그룹의 4대 주요 전략 중 하나다. 여기에서 각각의 전략에 대해 살펴보면 다음과 같다.

① 세계화전략

세계화란 세계시장에 제품과 서비스를 판매해 이윤을 증대시키기

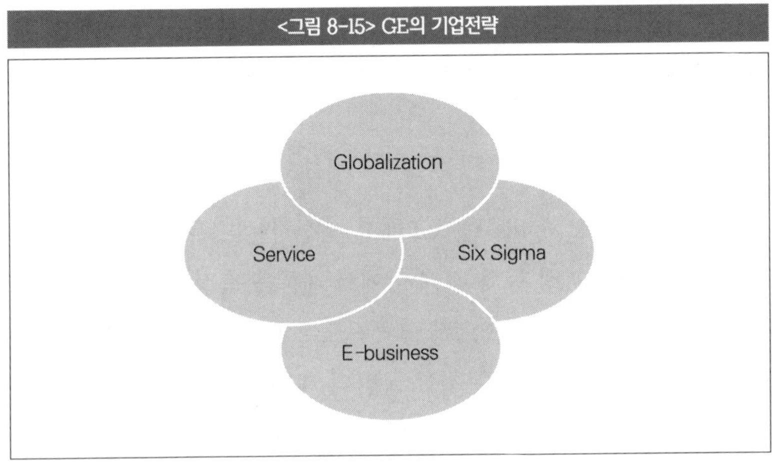

<그림 8-15> GE의 기업전략

위한 노력뿐만 아니라, 회사의 모든 활동이 세계적인 경쟁력을 갖추는 것을 의미한다. GE가 요즘같이 민감한 디플레이션 가격 구조하에서도 원자재, 컨포넌트 및 제품 등을 구매해 세계 우위 기업의 자리를 유지하고 있는 것 또한 세계화 전략을 위한 하나의 노력이다. GE의 세계화란, 특히 전세계 곳곳에 퍼져 있는 인적재산, 즉 인재를 찾아내고 그 인재에게 투자하는 것을 의미한다.

② 서비스

고객 서비스는 고부가가치 제품인 제트 엔진, 터빈, 의료기기 및 기관차 등의 부품을 교체하고, 정밀검사 및 제품수리를 하는 등 전형적인 의미의 서비스에서 출발했다. 그러나 오늘날에는 이미 판매한 제품이나 설비 등을 향상시키기 위해 기술 및 서비스를 지속적으로 제공함으로써 각 사업의 수행을 좀더 원활하게 하는 것이 중요하다. 따라서 고객 대비 서비스에 대한 사업부의 투자는 좀더 넓고 중요한 의

미로 확대되었을 뿐만 아니라 고객 대비 서비스에 대한 사업부의 투자 또한 좀더 넓고 중요한 의미로 확대되었다.

③ 식스 시그마

식스 시그마(Six Sigma)란, GE에서 생산하는 모든 제품이나 서비스, 거래 및 공정과정 등의 전 분야에서 제품을 측정·분석하고 품질을 향상시키도록 통제함으로써 궁극적으로 모든 불량을 제거하는 품질향상운동을 의미한다. 즉 최고 품질의 제품을 만들 뿐만 아니라 그 제품의 완벽한 품질을 유지하는 것을 의미한다. 지난 3년 간 GE는 식스 시그마에 대한 노력의 결과로 놀라운 경영 수익을 달성했다.

④ 전자상거래

전자상거래는 지금까지의 어떤 전략보다 더 큰 기회를 부여하는 혁명이 될 것으로 GE는 판단하고 있다. 즉 인터넷의 확산에 따라 다른 회사와 마찬가지로 GE도 새로운 환경에 대응 해야 할 위치에 와 있다는 판단이다.

GE 그룹 전체에서 e-비즈니스가 추진된 시기는 1999년 4월이다. 경영의 귀재로 불리는 잭 웰치(Jack Welch) 회장은 e-비즈니스를 성공적으로 추진하지 못할 경우, 100년 동안 쌓아온 것이 무너질 수도 있다고 강조하며, 기존의 3대 주요 전략인 세계화, 서비스, 그리고 식스 시그마에 e-비즈니스를 추가했다.

웰치 회장이 이러한 생각을 하게 된 계기는 마이크로소프트 빌 게이츠(Bill Gates)의 영향이 컸다. 게이츠는 자신의 저서 《생각의 속도》 출판기념으로 미국 내 유명한 경영자들을 자신의 집으로 초대했다. 1

박 2일로 진행된 이 행사에 웰치 또한 초대되어 게이츠와 많은 애기를 나누었다. 그 과정에서 웰치는 e-비즈니스가 21세기 세계 경제의 메가트렌드로 작용할 것이라는 것을 깨닫게 되었다. 특히, 그는 게이츠가 정보를 전략적으로 활용하는 여러 모습을 그의 생활 속에서 직접 보았다. 1박 2일 후 GE로 돌아왔을 때, 웰치는 종이 없이 모든 업무에서 디지털 온라인 방식으로 정보를 효율적으로 활용해야겠다는 생각에 다양한 변혁을 시도했다. 그 변혁의 선두에 위치한 것이 바로 e-비즈니스 추진전략이었다.

(3) 한국 GE 폴리머랜드의 e-전략

① 수립배경

한국GE 폴리머랜드의 e-비즈니스는 6시그마를 바탕으로 시작 되었다. 1998년 후반 한국 GE 폴리머랜드는 자사 플라스틱 제품의 배달 서비스를 6시그마를 통해 측정한 결과 예상 외의 결과를 발견하게 되었다. 즉 고객들의 제품 배달에 대한 만족도가 예상보다 현저히 하락한 것이었다. 그 원인을 다시 6시그마를 통해 진단해본 결과, 그 동안 대 고객 서비스 지원업무의 컨셉이 고객 위주 inside-out concept가 아닌, 생산자 위주(outside-in concept)로 이루어지고 있다는 점을 근본적인 원인으로 발견할 수 있었다. 다시 말해 그 동안 제품의 대 고객 서비스는 회사의 편의 위주로 이루어져서, 고객의 만족도가 떨어진 것이었다. 예를 들어 제품의 배달운송 서비스의 경우, 회사의 서비스 완료기준은 제품이 공장을 떠난 시점인데, 이러한 서비스 완료기점은 고객의 만족도를 증진시키는 데 별로 도움이 되지 못했다. 왜냐하면 이 경우, 제품이 공장을 떠났을지라도 중간 운송 과정 중의 여러 가지 사정으로 운송배달 서비스가 늦어져도 서비스가 만족스럽게 수행된 것으로 보기 때문이다. 따라서 이러한 기준으로 서비스를 하는 경우, 고객과의 괴리만이 점점 커져 갈 뿐이었다. 또 제품의 주문 과정에서도 전화나 팩스로 주문을 하는 고객의 요구에 맞추기보다는 오히려 회사의 생산 스케줄과 제품의 가능출하 시점을 기준으로 고객이 이에 맞추도록 조정하고 있었다. 이와 같은 문제점을 해결하기 위해 다시 6시그마를 적용한 결과, 제시된 최선의 대안이 바로 e-비즈니스의 활용이었다.

정리하면 한국 GE 폴리머랜드의 e-비즈니스 추진전략의 수립 배경은 크게는 GE 그룹 전체의 e-비즈니스 추진전략의 일환으로, 작게는 6시그마를 통해 발견된 대 고객 서비스의 문제점을 해결하기 위한 필요성에서 시작되었다고 볼 수 있다.

②실 행

앞에서 지적된 문제점을 해결하기 위해 한국GE 폴리머랜드는 인터넷을 통해 웹상에서 보다 신속하게 온라인으로 주문을 받으며, 주문 과정에서도 고객 위주의 컨셉으로 고객이 원하는 시간 안에 제품을 생산해 인도할 수 있는 체제로 전환하기로 했다. 그리고 배달운송 서비스에 대한 기준도 제품이 고객의 손에 직접 인도되는 실제 운송기간(actual delivery date)을 기준으로 바꾸었다. 그러나 이러한 해결책을 성공적으로 실행하는 데 가장 중요한 부분은 〈그림 8-16〉과 같이 웹을 통해 온라인 주문을 받을 수 있도록 하는 e-비즈니스 추진전략이었다.

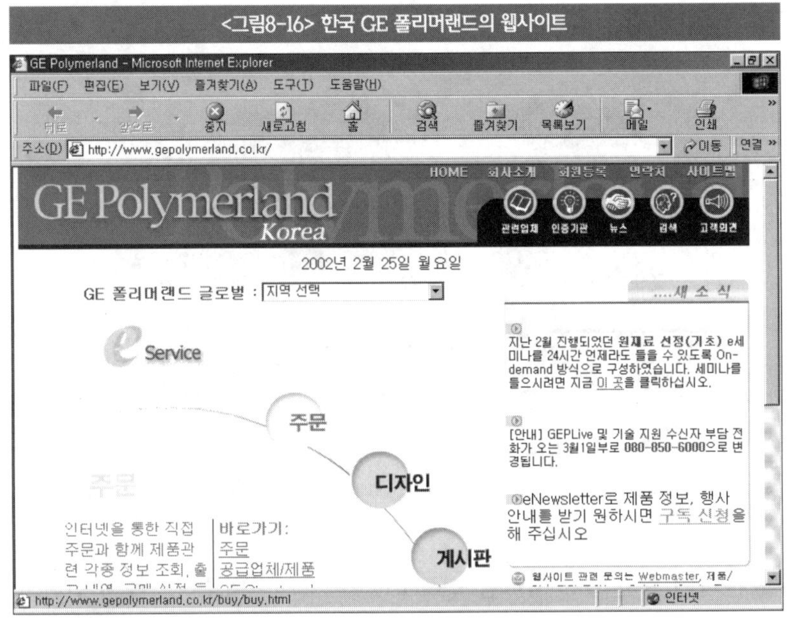

한국 GE 폴리머랜드의 e-전략은 1999년 1월 시작된 SCM부터 실질적으로 시작되었다고 볼 수 있다. 한국GE 폴리머랜드가 바로 웹상에서 e-비즈니스를 시작하지 않고 이렇게 SCM부터 시작한 이유는 e-비즈니스를 성공적으로 추진하려면 무엇보다도 철저한 사전준비가 필요하다는 판단 때문이었다. 한국GE 폴리머랜드는 우선 SCM으로부터 시작된 e-비즈니스 추진전략의 준비를 e-비즈니스 전환에 필수적인 조직개편으로 이어갔으며, 미국GE 폴리머랜드의 e-전략을 벤치마킹하는 등 〈그림 8-17〉과 같이 사전에 철저히 준비했다.

이와 같이 철저한 사전준비를 바탕으로 1999년 10월부터 시작된 e-비즈니스의 추진은 같은 해 12월에는 18% 정도를 온라인 주문으로 전환하는 성과를 낳았으며, 1년이 지난 2000년 12월 현재 주문의 89%

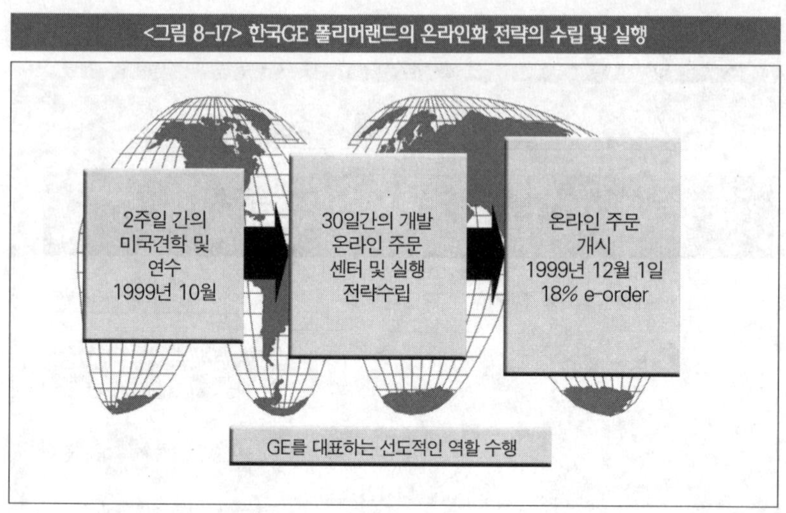

를 온라인 주문으로 처리함으로써 성공적인 e-비즈니스를 추진하고
있다.

  이렇게 성공적인 e-비즈니스의 추진에는 철저한 준비작업 뿐만 아
니라, 치밀한 사업전략이 중요한 요소로 작용했다. 즉 한국GE 폴리머
랜드는 웹을 이용하는 IT의 전략적 활용뿐만 아니라, e-비즈니스도
일종의 사업이므로 훌륭한 사업성공을 위해서는 치밀한 사업전략이
절실히 필요하다는 점을 간과하지 않고, 이를 e-비즈니스의 성공적인
추진을 위한 밑거름으로 사용했다.

  〈그림 8-18〉과 같이, GE 폴리머랜드의 e-비즈니스 사업전략은 크
게 다섯 부문, 즉 Discover, Design, Deliver, Service, 그리고 Loyalty
등으로 나눌 수 있으며, 이러한 다섯 가지 사업전략이 궁극적으로 추
구하는 것은 e-비즈니스 추진전략의 수립과 함께 채택된 여덟 가지
사명(mission)이라고 볼 수 있다.

- 인터넷을 통한 온라인 주문
- 원스톱 쇼핑으로 생산성 향상
- 첨단 유통 배송망을 통한 신속한 공급
- 통합구매로 원가 및 비용절감
- 20년 간 축적된 고품질 기술 서비스
- 디자인 솔루션 센터
- 컨설팅 서비스
- 고객맞춤 서비스

　여덟 가지의 사명을 달성하기 위한 다섯 가지의 사업전략을 좀더 자세히 살펴보면 다음과 같다.

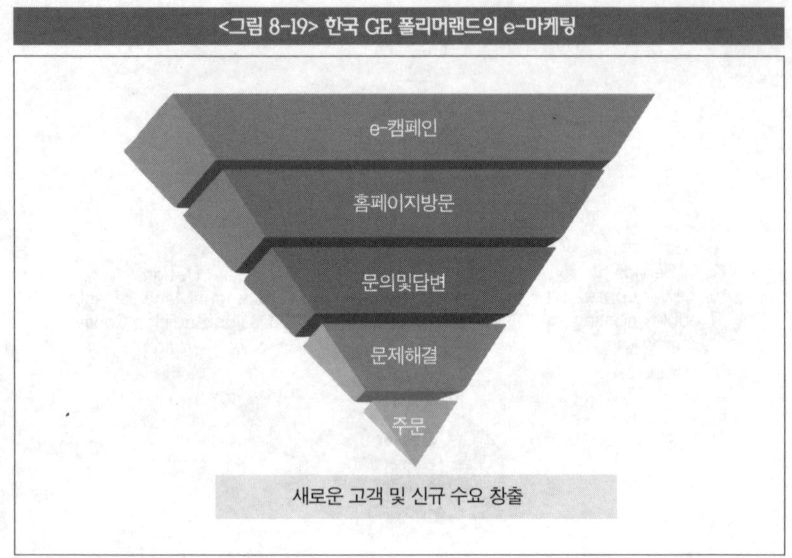

▶ Discover(e-마케팅)

한국 GE 폴리머랜드의 e-마케팅은 〈그림 8-19〉와 같이 요약할 수 있다.

즉 웹을 활용한 e-캠페인을 통해 고객을 홈페이지로 유도한 후, 고객의 문제에 대해 해결책을 제공하고, 이것이 주문으로 이어지게 유도함으로써, 새로운 고객 및 신규 수요를 창출하는 것이 e-마케팅의 핵심이라고 볼 수 있다.

▶ Design

디자인 서비스의 경우 〈그림 8-20〉과 같은 웹 페이지상에서 고객에게 매우 유용한 디자인 서비스를 제공한다. 제공되는 서비스의 대표적인 예로는 각종 플라스틱 물성표를 알 수 있는 물성품 서비스, 요

구되는 조건에 맞는 원료를 찾아주는 도구인 원료선택 도구 서비스, 각종 엔지니어링 데이터를 제공하는 시각화(visualizer) 서비스, 제조원가 계산 및 설계 지원, 품질평가 지원 도구를 제공하는 견적·계산(calculator) 서비스, 그리고 불량예방 및 대책을 제공하는 서비스 등이 있다.

▶ Deliver(e-transaction)

한국 GE 폴리머랜드는 웹을 통한 온라인 주문 및 이를 통한 거래의 신속화 및 낭비절감을 통해 경쟁우위를 증진시키기 위해 다음과 같은 단계를 통해 온라인 주문 및 거래를 활성화하고 있다. 한국GE 폴리머랜드가 2000년 12월 현재 89%에 육박하는 온라인 주문을 이룩한 것은 무엇보다도 치밀한 단계별 전략을 바탕으로 온라인화 전략을 추진

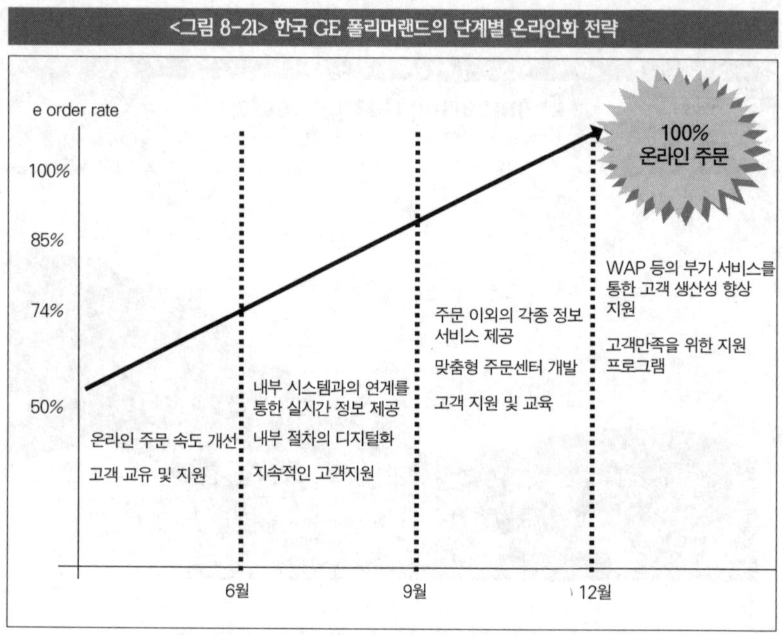

했기 때문이라고 볼 수 있다. 그리고 e-비즈니스의 성공적인 추진을 위해서는 1차적으로 웹을 통해 온라인에서 거래가 이루어지는 환경이 조성되는 것이 매우 중요하기 때문에 1999년 한 해 이 부분을 지원하기 위해 투자한 자금 규모만 약 100만 달러에 달했다. 그리고 궁극적으로 이러한 배달측면의 사업전략은 제품개발 기간 단축 및 원가절감을 통한 경쟁력 제고를 주요 목적으로 했다.

▶ Service(answer center)

서비스 측면의 사업전략은 신속하고 효과적인 기술지원 및 문제해결을 위한 서비스를 제공하기 위해 〈그림 8-22〉과 같은 웹페이지를 통해, 다음과 같은 서비스를 제공하고 있다.

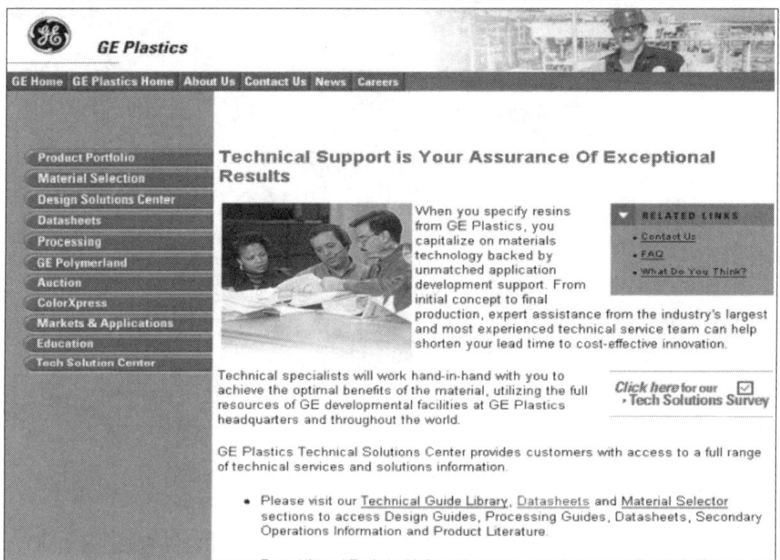

- 사이버 기술지원 서비스 : e-메일, 게시판, 수신자 부담 전화 등을 이용한 기술지원
- 고객만족 서비스 : 온라인 서비스를 통한 신속한 정보제공
- technical self-service : 각종 자료 및 온라인 도구를 이용해 스스로 문제해결
- 제품개발지원 및 문제해결 서비스 : 온라인을 통한 신속한 제품개발 지원 서비스 및 각종 문제해결

▶ Loyalty(CRM)

CRM은 단순한 거래관계를 초월해 고객의 요구에 부응하는 맞춤형 서비스를 제공하고, 고객의 발전을 지향하는 새로운 형태의 동반자

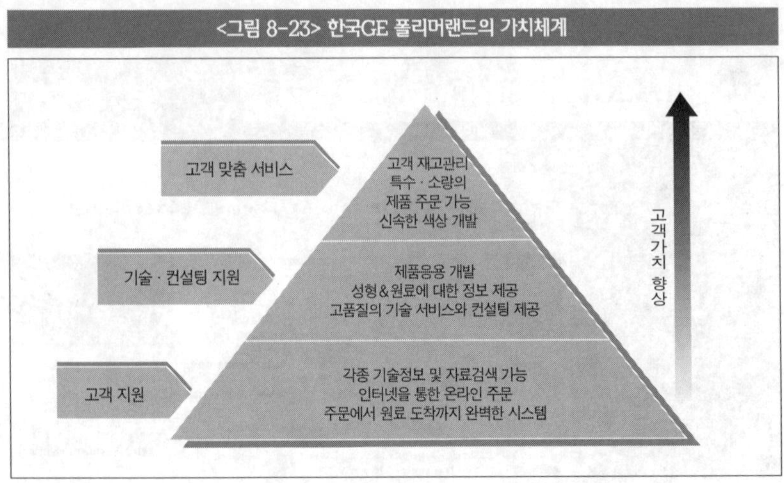

관계를 수립하는 것을 의미한다.

한국 GE 폴리머랜드는 이러한 CRM을 바탕으로 고객의 충성도(loyalty)를 증진시키기 위해 고객의 욕구 파악, 고객의 욕구 분석, 맞춤 서비스 제공, 고객만족 등 4단계의 단계별 전략을 실행하고 있으며, 가치사슬도 <그림 8-23>과 같은 형태로 구축하고 있다.

③ 성공요인

본 사례연구를 통해 분석된 한국 GE 폴리머랜드의 e-비즈니스 추진전략의 성공요인은 GE의 독특한 조정 메커니즘과 훌륭한 학습 메커니즘으로 요약할 수 있다.

GE의 대표적인 경영혁신 기법인 6시그마는 이제 하나의 경영혁신 기법이라기보다 GE를 이끌어가는 훌륭한 조정 메커니즘 중 하나라고 볼 수 있다.

6시그마는 종래의 제품생산공정에만 국한했던 품질운동과는 달리

<그림 8-24> e-비즈니스에서의 6시그마

고객의 소리
서비스 품질
eOrders
• %Total Orders
• Business Drill Down
Visitors
• Repeats
• Total Registered
• Avg. Visits / Week
Experience
• Speed
• Availability
Growth
• Share Gain
• e-Opportunities
• New Business
Web Statistics
• Top Pages
• Repeat Visitors
• Visits Drill Down
6시그마 활동을 통한 고객중심의 서비스 품질 확보

<그림 8-25> 한국 GE 폴리머랜드의 e-비즈니스 전략과 6시그마

Discover
e-Marketing
e-Campaign
e-Seminer

Service
Ariswer Center
Trouble shooting
Forum

Loyalty
CRM
Personaitzation
Community

Design
Content Management
Design Soulition Center
Wizards

Deliver
e-Transaction
e-order
e-buying

Voice of Customer
e-DFSS
Dash Board
Accuracy & Speed

기업의 경영관리 시스템 전체를 품질운동의 대상으로 삼았다. 이를 통해 경영의 총제적 프로세스에 내재된 모든 종류의 불량, 즉 제품과 서비스의 불량과 관리 시스템의 실패가 유발하고 있는 엄청난 규모의 경영 손실인 품질 실패 비용을 획기적으로 제거하는 데 역점을 두었다. 6시그마는 한국 GE 폴리머랜드의 e-비즈니스 추진전략의 배경에 핵심적인 요소로 작용했을 뿐만 아니라, 〈그림 8-24〉와 〈그림 8-25〉에서 보듯이 e-비즈니스를 추진하는 과정에서 문제점들을 해결하고, 고객의 가치를 증진시키는 사업전략의 실행을 가능하게 하는 훌륭한 조정 메커니즘으로서 작용하고 있다.

즉 6시그마를 통한 경제적 자원배분의 최적화와 이로 인한 효율성의 극대화는 한국 GE 폴리머랜드가 e-비즈니스를 성공적으로 추진하는 데 가장 중요한 원동력 중 하나라고 볼 수 있다.

<그림 8-26> GE 폴리머랜드의 지식경영 시스템

한국 GE 폴리머랜드의 학습 메커니즘은 〈그림 8-26〉과 같은 지식경영 시스템(knowledge management system)을 통해 엿볼 수 있다.

GE는 기업 내 구성원들의 효과적인 지식 및 정보의 창출과 이의 효율적인 관리를 위해 위와 같이 온라인상의 지식경영 시스템을 구축했다. 이러한 지식경영 시스템은 〈그림 8-27〉과 같은 인트라넷에 그 바탕을 두고 있다.

한국 GE 폴리머랜드는 지식경영 시스템을 통해 첫째, 정확하고 신속한 조직 내 커뮤니케이션, 둘째 전세계에 걸친 각 세부 조직 및 개인 간의 지식과 노하우 공유를 실현하게 되어, e-전략의 수립과 실행에 지속적인 경쟁우위를 창출할 수 있었다.

결론적으로, 본 사례연구의 분석결과에 따르면, 전통적인 오프라인

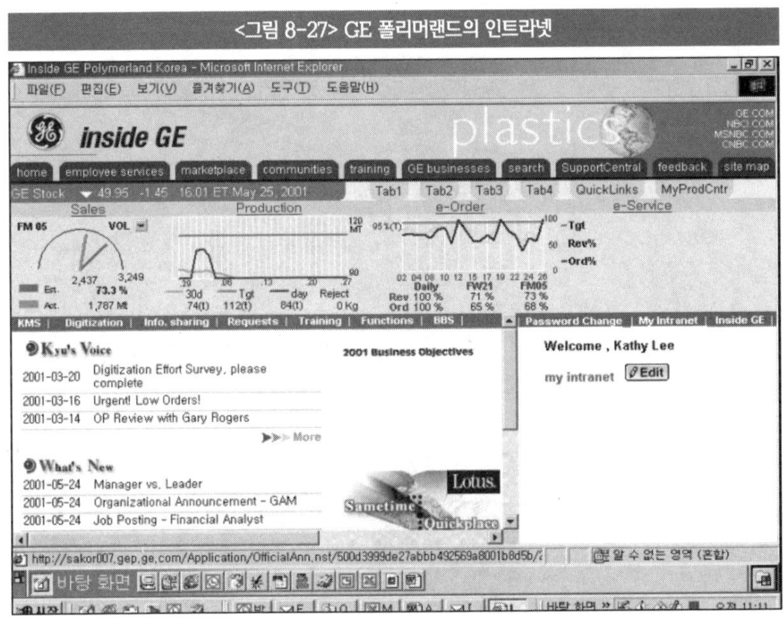

〈그림 8-27〉 GE 폴리머랜드의 인트라넷

기업의 e-비즈니스 추진전략의 성공요인은 기업 내의 독특한 조정 메커니즘과 훌륭한 학습 메커니즘으로 볼 수 있다. 따라서 e-비즈니스로의 성공적인 전환을 위해서는 무엇보다도 기업 내에 독특한 조정 메커니즘과 훌륭한 학습 메커니즘을 구축하는 것이 무엇보다도 중요하다.

「문어발」과「에코넷」

남이 하면 스캔들, 내가 하면 로맨스라는 우스갯소리가 있다. 마찬가지로 벤처 사업에서도 남이 하면 문어발식 경영, 내가 하면 네트워크 구축이라는 우스갯소리를 지어낼 만하다.

최근 벤처 산업에 에코넷(econet)라는 개념이 도입되었다. 기술이나 마케팅 능력이 있는 기업을 중심으로 자원을 공동으로 활용하는 기업들이 모인 기업집단을 말한다. 메디슨이나 미래산업처럼 기술에 근거를 둔 기업군 또는 야후나 다음처럼 마케팅 능력을 바탕으로 형성된 기업군이 여기에 해당한다.

그런데 사회에서는 에코넷에 대해 별로 좋지 않은 시각을 갖고 있다. 재벌그룹이 자금과 인력 등에서 독점적 위치를 가지고 여러 계열회사를 만들거나 기존 회사들을 흡수 합병해 기업집단을 만든 결과 경제력 및 부의 집중과 같은 폐해를 끼쳤듯이, 벤처기업들도 재벌 흉내를 내는 것이 아니냐는 비판을 하고 있는 것이다.

에코넷이 재벌그룹과 다른 점을 판단하기 위해서는 각 조직이 형성된 배경과 존재이유를 알 필요가 있다. 1962년 정부가 경제개발 5개년계획을 통해 우리 경제의 성장을 도모할 때 가장 큰 애로를 느꼈던 부분은 부족한 투자재원이었다. 당시 국제 금융시장에서 충분한 신용을 얻지 못했던 우리경제는 대일청구권자금과 국제개발기 구 등에서 마련해주는 약간의 재원을 기초로 경제발전을 도모했다. 정부는 이 귀한 재원을 모든 산업에 골고루 나누어주지 않고 5년마다 두세 분야씩 파급효과가 가장 높은 산업을 선정해 집중적으로 투자했다. 그리고 선정된 산업 안에서도 모든 기업인 에게 자금을 골고루 나눠주는 것이 아니라 한두 기업인에게 집중투자했다.

이 과정에서 정부의 자금배정이란 행운을 안은 기업인들은 열심히 공장을 짓 고 제품을 만들어냈다. 그리고 이런 기업들이 만든 제품이 팔릴 수 있도록 정부는 국 내시장에서 독점적인 위치를 제공해주었다. 그 결과 이들 기업은 초기부터 이익을 낼 수 있었다. 이 때 기업인들은 사업에 집중하면서 올린 독점이익을 가지고 빌린 돈을 갚는 대안과, 빌린 돈은 그대로 둔 채 정부가 5년마다 발표하는 경제계획에서 제시한 새로운 사업에 투자하는 대안 가운데 후자를 택했다. 정부 역시 새로운 사업을 한번 도 시도해보지 않은 기업인에게 신규사업을 맡기기보다는 기존 사업에서 어느 정도 의 수완을 발휘한 경험자에게 맡기는 것이 안전하다고 생각했을 법하다. 이와 같은 과정을 거쳐 우리나라 기업이 재벌화된 것이다.

이와 같은 과정을 돌이켜보면 우리나라 기업의 다각화·재벌화는 그 기업의 내부적인 역량을 기초로 이루어진 것이 아니라, 정부가 제공하는 독점적 사업기회라 는 외부여건을 활용한 결과임을 알 수 있다. 그리고 이와 같은 잘못된 성장으로 말미 암아 외부여건에만 의존한 재벌 그룹들은 1997년 경제위기 속에서 썩은 고목이 쓰러 지듯이 붕괴하고 만 것이다.

반면 에코넷은 내부적으로 지니고 있는 역량을 중심으로 형성된 기업집단이 라는 점에서 근본적으로 재벌그룹과 성격을 달리한다. 내부역량의 내용에는 기술 및 상표 등 여러 가지가 있겠으나, 이런 내부역량을 여러 기업이 나누어 씀으로써 그 가치를 극대화한다는 목표는 뚜렷하다.

문제는 현재 형성되고 있는 에코넷 가운데 상당수가 중심기업이 가지고 있는 내부역량을 계열기업들이 공유하는 체제로 구성되어 있지 않다는 데 있다. 즉 중심기업이 코스닥 시장이 활황일 때 운 좋게 마련한 자금을 자신의 내부역량을 극대화하는 데 쓰지 않고 다른 벤처 사업을 인수하는 데 쓴다면 과거 재벌그룹의 행태와 다를 바가 없는 것이다.

앞으로 에코넷 가운데 옥석이 구별되는 때가 올 것이다. 자신이 가진 자산을 계열기업들과 공유하는 에코넷만이 존립근거를 찾을 수 있기 때문이다. 그런 의미에서 재벌그룹들이 최근 벤처기업에 투자해 새로운 형태의 기업군을 만드는 것은 에코넷라고 할 수 없다. 즉 자본 이외에는 공유하는 부가가치를 찾기가 어렵기 때문이다. 또 기존 재벌그룹의 경영 메커니즘을 벤처기업에 그대로 적용한 결과 벤처 정신이 사라지고 창업자들과 반목을 일으키는 등 이미 재벌 그룹이 가진 부작용이 노출되고 있는 사례도 허다하다. 다만, 재벌 그룹의 벤처기업 투자는 재벌 스스로에게는 도움이 안 되지만, 재벌자본이 벤처 산업으로 투입된다는 점에서는 바람직한 현상이라고 할 수 있다.

—〈한국일보〉 2000년 10월 9일

■ 참고문헌

〈국내 문헌〉

김병준,「성공적으로 가상시장에 진입한 off-line업체들의 경영전략」, 정
　　　　보통신정책연구원, 1999년.

니콜라스 네그로폰테, 백욱인 옮김,《디지털이다(Being Digital)》, 박영률
　　　　출판사, 1995년.

더글러스 F. 앨드리치, 유한수 옮김,《디지털 시장의 지배》, 도서출판 물
　　　　푸레, 2000년.

도준호 · 장석준,《인터넷 이용현황》, 정보통신정책연구원, 1998년.

박용찬,《e-비즈니스 파워》, (주) 시그마인사이트컴, 2000년.

산업자원부 · 한국전자거래협회,《전자상거래 백서 2000》.

신성문,《인터넷 관련 시장규모》, 정보통신정책연구원, 1997년, 재인용.

신일순 외 5인,《전자상거래의 확산에 따른 시장 환경의 변화와 정책대응
　　　　방안》, 정보통신정책연구원, 1998년.

〈아이티 비즈니스〉, 제49호, 2000년.

윤택,「디지털 경제의 실체와 논점」, 디지털 경제정책토론회 발표자료,
　　　　1999년.

조동성, 《21세기를 위한 전략경영》, 서울경제경영, 1998년.

주재훈, 《인터넷 비즈니스: 전자상거래》, 비봉출판사, 1998년.

한희영, 《경영학원론》, 법문사, 1980년.

허용석, 「인터넷을 사업에 도입한 성공적인 off-line 기업의 이비즈니스 전략의 주요성공요인분석: "ser-M" 패러다임을 바탕으로한 GE Polymerland의 사례연구」, 서울대학교 경영대 석사학위 논문, 2001년.

홍동표, 「새로운 정책 패러다임」, 디지털 경제정책토론회 발표자료, 1999년.

〈국외 문헌〉

Alfred D. Chandler, Jr., *Strategy and Structure : Chapters in the History of American Industrial Enterprise*, MA, MIT Press, 1962년.

Amit, R. and P. J. H. Schoemaker, "Strategic Asset and Organizational Rent," *Strategic Management Journal*, vol. 14, 1993년.

Arnoldo C. Hax & Nicolas S. Majluf, *The Strategy Concept and Process – A Pragmatic Approach*, Englewood Cliffs, NJ, Prentice Hall Inc..

Arnoldo C. Hax and Nicolas S. Majluf, *Strategic Management – An Intergrative Perspective*, Englewood Cliffs, NJ, Prentice Hall, 1984년.

Arnoldo C. Hax and Nicolas S. Majluf, "The Corporate Strategic Planning Process," *Interfaces*, vol. 14, No. 1, January–February, 1984년.

Banard, C., *Tehe Function of Executives*, Havard Business Schol Press, M.A., 1938년.

Barney, J. B., "Firm Rewources and Sustained Competitive Advantage," *Journal of Management*, vol. 17, 1991년.

Boris Yavitz and William H. Newman, *Strategy in Action - The Execution, Politics and Pay-off of Business Planning*, The Free Press, New York, 1982년.

Clark, K. B. and T. Fujimoto, *Product Development Performance*, Havard Business School Press, 1991년.

Chandler, A. D., *The Visible Hand : The Managerial Revolution in American Business*, Havard University Press, M. A., 1977년.

Charles E. Lindblm, "The Science of Muddling through," *Public Administration Review*, Spring, 1959년.

Cho and Lee, "A Paradigm in Strategy Theory : ser-M," Working Paper, Seoul National University, 1995년.

Clark, K. B. and T. Fujimoto, *Product Development Performance*, Havard Business School Press, 1991년.

Daniel Amor, *The E-business Revolution*, Prentice Hall PTR, 2000년.

Dierickx, I and K. Cool, "Asset Stock Accumulation and Sustainablility of Competitive Advantage," *Management Science*, vol.35, 1989년.

Dong-Sung Cho & Yong-Sauk Hau, "E-Generic Strategies for E-business Environment," *The E-business Review*, 2001년.

Dong-Sung Cho, Yong-Sauk Han & Jae-Chan Park, "The DN grid

model for e-positioning in e-business environment," *The E-business Review*, 2002년.

Edmund P. Learned, C. R. Christensen, K. R. Andrews, and W. D. Guth, *Business Policy- text and Cases*, Homewood III : Richard D, Irwin, 1965년.

Edward H. Wrapp, "Good Managers Don't Make Policy Decisions." *Havard Business Review*, vol. 62, No.4, July-August, 1984년.

Georgy A. Steiner and John B. Miner, *Management Policy and Strategy*, New York, Macmillan, 1977년.

Ghemawat, P., Commitment : the Dynamics of Strategy, Free Press, New York, 1991년.

Hannan M. T. and J. Freeman, "Organizational Inertia and Momentum : A Dynamic Model of Strategic Change," *Academy of Management Journal*, vol. 34, 1991년.

Herbert A. Simon, *Administrative Behavior – A Study of Decision-Making Process in Administrative Organizations*, The Free Press, New York, 1976년.

Hannan M. T. and J. Freeman, "Structural Inertia and Organizational Change,"American Sociological Review, vol. 49, 1984년.

Hannam M. T. & G. R. Carrol, Dynamics of Organizational Population: Density, *Competition and Legitimation*, Oxford University Press, New York, 1992년.

H. Edward Wrapp, "Good Management Don't Make Policy Decisions," op.cit, 1984년.

H. Igor Ansoff, *Corporate Strategy*, New York, McGraw-Hill, 1965년.

Henry Mintzberg, "Patterns in Strategy Formulation," *Management Science*, 1976년.

James A. Water, "Strategy of Deliberate and Emergent," *Strategic Management Journal*, vol. 6, No. 3, July-September, 1985년.

Henry Mintzberg, "Crafting Strategy," *Havard Business Review*, vol. 65, No.1, July-August, 1987년.

Historical Statistics 1945~1960, Main Economic Indicators.

Igor H. Ansoff, *Implementing Strategic Management*, Englewood Cliffs, NJ, Prentice Hall, 1984년.

Itami, Nonaka and Takeuchi, "Managing the New Product Development Process : How the japanese companies learn and unlearn," in K. B. Clark, R.H.Hayes and Lorenz(ed), The Uneasy Alliance, Havard Businesss School Press, 1985년.

Jeseph L. Bower & Yves Doz, *Strategy Formulation : A Social and Political Process, Strategic Management : A New View of Business Policy and Planning*, eds. C. W. Hofer and Dan Schendel, Boston, MA, Little Brown and CO., 1979년.

Kalakota & Robinson, *e-Business : Roadmap for success Sucess*, Addison Wesley Longman Inc., 1999년.

Kenneth R. Andrews, *The Concept of Strategy*, Homewood, IL, Richard D. Irwin, 1980년.

Kreps, D. M., *A Cource in Micromic Theory*, Princeton University Press, 1990년.

Levinthal, D. A., "Learning and Schumpeterian Dynamics," Working Paper, Wharton School, University of Pennsylvania, 1993년.

Levinthal, D. A. and J. G. March, "The Myopia of Learning," *Strategic Management Journal*, vol. 14, 1993년.

Levitt, B. and J. G. March, "Organizational Learning," *American Review of Sociology*, vol. 14, 1988년.

Lippman, S. and R. P. Rumelt, "Uncertainty Imitability : An Analysis of Interfirm Differences in Efficiency under Competition," *Bell Journal of Economics*, vol. 13, 1982년.

McGrath, Venkatraman and MacMillan, "The Evolution of Organizational Capabilities : Some Preliminary Propositions," Working Paper, Snider Entrepreneurial Center, University of Pennsylvania, 1991년.

Michael E. Porterm, *Competitive Strategy – Techniques for Analyzing Industries and Competitors*, The Free Press, New York, 1980년.

March, J., "Exploration and Exploitation in Organizational Learning," *Organization Science*, vol. 2, 1991년.

Michael E. Porter, *Competitive Advantage – Creating and Sustaining Superior Performance*, The Free Press, New York, 1985년.

Michael E. Porter, "What is Strategy?," *Havard Business Review*, *November–December*, 1996년.

Mintzberg and Klaters, "Strategy of Deliberate and Emergent," op.cit., 1985년.

Nelson, R. R. and S. G. Winter, *An Evolutionary Theory of Economic*

Change, Havard University Press, 1982년.

Nonaka, I., "The Knowledge-Creating Company," *Havard Business Review*, November-December, 1991년.

Nonaka, I., "Redundant, Overlapping Organization : A Japanese Approach to Managing the Innovation Process," *California Management Review*, vol. 32, 1990년.

Peter Lorange, *Corporate Planning-An Executive Viewpoint*, Englewood Cliffs, NJ, Prentice Hall, 1980년.

Philip Evans & Thomas S. Wurster, *Blown to Bits: How the New Economics of the Information Transforms Strategy*, HBS PRESS, 2000년.

Reed, R. and Defillippi, "Causal Ambiguity, Barriers to Imitation and Sustainable Competitive Advantage," *Academy of Management Review*, vol. 15, 1990년.

Richard M. Cyert and James G. March, *A Behavioral Theory of the Firm*, Englewood Cliffs, NJ Prentice Hall, 1963년.

Richard F. Vancil and Peter Lorange, "Strategic Planning in Diversified Companies," *Havard Business Review*, vol. 53, No.1 January-February 1975년.

Rumelt, R. P., *Strategy, Structure and Economic Performance*, Havard University Press, M.A., 1974년.

Sam Paul, The Angry Decade : *The Sixties, Grown publishers*, N.y., 1979년.

Schumpeter, J. A., Capitalism, *Socialism and Democracy*, Harper, New

York, 1942년.

Sin, J. V., R. J. House and D. J. Tucker, "Organizational Change and Organizational Morality," *Administrative Science Quarterly*, vol. 31, 1986년.

Teece, Pisano and Shuen, "Dynamic Capabilities and Strategic Management," CCC Working Paper, Center for Research on Management, University of California, Berkeley, 1990년.

Paul M. Augle ed., *The American Reader*, vol. 4, New York, 1961년.

Williams, J. R., "How Sustainable Is Your Competitive Advantage?," *California Management Review*, 1992년.

William F. Glueck, *Business Policy, Strategy Formation, and Management Action*, 2nd ed., New York, McGraw-Hill, 1976년.

●

조동성 교수의
e-비즈니스 e-전략

●

지은이 / 조동성
펴낸이 / 김경태
펴낸곳 / 한국경제신문 한경BP
등록 / 제 2-315(1967. 5. 15)
홈페이지 / http://bp.hankyung.com
제1판 1쇄 인쇄 / 2002년 3월 10일
제1판 1쇄 발행 / 2002년 3월 20일
주소 / 서울특별시 중구 중림동 441
기획출판팀 / 3604-553~6
영업마케팅팀 / 3604-561~2, 595
FAX / 3604-599

●

* 파본이나 잘못된 책은 바꿔 드립니다.
ISBN 89-475-2348-8

●

값 10,000원

메가트렌드 2000

존 나이스비트 외 지음/김홍기 옮김
양장/9,800원

2000년대는 정치개혁과 경이적인 기술혁신 등으로 인류에게 지금까지와 전혀 다른 변화양상을 안겨줄 것이다. 이 책은 과거 어둡고 비관적인 세기말적 변화보다는 경제호전, 예술의 번영, 시장사회주의의 출현, 복지국가의 쇠퇴 등 밝고 새로운 흐름을 보여주고 있다.

메가트렌드 아시아

존 나이스비트 지음/홍수원 옮김
양장/9,500원

21세기에는 아시아가 미국주도의 상품과 소비시장에 가장 중요한 경쟁자로 떠오를 것이다. 저명한 미래예측가인 저자는 역동적으로 변화하는 아시아의 모습을 8가지 트렌드로 분석했다. 특히 한국에 나타나고 있는 폭넓은 변화와 앞으로의 역할도 살펴보고 있다.

하이테크 하이터치

존 나이스비트 지음/안진환 옮김
양장/15,000원

저자는 특유한 통찰력으로 소비재 기술과 유전자 기술에서부터 전자오락의 폭력성과 씨름하는 부모들의 골칫거리에 이르는 모든 것을 탐험하며, 과학·종교·군사·상업·정보·통신·예술·레저분야의 문제점과 변화양상을 적시하고 그 해결책과 대응책을 제시한다.

미래의 결단

피터 드러커 지음/이재규 옮김
양장/9,000원

현대 경영학의 대부, 피터 드러커는 이 책에서 「스스로를 다시 생각함으로써 회생할 수 있다」고 전제하고 기업의 5가지 치명적 실수, 가족기업을 경영하는 규칙, 대통령을 위한 6가지 규칙, 새로운 국제시장의 개발, 3가지 종류의 팀조직 등 바람직한 미래를 실현하기 위한 방안을 제시했다.

비영리단체의 경영

피터 드러커 지음/현영하 옮김
신국판/8,000원

선진국에서는 학교, 자선단체 등 비영리단체의 경영혁신이 선풍을 일으키고 있다. 이 책은 저자가 교수생활을 하면서 비영리단체에서 봉사했던 경험을 바탕으로 조직관리, 예산 등 경영전반에 대한 문제점을 심도있게 분석하고 개선방안을 제시했다.

21세기 지식경영

피터 드러커 지음/이재규 옮김
양장/13,000원

피터 드러커는 이 책에서 새로운 경영 패러다임이 경영의 원칙과 관련한 기본가정을 어떻게 변화시켜 왔는지, 또 어떻게 변화시킬 것인지에 대해 통찰하고 있다. 앞으로 수십년 동안, 아니 수년내에 틀림없이 일어날 여러 문제에 대처하지 못한다면 생존할 수 없다는 드러커의 마지막 경고!

미래의 조직

피터 드러커 외 지음/이재규 옮김
양장/13,000원

당대 최고의 경영학자, 실무자, 컨설턴트가 참여한 이 책에는 미래 조직이 존속하고 번영하려면 조직과 리더가 어떻게 변해야 하는지 실질적인 조언을 하고 있다. 특히 정부, 기업, 사회단체 등 모든 인간조직의 미래모습에 대해 통찰력 있는 비전을 제시하고 있다.

자본주의 이후의 사회

피터 드러커 지음/이재규 옮김
양장/9,000원

사회주의권의 몰락 이후 탈냉전 분위기 속에서 향후 세계 변화가 주요 관심사로 떠오르고 있다. 저자는 자본주의적 시장구조와 기구는 존속되지만 주권국가의 통제력은 약화되고 전문지식을 갖춘 지식경영자 중심의 글로벌화 사회가 될 것으로 예측하고 있다.

미래기업

피터 드러커 지음/고병국 옮김
양장/9,500원

우리 시대의 가장 뛰어난 사회·경영학자이자 미래학자인 드러커의 「변혁시대 기업생존전략 연구서!」. 세계경제가 빠르게 바뀌어감에 따라 기업의 새로운 경영전략 모델, 즉 5가지 변화조건을 분석했다. 사회·경제학 시각에서 세계경제 흐름을 통찰한 역저.

자본주의 이후 사회의 지식경영자

피터 드러커 지음/이재규 옮김
양장/10,000원

새롭게 도래하고 있는 미래조직에서의 효과적인 의사결정방법, 경영자가 직면할 도전, 지식근로자의 생산성 향상을 위한 동기 부여에 대해 조언하고 있다. 저자의 탁월한 역사적 지식과 도덕적 상상력으로 지식 경영자의 책임과 자세를 제시한다.

21세기 리더의 선택

피터 드러커 외 지음/한근태 옮김
양장/15,000원

피터 드러커, 찰스 핸디 등 뛰어난 사상가들과 탁월한 리더들이 쓴 글을 모은 이 책은 지식사회를 이끄는 리더의 과제와 사명에 대한 것이다. 더불어 새로운 정보경제 시대에 맞는 아이디어에 불을 붙이고 새 깃발을 올리고 갈등을 해소시켜 리더와 리더십에 관한 새로운 지평을 열어주고 있다.

피터 드러커 평전
─지식 르네상스인 피터 드러커

이재규 지음
신국판/9,800원

경영학의 아버지 피터 드러커의 삶과 학문을 추적함으로써 한 세기를 풍미한 그의 사상과 미래전망을 살펴볼 수 있다. 지식사회를 어떻게 살아야 하고 미래사회에 어떻게 대처해야 할 것인지 고뇌하는 이들이라면 꼭 읽어봐야 할 필독서.

20세기를 움직인 사상가들

기 소르망 지음/강위석 옮김
신국판/13,000원

20세기 사상계에 결정적인 영향을 끼친 사람들은 과연 누구인가? 프랑스의 저명한 경제학자이자 사회학자인 기 소르망이 29명의 생존해 있는 현대 최고의 사상가들과의 직접 인터뷰를 통해 그들 자신이 전생애를 바친 사상과 사색의 놀라운 통찰을 기록·정리했다.

자본주의 종말과 새 세기

기 소르망 지음/김정은 옮김
양장/13,000원

저자는 자본주의 체제를 위협하는 것은 「도덕적 불만」과 「자본주의에 대한 몰이해」라고 주장하고 러시아·중국·독일·인도 등 20여 개국의 자본주의의 현재 모습을 살펴보고 있다. 또한 현재의 자본주의의 위기를 극복하기 위한 구체적인 방안에 대해서도 통찰하고 있다.

열린 세계와 문명창조

기 소르망 지음/박 선 옮김
양장/13,000원

기 소르망은 서로 다른 문화가 충돌하는 유럽, 러시아, 중국, 일본, 아프리카, 라틴아메리카의 국경으로 우리를 이끈다. 통독 이후의 문제, 북한의 실상(본문의 「아홉번째 여행」 참조)과 우리의 미래, 미국화로 상징되는 맥몽드(McMonde)의 악몽 속에서 대응법을 찾아보자.

경영창조

톰 피터스 지음/이왈수 옮김
양장/9,000원

치열한 경쟁 속에서 기업이 슬기롭게 대처하려면 어떻게 해야 하는가? 저자는 다른 기업과 두드러진 차별성을 갖고 시장과 고객 앞에 나서야 한다고 처방한다. 기업이 안팎의 변화에 맞서 어떤 방법과 발상으로 접근해야 하는가에 대한 210개 항목이 기업 경영창조의 새로운 길을 열어준다.

경영파괴

톰 피터스 지음/안중호 옮김
양장/8,500원

이제 리스트럭처링·리엔지니어링으로는 급변하는 시대를 이길 수 없다. 기업의 조직은 상상을 초월하는 혁신적인 네트워크형이 되어야 한다. 세계적 경영컨설턴트인 저자가 번득이는 아이디어로, 경영자들이 재창조와 혁명을 향해 전진할 수 있도록 혁신방안을 제시한다.

경영혁명

톰 피터스 지음/노부호 옮김
양장/13,000원

정보화사회는 불확실성이 심화된 사회로 기업경영의 경기규칙과 새로운 경영스타일 등 생존을 위한 변화는 가히 혁명적이라 할 수 있다. 이 책은 전통적 사고에 도전하고 조직이 사람을 위해 존재할 수 있도록 변화를 유도하는 45가지 경영 실천전략을 제시한 기업경영자의 '비즈니스 핸드북'이다.

혁신경영

톰 피터스 지음/이진 옮김
양장/15,000원

이 책은 혁신의 순환을 이루는 15개의 불연속적인 아이디어를 독특한 방식으로 설명하고 있다. 저자는 지속적으로 혁신을 추구할 수 있도록 극단적이지만, 실용성 있는 가이드 라인을 제시한다. 혁신이야말로 개인과 조직이 살아남는 최후의 생존전략이 될 것이다.

트러스트

프랜시스 후쿠야마 지음/구승회 옮김
양장/12,000원

한 나라의 경제는 규모만으로는 설명될 수 없다. 사회적 자본이 중요하며 그 핵심이 바로 신뢰다. 저자는 이 책에서 개인주의, 가족주의에 기반을 둔 저신뢰 사회의 특성을 혹독하게 비판하면서 신뢰는 경제와 사회, 문화를 아우르는 놀라운 가치라고 강조한다.

대붕괴 신질서

프랜시스 후쿠야마 지음/한국경제신문
국제부 옮김/양장/16,000원

산업사회에서 정보화사회로의 이행과정에서 나타나는 질서의 붕괴와 정신의 퇴폐는 인류사회에 필연적으로 「대붕괴」를 불러오고 있다. 이 현상은 언제까지 계속될 것이며 우리에게 남겨진 선택지는 무엇인가. 《역사의 종말》《트러스트》저자의 놀라운 탁견!

코피티션

배리 J. 네일버프 · 아담 M. 브란덴버거 지음/김광전 옮김/양장/9,000원

비즈니스 게임은 끊임없이 변하므로 전략도 당연히 변해야 한다. 경쟁(competition)과 협력(cooperation), 양자의 장점을 결합한 코피티션 전략은 기존의 비즈니스 게임을 혁신할 혁명적인 신사고다. 저자들은 게임 자체를 변화시켜 이득을 최대화하는 5가지 요소의 비즈니스 전략을 제시했다.

편집광만이 살아남는다

앤드류 그로브 지음/유영수 옮김
양장/10,000원

인텔 불패 신화의 주인공, 앤드류 그로브의 경영과 인생! 경쟁에서 이기기 위한 키워드 「편집광」에 주목하라. 예리한 판단력과 관찰력을 겸비한 그로브는 첨단산업을 경영하는 데 필요한 자세와 방법에 대해 자세히 설명하고 있다. 〈퍼블리셔스 위클리〉, 〈뉴욕 타임스 북 리뷰〉 장기간 베스트셀러!

리스크
─리스크 관리의 놀라운 이야기

피터 번스타인 지음/안진환 외 옮김
양장/12,000원

현대 경영에서 빼놓을 수 없는 리스크 관리. 리스크를 이해하고 측정하며 그 결과를 가늠하는 방법을 밝혀내기 위한 인류의 노력은 눈물겹다. 그리스시대부터 현재까지 다양한 위기의 순간들과 이를 헤쳐나가는 과정을 역사와 철학, 경제학 관점에서 돌아보았다.

주식시장 흐름 읽는 법

우라가미 구니오 지음/박승원 옮김
신국판/5,500원

무질서하고 예측이 불가능해 보이는 주식시장도 장기적으로 보면 특정한 네 개의 국면을 반복하고 있다. 이 책은 이 네 개의 국면이 어떻게 순환되고 어떤 종목이 활약하는지 알 수 있는 안목을 제시해주고 주식투자시 리스크를 피하는 방법에 대해서도 설명하고 있다.

월가 천재소년의 100가지 투자법칙

멧 세토 지음/형선호 옮김
신국판/8,500원

10대 천재소년 멧 세토가 세운 뮤추얼 펀드의 연간 수익률은 단연 압도적이다. 17세에 억대 부자가 된 멧 세토가 100가지의 성공적인 주식투자 비법을 소개한다. 신선하고 반짝이는 그의 투자전략은 초보자들도 쉽게 이해할 수 있다.

증시테마 알아야 주식투자 성공한다

안창희 지음
신국판/9,800원

이 책은 주식투자자들이 어떤 상황에서 어떤 종목을 사고 팔아야 수익을 올릴 수 있는지 그 구체적인 방법을 제시하고 있다. 더불어 투자이론이 실제로 어떻게 적용되고, 앞으로 전개될 상황에서는 어떻게 대응해야 할지 분석했다.

주식@살 때와 팔 때

한국경제신문 증권부 지음
신국판/ 값 9,000원

증권투자는 사는 기술이 아니라 파는 예술이다. 기관투자가를 두려워할 필요는 없다. 한두번의 실패는 최후의 성공을 위한 수업료일 뿐. 한국경제신문 증권부가 개인투자가들을 지원하기 위해 펴낸 이 책을 통해 확실한 주식투자 성공의 길을 찾아보자. 10만 독자가 읽은 초대형 베스트셀러!

선물 옵션을 알아야 주식투자 성공한다

김용 지음
신국판/9,000원

이 책은 실제 매매에서 많이 부딪히는 상황에 대한 지표 분석과 선물, 옵션 투자의 기본원칙, 투자전략, 실전연습, 과거시장의 움직임을 차트화해 실어 초보자들이 실제 파생금융상품 시장에서 이루어지는 매매거래에 도움을 줄 수 있도록 했다.

시스템 트레이딩 가이드

정영근, 신흥증권 사이버전략부 지음
변형 4×6배판/15,000원(CD포함)

시스템 트레이딩은 주어진 가격과 거래량을 다양하게 조합함으로써 독창적인 사용자지표와 거래시스템을 이용, 거래하는 과학적 투자기법이다. 이 책은 컴퓨터가 최적의 매매 타이밍을 잡아주고 시장의 위험을 알려주는 시스템 트레이딩의 방법과 요령에 대한 모든 것이 실려 있다.

만화로 배우는
선물시장 흐름 읽는 법

현대선물 지음
신국판/7,500원

이제 선물을 모르고는 주식, 채권 등 투자를 제대로 할 수 없다. 그동안 어렵게만 느껴졌던 선물거래를 이해하기 쉽도록 만화로 꾸몄다. 선물거래의 기본개념에서부터 선물거래의 실전투자까지 재미있는 스토리를 곁들여 설명했다.

알면 대박 모르면 쪽박
-〈나홀로 증권투자〉 최신 종합편

박현철 글, 그림
신국판/8,000원

바둑에서도 수백 가지의 정석을 알고 있으면 승리할 수 있듯이 주식투자에서도 기본 정석으로 무장한다면 어느 상황에서건 자신 있게 대처할 수 있다. 기본을 모르고서는 주식투자는 절대 금물! 이 책에서 그 기본을 확실히 다질 수 있다.

알기 쉽게 풀어쓴
새노동법 해설(전면개정판)

윤욱현 지음
신국판/19,000원

2001년 7월까지 새롭게 개정된 노동법의 모든 것을 알기 쉽게 정리한 책. 현장에서 체험한 노사간의 문제점들을 살펴보고 개정 노동법 전반을 알기 쉽게 해설했다. 해당 법의 예시, 판례, 행정해석을 풍부히 실어 이해를 돕는다.

실전 부동산경매

전철 지음
신국판/값 12,000원

등기부 읽는 법에서부터 물건 고르는 법 등 부동산 경매에 관한 전반적인 원리를 단 하루면 마스터할 수 있도록 알기 쉽게 설명했다. 특히 실전사례별 경매방법을 체계적으로 정리한 것이 특징이며, 경매 정보의 수집에서부터 법령 해설, 등기소 현황 같은 상세한 사항까지 두루 망라했다.

나는 부동산 리모델링으로
3억 벌었다

최문섭, 주택저널 지음
신국판/12,000원

부동산시장에서 새롭게 떠오르고 있는 리모델링에 대한 모든 것을 정리한 가이드북. 부동산 리모델링에 대한 개념부터 절차, 수익성 분석, 투자방법에 이르기까지 체계적으로 정리하여 부동산 리모델링을 통해 돈을 벌고자 하는 이들에게 완벽한 길잡이가 될 것이다.

골프란 무엇인가

김홍구 지음
양장/11,000원

세계에서 가장 쉽고 재미있는 골프책을 목표로 연애소설을 쓰듯이 재미있게 쓴 책이다. 80대 초반 굳히기, 70대 진입하기 등 현 수준에서의 구체적 도약 방법이 설명된다. 완결편은 통계나 속성 차원에서 접근한 상당한 수준의 골프 분석이다. 입문자와 프로골퍼 모두 재미있게 읽을 수 있다.

통쾌한 경제학

김덕수 지음/신경무 그림
신국판/값 9,000원

「한국적 경제학」의 새로운 지평을 연다는 목표로 우리 주변의 익숙한 사례를 찾아 숨겨진 경제원리를 쉽고 재미있게 풀어쓴 경제 이야기. 각종 도표는 물론 재미있는 유머와 경제상식, 그리고 조선일보 신경무 시사만화가의 삽화까지 곁들여 쉽고 재미있게 읽을 수 있다.

누가 경영을 말하는가

존 미클스웨이트, 에이드리언 울드리지 지음/ 박병우 옮김/양장/15,000원

때론 변덕스럽고 모순되기도 한 경영학 권위자들의 이론들. 〈이코노미스트〉 편집인인 두 저자는 혼란스러운 현대 경영이론을 철저히 분류해 그들 말 속의 핵심을 다시 정리했다. 누구나 이해하기 쉽도록 평이한 언어로 맹목적인 경영이론 추종의 위험성을 경고한다.

B2B

아서 스컬리, 윌리엄 우즈 지음/ 안경태 옮김/양장/ 12,000원

인터넷이 발달하면서 B2B 또한 기업의 모든 것을 바꾸며 나날이 시장을 넓히고 있다. 이 책에서는 기존의 성공적인 B2B 익스체인지로부터 끌어낸 사례를 통해 B2B의 정의와 성공모델을 살펴보고 있다. 앞으로의 기업모델을 송두리째 바꿀 B2B전략의 완벽 교본.

당신이 꿈꾸는 인터넷세상
월드와이드웹

팀 버너스리 지음/우종근 옮김
신국판/9,500원

현대생활의 양상을 극적으로 바꾸어놓은 월드와이드웹(www). 이 책은 창시자인 팀 버너스리가 웹이 만들어지기까지의 과정에 얽힌 이야기들을 최초로 공개한 책이다. 웹이 지닌 잠재적인 가능성 및 혁명적인 미래상 등 네티즌이라면 반드시 읽어봐야 할 필독서!

카리스마 VS 카리스마
이병철 · 정주영

홍하상 지음
신국판/9,000원

이 책은 한국 재계의 큰 별이라는 화려한 조명 뒤에 숨겨진 이병철과 정주영 두 거인의 진솔한 이야기를 담고 있다. 정주영의 할 수 있다는 도전 정신, 이병철의 치밀하고 꼼꼼한 분석과 판단력은 오늘의 우리에게 교훈과 용기를 고취시켜 준다.

아젠다
—기업혁신을 위한 21세기 행동강령

마이클 해머 지음/최준명 감역/ 김이숙 옮김/신국판/15,000원

'리엔지니어링'의 창시자, 마이클 해머가 제안하는 기업 생존의 새로운 길! 최고의 기업들이 급변하는 경영환경에서 살아남기 위한 방법의 기초가 되는 아홉 가지 비즈니스 개념을 조명한다. 미래의 기업 변화상을 꿰뚫어보려는 비즈니스맨들의 필독서.